철학은

결말을
바꾼다

철학은 결말을 바꾼다

1판 1쇄 발행 2025. 10. 30.
1판 2쇄 발행 2025. 12. 01.

지은이 서동욱

발행인 박강휘
편집 정경윤 | 디자인 조명이 | 마케팅 이유리 | 홍보 이한솔 이아연
발행처 김영사
등록 1979년 5월 17일(제406-2003-036호)
주소 경기도 파주시 문발로 197(문발동) 우편번호 10881
전화 마케팅부 031)955-3100, 편집부 031)955-3200 | 팩스 031)955-3111

저작권자 ⓒ 서동욱, 2025
이 책은 저작권법에 의해 보호를 받는 저작물이므로
저자와 출판사의 허락 없이 내용의 일부를 인용하거나 발췌하는 것을 금합니다.

값은 뒤표지에 있습니다.
ISBN 979-11-7332-395-9 03100

홈페이지 www.gimmyoung.com   블로그 blog.naver.com/gybook
인스타그램 instagram.com/gimmyoung   이메일 bestbook@gimmyoung.com

좋은 독자가 좋은 책을 만듭니다.
김영사는 독자 여러분의 의견에 항상 귀 기울이고 있습니다.

삶의 무의미를
견디는 연습

철학은

결말을
바꾼다

서동욱 지음

김영사

프롤로그

삶을 움직이는
생각의 지렛대

　모든 시간 여행자들의 꿈이 있다. 결말을 바꾸는 것이다. 누군가는 미래를 바꾸기 위해 '드로리안'을 타고 과거로 여행한다. 삶에서 좋은 결말만큼 바랄 것이 없다는 듯 말이다.

　그러나 대체로 우리의 시간 여행은 앞으로 가는 여행이다. 앞으로 가는 여행 역시 진기하다. 그 여행 중에 우리는 테이블을 돌며 팁을 모으듯 귀중한 기억을 차곡차곡 쌓는다.

　나는 내가 좋아하는 황혼의 열차에 몸을 싣고, 기운을 잃어가는 붉은빛과 이미 재가 된 하루와도 같은 어둠이 유리창을 반으로 가르며 하늘과 산을 그려나가는 풍경을 보고 또 회상한다. 사람들은 미래가 그립다고 얘기하지는 않는다. 그리운 것은 다 과거에 놓여 있다. 어린 시절 학교에서 집으로 돌아갈 때 엄마가 너무 반가워 뛰어가 안기곤 하던 일이 그립고, 그 기억은 어느새, 어른이 된 나에게 뛰어와 안기던 어린 딸의 모습으로 나타나 또 그립다. 비 오는 처마 밑에 오래 서 있던 저녁의 적막함, 해지는 강들의 물소리와 거기 몸을 얹는 갈대밭 소리. 되돌아보면 사람과 자연의 축복 속에 나는 자랐다.

그러나 삶은 또 다른 얼굴을 가지고 있다. 손에 천상의 지폐를 쥐었었지만 태중에 이미 방탕하게 써버린 듯, 우리는 산부인과 의사가 탯줄을 끊자마자 모든 것을 잃고서 발가벗은 채 삶에 던져진다. 축복 속에 태어나더라도 부모가 정성으로 만들어준 사랑의 바구니는 금방 빼앗긴다. 복잡한 서울역 어디선가 축복의 바구니를 잃어버린 듯 대합실의 딱딱한 의자 위에서 힘들게 깨어난다. 손에 쥐고 있던 자신만의 보물을 잠자는 사이 모두 잃어버린 아이처럼 우리는 운다. 이렇듯 삶은 시작하면서부터 어렵다. 마치 오류를 저지른 자처럼, 점수를 잃은 채 퀴즈대회에 나선 이처럼 우리는 삶에 휩쓸려 든다.

이제 삶이란 저 오류, 잘못하지도 않았는데 어느새 나의 것이 되어버린 오류를 만회하기 위한 길에 던져진다. 무엇을 향한 노정일까? 이대로 방향을 잡아버리면 안 될 것 같은 삶의 결말을 바꾸기 위한 노정이다. 학교에 다니는 것도, 직장을 그만두지 못하는 것도, 모두 이대로 흘러가게 두고 싶지 않은 삶의 결말을 바꾸기 위해서이다. 삶이 영화 같기를 바랄 때 우리는 삶의 결말이 영화처럼 바뀌기를 바라는 것이다.

그러니 지렛대로 바위를 움직이듯 삶을 움직여야 한다. 생각의 지렛대로 말이다.

생각의 힘은 위태로운 결말을 이긴다. 이 힘을 알려주는 상징적 인물들이 있다. 철학자 에피쿠로스 Ἐπίκουρος는 말년에 이질과 배뇨의 어려움으로 고통을 겪으며 죽어가고 있었다. 이 고통스러운 결말의 시간에 무엇을 했는가? 그가 평생 추구한 가치는 '마음의 평정'이었다. 그는 친구들과 나누었던 대화의 기쁨을 떠올리며 결말의 고통을 바꾸고자 한다. 그 대화란 물론 삶의 평정에 이르는 길에 관한 것이다. 생각 속에서 그는 삶을 다루는 지혜를 끌어올리며 고삐 풀린 말처럼 날뛰는 말년의 고통을 길들이려 한다.

에피쿠로스와 완전히 반대편에 있는 철학자인 소크라테스 Σωκράτης는 우리가 잘 아는 것처럼 사형을 선고받은 뒤 감옥에서 독약을 마시고 죽었다. 철학자가 누릴 생의 마지막 날, 소크라테스와 이별하기 위해 감옥으로 친구들이 찾아온다. 친구들 가운데 몇몇은 영혼이 불멸한다는 것을 의심했고, 육신이라는 오랜 친구와 작별하게 될 소크라테스는 생의 마지막 순간에 이들 앞에서 영혼의 불멸을 증명한다. 생각이 그에게 죽음 이후의 길을 열어주었고, 생의 결말은 바뀌어 그는 천상으로 향하는 계단을 올라가 영원성을 얻게 된다.

두 그리스인 가운데 한 사람은 유물론자이고 다른 한 사람은 영혼 불멸론자이지만, 그들은 모두 생의 결말을 바꾸어야 했으며 철학 속에서 그것을 이루었다.

생각은 삶을 비로소 이해하게 해준다. 정신없이 살다 보면 나날은 폐지처럼 우리 뒤에 쌓여 있다. 생각만이 거기서 무엇이 가치 있는 한 페이지이고 소중히 간직해야만 하는 것인지, 무엇을 버려서는 안 되고 어떤 것이 결말이라는 미래에 빛을 비춰줄 수 있는지 알게 한다.

이 책은 매우 다양한 주제들과 이야기들을 다루고 있다. 그것들이 모두 삶의 홍수에 휩쓸려 들어간 이들을 위한 물속의 작은 방, 공기주머니이길 바라며 이 책을 썼다. 삶의 쇠락을 다 복구할 때까지 터지지 않는, 한 인간이 머무를 수 있는 크기만큼 자신을 늘려놓은 공기 방울 말이다. 견딜 수 있고, 숨을 빼앗기지 않고 결말이 바뀌면, 그것은 선물이고 아주 소중한 것이리라.

누구든 자기 삶 앞에 잠시 멈춰 서서, 삶과 거리를 두고 삶의 의미를 묻고 싶어 한다. 그러나 그럴 수 없다. 우리 자신이 삶 자체이기에 우리는 삶과 거리를 둘 수 없고 거리를 두고 생각할 시간을 얻을 수 없다. 삶의 파도가 칠 때 연안까지 밀려온 미역처럼 허리에 힘을 주지 못하고 그저 빙글빙글 돌 뿐이다. 그러니 필요한 것은 요동치는 물속에서 잠시 삶을 확인할 수 있는 공기주머니이다. 그래서 이것은 삶에 대한 책이 아니라 삶과 함께 있으려는 책이다.

  이 책의 글들은 극장에 앉아 천천히 입에 넣는 팝콘 같은 것이라고 해도 좋지 않을까? 급히 다 먹을 필요가 없다. 눈은 팝콘이 아니라 화면을 또는 삶을 주시해야 하고, 팝콘은 삶을 주시할 수 있는 용기를 혀에게 줄 뿐이다.

  이 책은 단번에 읽기 위한 것이 아니며, 읽어야 하는 정해진 순서 역시 없다. 피로에 젖은 눈이 이제 견딜 수 있다면 창밖을 봐야 한다. 이 책은 오히려 세상의 저 풍경을 보기 위해 쓰였다. 하루 한 방울 안약 같은 책을 쓰고 싶었다. 눈을 맑게 하기. 그러면 인생이라는 병환에 시달린 자가 마지막에 웃을 수 있을까?

  글을 쓴다는 것은 늘 흥미로운 체험이다. 글쓰기는 태생적 오답이라서 뭔가 늘 복구를 필요로 한다. 수리해야 하는 기계들이 이렇게 많으니 열차의 수리공처럼 골똘히 기계의 계기판을 내려다보고 있다. 그러는 사이에도 열차의 머리 위로는 황혼이 내리고, 낮으로부터 이별하며 수많은 날 가운데 하나를 보내는 것인데도 오늘 하루를 잘 살았는지 생각하고 있는 저 풍경이 아름답다.

2025년 가을
서동욱

차례

프롤로그: 삶을 움직이는 생각의 지렛대 … 5

1부 일상의 보석

먹방 시대, 식사의 철학 … 15
미세한 차이가 새로운 세계를 만든다 … 28
자유는 어떻게 탄생하는가 … 37
부끄러움, 인간의 위대한 마음 … 46
에피쿠로스의 정신 … 50
외로움 … 61
우리는 몸을 통해 타자와 만난다 … 67
권태를 여행으로 극복해볼까 … 76
냄새 … 81
무의미 … 89
말년의 음식 … 96

2부 인생의 공부거리

공포, 인간을 길들이는 흑마법 … 107
토론해서 뭐 얻은 게 있니 … 114
학자와 정치 … 122
재치 … 127
파괴자이자 창조자로서 학문 … 134
삶의 훈련으로서 동양철학 … 142
경험이 삶의 스승이다 … 146
사랑과 질투 … 155
가족은 국가의 적인가 … 162
플라톤과 칼 세이건의 '올바른' 우주 … 171
공부는 사람을 어떻게 변화시키는가 … 180

3부   세계가 숨긴 법칙

철학적 구역질 … 187
무위의 철학 … 197
'신의 법'을 어떻게 이해할까 … 206
인문주의자의 비극 … 215
보드게임, 민주주의 연습 … 224
라모의 조카, 비주류는 사회의 거울 … 228
출산의 의미와 그림자 없는 여인 … 235
부분과 전체 … 242
공중전 … 250
4차 산업혁명은 판단력의 문제이다 … 260
신은 죽었다 그리고 인간도 죽었다 … 265

4부   우리가 사는 방식

유사성, 게가 된 사무라이 … 275
모방 … 286
웨이터의 세계 … 293
순수 예술, 참여 예술, 추한 예술 … 301
올림피아의 황금빛 경기마차를 찾아서 … 311
음악의 철학 … 316
예술 감상자 … 323
철학 이전의 선생, 서사시 … 331
지리학으로 철학하기 … 338
스피노자의 이름에 관한 농담 … 346
12월의 꽃, 크리스마스 … 354

에필로그: 고통의 학습 … 359
주 … 363

1

일상의 보석

먹방 시대,
식사의 철학

카프카Franz Kafka의 소설 〈어느 단식 광대〉는 이렇게 시작한다.

> 지난 수십 년간 단식 광대에 대한 흥미는 매우 줄어들었다. 예전에는 단식 광대의 독자적인 연출로 큰 공연을 해볼 만했지만, 오늘에는 전혀 불가능하다.[1]

왜 관객은 굶는 광대를 외면했나?

관객이 지금 모두 유튜브 앞에서 먹방을 시청하고 있는 까닭이다, 라고 소설에 한 문장 덧붙이고 싶은 욕구를 참기 어렵다. 속물들에게 등을 돌리고 홀로 구도자의 길을 가는 굶는 예술가의 시대는 가고, 만 개의 눈을 따라다니는 먹는 예술가의 시대가 온 것인가? 공중파를 점령한 요리 프로그램, 맛집에 대한 미신적 추종, 먹방 BJ의 폭증 앞에서 우리는 묻지 않을 수 없다. 도대체 먹는다는 것은 어떤 행위인가?

인류가 지혜를 길어내는 가장 오래된 노래 가운데 하나가 《오뒷세이아》이다. 영웅들의 이야기지만, 내가 보기엔 '생활의 사상' 책이 맞다. 한 인물은 말하기를, 우리에게 늘 소중한 것은 잔치와 춤과 새 옷으로 갈아입기와 따뜻한 목욕과 잠자리라고 한다.[2] "이윽고 먹고 마시는 욕망이 충족되었을 때"[3]와 같은 표현도 반복된다. 영웅들은 결국 식사하는 자들인 것이다.

> 하지만 내가 아무리 괴롭더라도 지금은 저녁을 들게 해 주십시오.
> 가증스런 배腹보다 파렴치한 것은 달리 아무것도 없으니까요.
> 배란 녀석은 내가 지금 이렇게 마음이 슬픈 것처럼
> 사람들이 몹시 지쳐 있고 마음이 슬플 때도
> 자기만 생각해달라고 명령하고 강요하지요.[4]

인간은 식사와 잠이라는 바다가 요동치지 않아야 겨우 거기 떠서 조금 제 갈 길을 가는 잎사귀만 한 배 한 척이다.

먹는 일이 늘 존중받는 것은 아니다. 들뢰즈Gilles Deleuze는 먹는 일이 세상에서 가장 귀찮은 일이라고 내던져둔다. 그러면서도 자기가 제일 좋아하는 음식인 골, 골수, 혀가 문자 그대로 삼위일체라고 한다. 골은 중심에 있으니 성부, 골수는 골이 뻗어나간 것이니 성자, 혀는 복음을 전하니 성령.[5] 이 괴상한 표현을 존중하자면, 먹는 일에는 생리화학작용 이상의 '정신성'이 깃들어 있는 것이다.

먹는 일에 관한 아름다운 성찰을 담은 유르스나르Marguerite Yourcenar의 소설 《하드리아누스의 회상록》은 식사에 대해 이렇게 말한다. "하루 두세 번 수행되고 또 생명에 양식을 공급하는 데 목적이 있는 그 작업은 당연히 우리가 모든 정성을 기울일 가치가 있다."[6] 오감과 물질적 요소들의 완벽한 결합에서 성사되는 매끼 식사란 세계가 여전히 우리를 허용하고 있음을 알리면서, 우리 존재에게 생명의 풀무질을 해주는 까닭이다.

먹는 일과 관련해 내게 떠오르는 것은 유튜브보다 훨씬 먼저 만들어진 문학적 먹방 장면 둘이다. 하나는 라블레François Rabelais의 먹방이고 다른 하나는 마르케스Gabriel García Márquez의 먹방. 전자는 긍정적이고 후자는 부정적이다. 그런데 이 두 장면은 이후 우리 시대에 이르기까지 수많은 형태의 먹방을 요약하고 있다.

마르케스의 《백 년 동안의 고독》에 나오는 아우렐리아노 세군도는 방탕한 인물인데, 이 방탕함이 과도한 먹기 내기, 오늘날 표현대로 하자면 '푸파'로 이어진다. 그는 '코끼리 여자'라는 별명의 무서운 푸드파이터를 만나 이틀간의 마라톤 대결 끝에 죽음 직전까지 가보는 참교육을 받는다. 세군도를 푸파에서 쓰러뜨린 그녀의 동기가 의미심장하다. 그 동기란 승부가 아니라 '도덕'이었다.[7] 생명체로서 좋건 싫건 받아들여야 하는 우리의 운명, 즉 다른 생명의 희생을 몸 안에 영접하는 일도 놀이가 될 수 있는 걸까? 목숨의 심지를 떠받치고 있는 기둥인 식사는 놀잇감이 되는 것을 거부함으로써 자신의 성스러움을 주장한다.

그런데 식사는 경박한 놀이가 되는 것은 거부하지만, 역설적이게도 '즐거움'을 본질로 삼고 있다. 먹는 행위 속에서 최상급으로 구현되는 우리 생명력에 대한 찬가라 할 만한 라블레의 유쾌한 먹방은 이런 식이다. 16세기 르네상스 시대에 쓰인 《가르강튀아》의 주인공들은 요즘 우리들처럼 곱창을 좋아한다.

> 똥껍데기는 정말 풍미가 좋아 누구나 손가락을 핥을 지경이었다. 그녀는 큰 통으로 열여섯 통, 중간 크기로 두 통 그리고 여섯 단지를 먹어 치웠다. 얼마나 멋진 똥들

이 그녀 배 속에서 들끓고 있었겠는가! 식사가 끝나자 모두 어울려 버드나무 우거진 들판으로 갔다. 풀밭에서 다들 흥겨운 피리 소리와 감미로운 백파이프 소리에 맞추어 춤을 추었다. 그들이 이리 재미있게 노는 모습을 바라보자면 천상의 즐거움이 따로 없었다.[8]

곱창이 받은 역대 최고의 찬사라 할 만한 이 구절의 진정한 의미는 병원에서 죽음을 기다리던 말년의 카프카의 모습과 겹쳐두었을 때 비로소 드러난다. 죽음을 앞둔 카프카는 아버지와 함께 갔던 수영장과, 거기서 소시지와 맥주를 먹으며 누렸던 왕성한 식욕을 그리워했다. 그렇다. 죽는 일은 단순하다. 그것은 더 이상 소시지와 맥주를 먹을 수 없다는 것이다. 지상에서 생명이 즐거움 속에 자신의 존재를 확인하는 일이란 라블레의 주인공처럼, 또는 수영장의 카프카처럼 생명체가 자연에서 받은 선물인 먹는 일을 통해 이루어진다.

그런 뜻에서 먹는 일은 혀끝의 쾌락을 속되게 여기는 사람들이 자부하는 바와 달리, 단순히 우리 몸에 주유注油하는 일이 아니다. 레비나스Emmanuel Levinas는 《전체성과 무한》에서 말한다.

먹을거리에 대한 염려는 실존을 위한 염려에 매여 있지

않다. (…) 실존에 대한 무염려, 이것은 세계의 먹을거리들에 이빨을 드러내고 깨무는 데서, 풍요로운 세계를 기꺼이 받아들이는 데서, 세계의 요소적 본질이 터져 나오게 하는 데서 성립한다.[9]

우리의 나날은 실존하는 일에 대한 걱정으로 가득 차 있다. 불투명한 미래와 깜박이는 전구 같은 건강을 걱정하며, 투자금의 회수에 대해 불안해한다.

목숨이라는 산소호흡기로 살아 있는 나의 존재는 식사를 통해 유지되니, 먹는 일도 실존에 대한 염려 아닌가? 먹는 일은 존재하기 위한 연료 공급이 아닌가? 그러나 "먹을거리에 대한 욕구는 실존이 아니라 그 먹을거리를 목표로 삼는다."[10] 우리는 탈수증을 염려해서 물을 마시기보다는 시원한 감각이 좋아서 물을 마신다. 활동하기 위한 연료를 얻기 위해서가 아니라, 혀끝에 호소해오는 맛 때문에 채소와 고기를 깨물어본다. 요컨대 우리는 존재 유지에 골몰하기에 음식을 섭취하는 것이 아니며, 혀가 즐겁기 때문에 음식을 입으로 가져가는 것이다. 그러기에 식사는 존재 유지를 위한 노역의 일부가 아니라, 이 노역에서 잠시 풀려나 얻는 휴식과 쾌락이 된다. 일터에서의 점심시간이 단지 노동이라는 알을 낳기 위해 사료통의 모이를 쪼는 시간이 아니라, 즐거운 휴식인 것처럼.

이 즐거움은 음식을 흡수하는 우리 감각에서 유래하는 것이므로, 음식 자체의 사회적 지위, 즉 얼마나 사치스러운지 얼마나 유명한 요리사가 만들었는지와는 아무 상관이 없다. 《하드리아누스의 회상록》에 나오는 포도주의 맛에 대한 다음과 같은 말보다 이 점을 더 잘 설명할 수는 없을 것이다.

> 포도주는 우리에게 땅의 활화산 신비를, 숨겨진 광맥의 풍요를 맛보게 한다. 정오, 태양 아래 마신 한 잔의 사모스나, 혹은 정반대로 어느 겨울밤 피곤할 때 들이켠 사모스 한 잔은 즉시로 횡경막의 공동을 통과하는 따뜻한 흐름을, 확실하고 뜨겁게 혈관을 따라가는 확산을 느끼게 하니, 이 한 잔 술의 감각은 거의 성스럽고, 때론 인간의 머리에 너무나 강렬하다. 그러나 로마의 일련번호가 붙은 포도주 저장고에서 꺼내온 사모스는 더 이상 그와 같이 순수한 맛이 아니고, 나는 유명 포도주 감정가들의 현학적 설명이 짜증스럽기만 하다. 그보다 더욱 경건하게, 손바닥으로 떠올려 마신 샘물 한 모금이나 샘에 입을 대고 들이마신 물 한 모금은 우리 몸 안에 땅의 가장 비밀스러운 소금과 하늘의 비를 흘러들게 한다.[11]

나아가 식사는 세상 안에서 생명으로서 우리가 구가하는

즐거움을 표현할 뿐 아니라, 여러 가치가 배어들게끔 갈고 닦은 '삶의 형식' 자체를 표현한다. 예를 들면 수년간 조심스럽게 다듬어진 간소한 삶 자체를 나타내는 형식인 스피노자 Baruch Spinoza의 식단이 있다. 그는 하루 식사로서 3센트에 해당하는 버터로 만든 우유 수프, 1.5센트짜리 맥주 한 병, 어떤 날은 4센트와 8페니에 해당하는 건포도와 버터로 만든 묽은 죽만을 먹었다.[12] 이 식사는 스피노자의 절제된 삶의 초상화 자체이지만, 주저 《에티카》에서 음란한 상상을 건조한 라틴어로 멋지게 기록하기도 했던 이 철학자를 결코 쾌락에 무지한 사람으로 오해해서는 안 된다. 진정한 미식을 모르는 사람만이 음식이 주는 즐거움과 사치를 혼동하고, 검소함과 금욕을 구분하지 못한다.

그런데 스피노자 이전에, 식사가 삶의 성찰과 훈련을 표현하는 형식이라는 점을 잘 알고 있었던 이들은 스토아학파 철학자들이다. 네로Nero 황제의 스승이기도 했던 세네카Lucius Annaeus Seneca는 〈마음의 평정에 관하여〉에서 말한다.

> 내가 좋아하는 음식은 수많은 하인이 준비하고 지켜보고 여러 날 전에 주문한 여러 손이 차려주는 음식이 아니라, 간단하고 어디서나 차려낼 수 있고 공들이거나 값비싸지 않고 지갑에도 몸에도 부담스럽지 않으며 들어

간 길로 도로 나오지 않을 정도의 음식이라네.[13]

합리적인 간소화에 대해 많이 연구한 어떤 기업의 외식사업 기획서처럼 보이기도 하는 이 구절은, 식사 단 한 가지로 세네카가 어떤 삶을 살고 있는지 단번에 알려준다.

그런데 도대체 어떤 식사가 삶의 완벽한 형식이 될 수 있을까? 우리는 과식 때문에 괴로워하고 허기 때문에 또 괴로워한다. 자신이 가야 할 적절한 길에 대해 무지한 욕심은 삶의 만족이나 식사의 즐거움으로 귀착하기보다, 과식과 허기의 고통에 가닿는다.

고대 이래 사람들은 너무 큰 옷이나 작은 옷처럼 삶을 겉도는 형식이 아니라, 삶 자체와 일치하는 형식으로서 식사에 대해 사색했다. 예를 들면 철학에서뿐만 아니라 식사에서도 현명한 자였던 소크라테스를 통해서 말이다. 플라톤은 《향연》에서 소크라테스가 펠로폰네소스 전쟁에 참전했을 때의 모습을 이렇게 기록한다.

> 전쟁터에서 흔히 있는 일입니다만, 어떤 곳에서 우리는 포위되어 식량 없이 지내지 않으면 안 되었을 때 아무도 이분만큼 잘 참는 사람이 없었어요. 그러다가도 음식이 많고 재미있게 지낼 만한 때에는 이분만이 그걸 참으로

즐길 수 있는 사람이었어요.[14]

여기서 플라톤은 언뜻 쉽게 들리지만 많은 연습이 필요한, 매우 어려운 먹기의 기술art을 제시하고 있다. 소크라테스는 상황이 대지로 하여금 자신의 두터운 지갑을 열지 못하게 할 때, 존재란 겸손한 허기와 인내로 대지의 인색함에 경의를 표하는 것 외에는 다른 길을 찾지 못한다는 것을 알고 있었다. 그러나 대지가 수확을 건네주기로 허락할 만큼 마음이 풀어질 때는, 풀이 비를 머금듯 최대한 식사의 행복을 누리려 했다. 부여잡을 수 없는 쾌락이 그리워 애통해하지도 않지만, 쾌락의 기회가 주어지면 마다하지 않는다. 그런 식으로 삶은 요람에 눕듯 식사라는 형식 안에 둥지를 틀 수 있지 않을까?

식사와 삶이 서로 꼭 맞는 모서리처럼 포개지는 축복, 식사에 대한 과욕에 시달려 삶이 괴로워지거나, 마땅히 영접해야 하는 식사와 불화해 삶이 메말라버리는 일이 없는 이 축복을 자신의 몸 전체를 통해 영접한 이가 또 있다면 시인 백석일 것이다. 이토록 음식에 진심인 백석의 먹방이 있다. 백석은 삶 자체와 일치하는 음식의 시들을 썼다. 그의 모든 귀중한 시들은 거의 음식에 대해 말하는데, 가령 그는 현해탄 건너 남쪽 이즈伊豆에 가게 되면 그곳의 따뜻한 기후와 삶을 영접해 감사히 귤을 먹는다. 1936년 발표된 〈이두국주가도伊豆國湊街道〉

의 시구이다.

　　금귤이 눌한 마을 마을을 지나가며
　　싱싱한 금귤을 먹는 것은 얼마나 즐거운 일인가

　매서운 추위가 찾아든 평안도를 여행할 때는 더운 기운을 불어넣어주는 소주와 술국의 맛에 온전히 빠져든다. 평안도를 그린 1939년의 연작시 《서행시초西行詩抄》 가운데 한 편인 〈구장로球場路〉에서 이렇게 쓰고 있다.

　　그 뜨수한 구들에서
　　따끈한 삼십오도 소주나 한잔 마시고
　　그리고 그 시래깃국에 소피를 넣고 두부를 두고 끓인 구
　　수한 술국을 트큰히 몇 사발이고 왕사발로 몇 사발이고
　　먹자

　먹거리와 삶이 꼭 맞게 일치할 수 있다는 진실을 자신이 누리는 소박한 식사를 통해 이토록 잘 보여준 시인도 없을 것이다.
　그런데 백석에게 음식과 삶이란 혼자의 것이 아니라 공동체의 것이다. 이를 가장 잘 알려주는 것은 바로 명절의 음식이다. 명절은 사람들이 만나는 날이고 음식의 날이다. 1936년

시집《사슴》에 수록된 〈고야古夜〉의 구절이다.

내일같이 명절날인 밤은 부엌에 쨋듯 하니 불이 밝고 솥
뚜껑이 놀으며 구수한 내음새 곰국이 무르끓고 방안에
서는 일가집 할머니가 와서 마을의 소문을 펴며 조개송
편에 달송편에 쥔두기송편에 떡을 빚는 곁에서 나는 밤
소 팟소 설탕 든 콩가루소를 먹으며 설탕 든 콩가루소가
가장 맛있다고 생각한다

　명절이 알려주듯 음식은 나누는 것이고, 나눔은 공동체를
일으켜 세운다. 그러고는 공동체의 이야기가 오간다. 역시
《사슴》에 수록된 〈여우난골족族〉에서 백석은 명절날 친척들
과 놀다 함께 잠들고 그 잠 위로 퍼져나가는 아침의 '무이징
게국'(무와 새우젓갈로 끓인 국) 내음새를 그리기도 한다. 함께
뒹굴며 자고 함께 기분 좋은 음식 냄새를 맡는 아침. 잠과 음
식 냄새의 끈이 묶어주는 것이 바로 공동체이다.
　그러니 어쩌면 우리가 지금껏 많이 이야기하지 않은 식사
의 또 다른 즐거움을 시험해보는 일이 중요할지도 모르겠다.
키케로Marcus Tullius Cicero는 식사의 즐거움을 함께 먹는 데서 찾
고, 함께 식사하는 것을 '함께 살기convivium'라고 표현했다.[15]
혼밥 시대에 함께 살기는 여전히 즐거운 일인지? 애초에 혼자

인 자는 고독 자체를 알 수 없다. 타인과 더불어 있음이 전제되어야 이 더불어 있음의 결여적 양식으로 고독의 가치가 출현하는 까닭이다. 그렇다면 혼밥의 가치 역시 '함께 살기'에서 파생되는 것이리라. 소리가 없고서는 적막도 없는 것처럼, 공동체 안에 있지 않고는 고독의 즐거움도 없다. 나는 혼자일 때도 타인과 더불어 있는 것이다.

미세한 차이가
새로운 세계를 만든다

예전에 〈인생극장〉이라는 코미디 프로그램이 있었다. 좋을 수도 있고 나쁠 수도 있는 여러 인생이, 즉 여러 '가능 세계'가 존재한다. 〈인생극장〉은 주인공의 단 한 번의 선택에 따라 좋을 수도 나쁠 수도 있는 가능 세계 가운데 어느 것이 현실이 되는지 보여주는 프로그램이었다. 선택에서 한 번의 사소한 잘못된 판단이 좋은 세계 대신 나쁜 세계를 만들어낸다면? 이렇듯 모든 이가 걱정하는 바의 시뮬레이션을 제공했기에 이 프로그램은 인기를 끌었던 것 같다.

작은 '차이'가 전혀 다른 세계들을 만들어낼 수 있다는 이런 생각은 이미 여러 방식으로 고전문학 속에서 표현되기도 했다. 예컨대 프로스트Robert Frost의 유명한 시 〈가지 않은 길〉

은 '둘 다 가볼 수 없는' 숲속의 두 갈래 길에 관해 이야기한다. 둘 다 존재하며 가능하지만, 어느 길로 가느냐에 따라 하나의 세계만이 현실화할 수 있다. 화자는 이렇게 시를 끝맺는다.

> 나는 먼 훗날 어딘가에서
> 한숨 쉬며 이렇게 말하리라.
> 숲속에 두 길이 갈라져 있었다. 나는 —
> 나는 덜 다닌 길을 택했다.
> 그랬더니 큰 차이[difference]가 있었다.[1]

숲속의 두 갈래 길 가운데 무엇을 좇느냐에 따라 하나는 현실화한 세계가 되고, 다른 것은 가능 세계로 남는다. 이 시는 저 세계들 사이의 '차이'에 관한 시이고, 우리는 저 차이라는 관념을 뒤에 소중히 살필 것이다.

'가능 세계'는 흥미로운 아이디어가 많았던 17세기 철학자 라이프니츠Gottfried Wilhelm Leibniz의 가장 유명한 개념 가운데 하나이다. 무수히 많은 가능 세계가 있는데, 신은 이 가운데 다양성과 통일성 면에서 '최선'의 세계가 현실화하게 했다. 그것이 지금 우리가 사는 세계라는 것이다.

다양성을 지닌 세계가 좋다는 것은 무슨 뜻일까? 보르헤스 Jorge Luis Borges도 인용하는 바이지만, 라이프니츠는 이렇게 생각해보길 권한다. 두 개의 도서관이 있다고 해보자. 한 도서관에는 완벽한 작품이라고 할 수 있는 베르길리우스Publius Vergilius Maro의 《아이네이스》만 천 권이 있고, 다른 도서관에는 수준과 중요성에서 천차만별인 다양한 책 천 권이 있으며 《아이네이스》는 그 천 권 가운데 하나이다. 어느 도서관이 더 좋은 도서관인가? 물론 후자이다. 《아이네이스》 천 권이 쌓인 곳은 도서관이라기보다 그냥 물류창고 아닌가? 이런 식으로 라이프니츠는 다양성을 갖춘 것이 최선의 세계라고 주장한다.[2]

놀라운 것은 '악惡' 역시 이 최선의 세계의 다양성을 풍부하게 해주는 뺄 수 없는 요소로 고려되며, 그런 식으로 현실 속의 악이 용인된다. 예를 들면 리스본 대지진 같은 자연적 불운, 루크레티아Lucretia를 능욕한 섹스투스 타르퀴니우스Sextus Tarquinius의 도덕적 악 말이다.

우리는 라이프니츠의 의도를 잘 알 수 있다. 그는 선한 신이 어떻게 이렇듯 많은 악이 존재하는 세계를 창조했는가라는, 신을 향한 비난으로부터 신을 변호하는 '변신론辯神論'을 수행하고 있는 것이다. 이 세계는 모든 가능 세계들 가운데 최선의 세계가 현실화한 것이고, 최선의 세계의 다양성에는 필연적으로 악도 포함된다고.

세상 안의 온갖 악을 최선의 세계의 구성품으로 용인하는 라이프니츠의 이런 '낙관주의'는 당연히 조롱거리가 된다. 볼테르Voltaire는 소설 《캉디드》에서 라이프니츠를 대변하는 인물 팡글로스를 내세워 그 사상을 비웃는다. 팡글로스는 말한다. "인간의 타락과 저주는 최선의 세계에 필연적으로 들어 있는 것이라고 봅니다."[3] 그러나 소설의 주인공은 리스본의 대부분을 파괴한 당시의 비극적 지진을 겪고 나서 이렇게 묻는다. 리스본의 지진도 최선의 세계의 일부인가? "이것이 가능한 최선의 세계라면 다른 세계는 도대체 어떤 곳이란 말인가?"[4] 볼테르가 라이프니츠의 이론을 내던져버리며 내리는 결론은 다음과 같다. "헛된 공리공론은 집어치우고 일이나 합시다. 그것이 삶을 견뎌내는 유일한 방법입니다."[5]

흥미롭게도 라이프니츠와 정반대로 이 세계의 악을 신의 무능함으로 돌리는 사상도 있다. 카발라(중세 유대의 신비주의)가 그러하다. 보르헤스에 따르면 카발라에서 여호와는 신성이 거의 소진된 마지막 신으로 묘사된다.

> 우리가 마지막 발산에 이르면, 거기에서 신성한 부분은 거의 0으로 축소됩니다. 그리고 우리는 여호와라고 불리는 이 세상을 창조한 신을 만나게 됩니다. 그런데 그는 왜 이토록 실수로 가득하고, 참사로 가득하며, 죄로 가득하고, 육체적 고통으로 가득하며, 죄책감으로 가득하고, 범죄로 가득한 세상을 만든 것일까요? 그것은 신

성이 축소되어 실수로 가득한 이 세상을 창조한 여호와에 이르기 때문입니다.[6]

모든 가능 세계 가운데 최선의 세계가 우리의 세계라는 라이프니츠의 사상보다, 우리 세계 자체를 무능한 신의 실패로 여기는 저 구절이, 늘 쓰디쓴 세상사에 시달리는 우리를 수긍케 할지도 모르겠다.

그런데 라이프니츠의 가능 세계 이론은, 신을 변호하기 위해 현실의 이 세계를 최선의 세계라고 항변하는 점을 제외한다면 매우 풍부한 통찰을 주고 있다. 하나의 가능한 세계와 또 다른 가능한 세계 사이의 '차이'는 무엇일까? 예컨대 이 차이는 앞서 인용한 프로스트의 두 갈래 길 사이의 차이이다. 이것은 그야말로 숲 안에 있는 수많은 길 가운데 한 갈래 길로 들어서면 생기는 '미세한 차이'이다. 이 차이란 이를테면 A와 –A 사이의 전면적인 대립, 모순 contra-diction 같은 것이 아니다. 들뢰즈식으로 표현하자면 아주 부차적으로 vice 다르게 말할 수 있는 차이 vice-diction, 하나의 길을 선택한 나그네가 거대한 숲속에 만들어내는 아주 미세한 차이이다. 물론 그 미세한 차이를 선택한 결과는 '큰' 차이일지라도 말이다.

이런 점에서 라이프니츠의 가능 세계 이론은 당대 바로크 정신과도 연관이 있다. 오늘날에는 부정적인 뜻으로 사용되기도 하는 바로크의 '매너리즘mannerism'은, 방식manner을 조금씩 바꾸어 사물 자체의 변화를 일으킨다는 뜻이다. 바로크는 건축 양식에서 보듯 그 자체로 새롭다기보다는, 동서양의 이런저런 잡다한 양식을 조합해 새로운 것을 이룬다. 라이프니츠의 가능 세계 이론에도 미세한 양식(양태)의 '차이'가 새로운 세계를 현실로 만든다는 바로크의 이런 기풍이 스며든 것이다. 세계가 그런 식으로 미세한 차이에 의해 생성된다는 것은, 마치 같은 목도리라도 어떤 양식의 매듭으로 착용하느냐에 따라 전혀 다른 패션이 창조되는 것과 같다.

서로 다른 세계들 사이에는 전면적 대립이 아니라, 이런 미세한 차이들이 있다. 보르헤스는 이 점을 잘 파악하고 있었다. 각각의 세계로 비유될 수 있는 도서관의 책들을 그는 〈바벨의 도서관〉에서 이렇게 표현했다. "한 권의 책은 유일무이한 것으로서 대체가 불가능하지만 (…) 항상 그것에 대한 수십만 권의 복사본이 있다. 그것들은 단지 글자 하나, 또는 쉼표 하나가 다를 뿐이다."[7] 이 말을 그대로 받아서 말하자면, 글자 하나, 쉼표 하나와 같은 부차적인 차이가 전혀 다른 세계를 현실로 만들어낸다.

우리는 이 점을 특히 '타인과의 만남' 속에서 절실히 체험한다. 우리의 무수한 가능 세계 중에서 하나의 세계만을 현실화하는 자는 바로 우리와 인연이 맺어지는 한 타인이 아닌가?

은인이나 애인 등등. 애인을 만나 구원의 세계로 들어서거나 또는 교제 폭력을 통해 지옥의 세계로 빠지거나, 후원자의 축복을 받거나 또는 동업자에게 사기를 당하거나. 타인들과의 모든 만남은 서로 차이 나는 세계들이 현실화할 수 있는 열쇠인 것이다. 요컨대 타인들은 서로 미세하게 변별적인 가능 세계들을 감추고 있는 차이들이며, 한 타인을 만난다는 것은 하나의 차별화된 세계를 현실 세계로 펼치는 일이다.

예를 들어 들뢰즈는 프루스트의 소설 《잃어버린 시간을 찾아서》를 분석하며, 연애란 바로 사랑하는 타인 속에 들어 있는 가능 세계를 나의 현실 세계로 펼치는 일임을 잘 보여준다.

> 사랑하는 존재는 우리가 모르는 어떤 가능 세계를 표현한다. 해독해야 할, 다시 말해 해석해야 할 한 세계는 사랑받는 사람 속에 함축되어 있고 감싸여져 있으며 마치 수형자처럼 갇혀 있다. (…) 사랑, 그것은 사랑하는 사람 속에 감싸여진 채로 있는 우리가 모르는 세계들을 '펼쳐 보이고 전개시키고자' 하는 우리의 노력이다.[8]

숲속의 길 가운데 하나로 들어서듯, 한 사람을 만나거나 지나치거나 하는 작은 차이가, 여러 가능 세계 가운데 하나를 우리 미래의 현실로 만든다.

가능 세계에 관한 이런 이야기는 당연히 라이프니츠의 형이상학이나 프루스트의 사랑 이야기에만 그치지 않는다. 한 걸음 더 나아가 생각해보면, 우리가 만나는 타인으로서의 정치가들 또한 가능 세계를 함축하는 자들이다. 가령 투표란 후보자 속에 들어 있는 가능 세계를 현실 속으로 펼치는 일이자 실망 또는 만족, 지옥 또는 천국을 현실에 불러오는 일이다. 민주주의란, 투표가 당락의 차이를 만들어내고 그 차이가 가능 세계 가운데 하나를 현실화하는 절차인 것이다. 그리고 역사적 회고란 실현되지 않은 가능 세계를 애통해하는 부질없는 복기이다.

아마도 메시아의 도래 역시 우리는 이렇게 '미세한 차이를 지닌 세계들'이라는 관점에서 이해할 수 있을 것이다. 메시아에 관한 논의를 철학자 아감벤Giorgio Agamben은 이렇게 설명한다.

> 메시아적 세계는 또 다른 세계가 아니라 이 평범한 세계 자체를 조금 수정한 것 정도이다. 그것은 평범한 세계와 사소한 차이밖에 없다. (…) 이 작은 차이야말로 모든 의미에서 결정적인 것이다.[9]

메시아야말로 '차이 자체'이다. 하나의 새로운 세계를 만들어내는 차이 자체 말이다. 비유컨대, 환자의 병이 진행되고 있을 때 한순간 개입하는 '치료' 같은 것이 메시아의 도래이다. 치료하는 메시아가 개입하는 한순간은 환자의 병이 진행되는 시간과 동떨어진 시간이 아니다. 그것은 병의 진행에 속하는 한순간, 기존 시간의 흐름에 생긴 작은 '차이'이다.

이 작은 차이가 세속적 세계를 메시아의 세계로 만든다. 사도 바울은 〈고린도전서〉에서 이런 식으로 제안했다. 기쁨 있는 사람은 없는 사람처럼 지내고, 세상과 거래하는 사람은 거래하지 않은 사람처럼 지내고 등등. 이것은 이미 있는 기쁨 속에, 이미 있는 거래 속에, 이미 있는 세계 속에 미세한 차이를 만들어 새로운 가능 세계를 현실화하라는 뜻이다.

철학은 냉혹한 구조물처럼 그냥 필연적으로 서 있을 뿐이지만, 사람들이 거기에서 영감을 얻어내는 일을 막지는 못한다. 생각 속에 떠도는 가능한 모든 세계로부터 단 하나의 세계를 현존하게 하는 일은 미세한 차이, 작은 실천에서 가능하다는 영감 말이다.

자유는 어떻게
탄생하는가

페르시아 대왕이 그리스의 도시국가들에 사신을 보내 굴복의 징표로 땅과 물을 요구했다. 스파르타인들은 사신을 우물 속에 밀어 넣고 거기서 땅과 물을 찾아 대왕에게 가져가라고 말했다. 이 장면은 영화 〈300〉의 첫머리에 "디스 이즈 스파르타This is Sparta"라는 대사(영화사에서 이제 "아임 유어 파더I'm your father"만큼 유명해진)와 함께 극적으로 연출되기도 했다.

그런데 실제 기록에서는 더 흥미로운 이야기가 이어진다. 우물에서 죽은 사신의 목숨값으로 자신의 목숨을 내놓기 위해 두 스파르타인이 자진해서 페르시아 대왕을 찾아간다. 대왕의 신하는 연회를 베풀고 그들을 회유한다. 두 스파르타인의 대답을 헤로도토스Ἡρόδοτος의 《역사》가 이렇게 기록한다.

○●○ 영화 〈300〉에서 스파르타는 땅과 물을 요구하는 페르시아 대왕의 사신을 우물 속에 밀어 넣는다. 스파르타인들은 "자유를 경험했다면 자유를 위해 싸우라고 조언했을 것"이라며 페르시아 대왕의 회유에 맞섰다.

그대는 상황을 잘 몰라서 우리에게 그런 조언을 하시는 것이오. 그대가 하나는 알고 둘은 모르고 그런 조언을 하시니 말이오. 그대는 노예가 된다는 것이 어떤 것인지는 알아도, 자유가 무엇인지는 전혀 경험해보지 않아 그것이 달콤한지 아닌지 모르신단 말이오. 그대가 자유를 경험했더라면 우리에게 창뿐 아니라 도끼를 들고 자유를 위해 싸우라고 조언했을 것이오.[1]

이 자유를 지키기 위한 투쟁이 페르시아 전쟁이었으며, 그리스는 이 전쟁을 통해 비로소 그리스의 진정한 정체성을 획득하게 된다. 그리스라는 정체성을 얻게 되었다는 말은 바로 자유에 대한 체험을 근본에 간직한 서구 문명의 원천이 탄생했다는 뜻이다.

그리스 이래로 저 자유에 대한 체험은 늘 공동체가 좇는 제일가는 가치가 되었다. 암스테르담 시청 근처의 강변에는 그 도시가 낳은 철학자 스피노자의 동상이 세워져 있는데, 아래에는 스피노자의 《신학정치론》 20장에서 따온 다음과 같은 문구가 새겨져 있다. "국가의 목적은 자유이다 Het doel van de staat is de vrijheid." 사람들이 못 참는 것은 자신이 생각한 바를 자유롭게 말로 표현하지 못하는 것이다. 말의 자유가 방해받을 때 생기는 것은 분노와 아첨과 불신이며, 이런 것들이야말로 공동체를 위태롭게 한다. 따라서 국가는 자신의 안위 자체를 위해, 사람들이 이성과 그 표현인 말을 제한 없이 사용할 수 있는 자유를 목적으로 할 수밖에 없는 것이다.

이런 자유야말로 사람들이 늘 염원하는 바인데, 그 흔적들을 우리는 자유를 위한 투쟁이 두드러졌던 시대의 시인들에게서 발견한다. 4·19 정신을 대표하는 김수영은 시 〈푸른 하늘을〉에서 이러한 자유를 가리켜 "피의 냄새가 섞여" 있다고 말한다.

2차 세계대전 때 독일에 점령당했던 프랑스의 시인 엘뤼아르 Paul Éluard의 〈자유〉 역시 같은 맥락에 놓여 있는 작품이다. 몇 행만 읽어보자.

○●○ 암스테르담의 스피노자 동상 밑에는 그가 쓴 《신학정치론》에 나오는 "국가의 목적은 자유이다"라는 문구가 적혀 있다. 말의 자유가 방해받을 때 생기는 분노, 아첨, 불신은 공동체를 위태롭게 한다.

그 한마디 말의 힘으로
나는 내 삶을 다시 시작한다
나는 태어났다 너를 알기 위해서
너의 이름을 부르기 위해서

자유여.[2]

시인들은 자연을 노래하듯 자유를 노래해왔다. 자연만큼이나 자유도 애초에 인간의 근본에 놓여 있었다는 듯 말이다.
그렇다면 이 자유에 대해 '탄생'을 물을 수 없는 것일까? 그것은 애초에 우리에게 주어져 있었던 것일까? 그럴지도 모른다. 자유야말로 우리를 근원에서 지배하는 것이다. 이런 자유의 근원성을 하이데거 Martin Heidegger는 〈진리의 본질에 관하여〉에서 이런 말로 표현했다. "진리의 본질은 자유이다."**3** 자유에 따라서 있는 존재자가 가장 근원적인 방식으로 있는 존재자이다. 그러므로 참되게 존재하는 것은 자유롭게 존재하는 것이며 참됨, 곧 '진리'의 본질은 자유이다.

그런데 우리가 이렇게 자유롭다는 것은 무엇일까? 그것은 자유 이외에 아무것도 나를 지배할 수 없으니 무엇이든 내키는 대로 할 수 있다는 뜻일까? 사르트르 Jean-Paul Sartre는 이러한 물음을 진지하게 숙고한 사람 가운데 하나이다. 그의 소설 《구토》에서 우리는 자유에 관한 다음과 같은 문장들을 읽을 수 있다. "나는 자유롭다. 나는 살아야 할 아무런 이유도 없다. (…) 이 자유는 왠지 죽음과 약간 흡사하다."**4** 자유가 가장 근본적인 자리에 있다면, 자유는 그야말로 거칠 것이 없다. 자유는 무엇이든 할 수 있다. 그러므로 '살아야 한다'라는 명령 따위도 자유는 어디에서건 받을 필요가 없다. 그래서 소설의 저 구절처럼, 자유 안에서는 살아야 할 이유를 발견할 수 없다고까지 말할 수 있는 것이다.

이런 자유는 그야말로 삶을 선택할 수도 있고 죽음을 선택해도 뭐라 할 수 없는, 완벽한 '임의성' 외에 뭐란 말인가? 자유는 자신을 통해 삶으로 가는 자도 반기고, 죽음으로 가는 자도 반기는, 그야말로 무심한 신神과도 같다. 우리가 원했던 것이 이런 자유인가?

이렇게 임의성과 자유를 혼동하지 않는다면, 우리는 어떤 자유를 발견할 수 있을까? 키르케고르Søren Kierkegaard는 불안이라는 정서 속에서 비로소 자유가 제 모습을 나타낸다는 것을 발견한다.

불안의 관점에서 아담의 이야기를 생각해보자. 신은 아담에게 선악과를 먹으면 안 된다는 금지의 법을 내린다. 아담은 이 금지 앞에서 불안에 빠지는데, 바로 금지를 통해 자신의 자유를 확인했기 때문이다. 선악과를 따 먹지 말라는 명령은 곧 그에게 선악과를 따 먹을 수 있는 자유가 있음을 알려준다. 그에게 자유가 없었다면 금지의 명령도 없었으리라. 그리고 자유가 있다면 명령도 어길 수 있으리라. 신의 명령을 받았지만, 그 명령을 따를지 말지는 전적으로 자신의 자유에 달렸다는 사실 앞에서 아담은 불안해진 것이다. 선생님의 권유로 시험 공부 계획을 세우고 그것을 법처럼 따르기로 한 학생의 경우를 생각해보자. 그는 곧 불안에 빠지는데, 그 계획을 지키지 않을 자유를 자신이 행사할 가능성이 도사리고 있기 때문이다.

이런 이야기가 알려주는 바는 우리는 명령 앞에서 비로소 '명령을 어길 자유'를 가진 자로서 탄생한다는 점이다. 명령과의 마주침 이전에 자유란 한낱 이래도 저래도 좋은 임의성일 뿐이다. 그렇다면 우리의 일상적인 삶 속에서는 누가 우리에게 명령하고 호소하는가? 물론 우리가 살아가는 나날의 세속적인 세계에서는 신이 아니라 타자他者가, 이웃이, 내게 호소한다. 그 호소는 신의 명령처럼 무거운 것이다. 그리스인들의 서사시에서 유대인의 경전에 이르기까지 신은 이웃의 모습으로 줄곧 나타나지 않았던가? 신이 여전히 명령한다면, 그 명령은 이웃의 호소 속에서 들려올 것이다.

그렇다면 자유에 관해 레비나스처럼 이렇게 말할 수 있을지도 모르겠다. 《전체성과 무한》의 한 구절이다. "'타인'을 맞아들이는 것은 나의 자유를 의문시하는 것이다."[5] 타자는 나에게 도움을 호소하는 자로서 출현한다. 이 호소가 나의 자유를 탄생하게 하는데, 바로 '의문에 부쳐진 자유'로서 탄생하게 한다. 도대체 나의 자유는 무엇을 위한 자유인가, 나에게 자유가 있다면 나는 타자 앞에서 무엇을 할 수 있는가? 이런 물음 속에서 자유는 자신을 타자에게 '죄지을 수 있는 가능성'으로서 발견한다.

이 문제와 관련해 윤동주의 〈투르게네프의 언덕〉이 우리에게 가르침을 줄 수 있을 것이다. 몇 구절을 보자.

　　나는 고갯길을 넘고 있었다. 그때에 세 소년 거지가 나

를 지나쳤다. (…) 얼마나 무서운 가난이 이 어린 소년들
을 삼키었느냐! 나는 측은한 마음이 움직이었다. 나는
호주머니를 뒤지었다. 두툼한 지갑, 시계, 손수건 (…)
있을 것은 죄다 있었다. 그러나 무턱대고 이것들을 내줄
용기는 없었다. 손으로 만지작만지작거릴 뿐이었다.

    타자 앞에서 우리의 자유는 죄짓기도 전에 기소起訴된다는
사실을 이보다 잘 보여주는 작품도 없으리라. 자유는 어디 있
는가? 자유는 바로 주머니에 있는 것을 내줄 수도 있고 내주
지 않을 수도 있는 가능성으로 있다. 그 이전에는 자유가 아
니라 임의성만이 있었다. 타자의 등장과 더불어 비로소 죄지
을 가능성으로서의 자유가 탄생하는 것이다.
    같은 맥락에서 우리는 한용운 시집《님의 침묵》에 수록된
〈복종〉의 참뜻 역시 이해할 수 있다.

> 남들은 자유를 사랑한다지마는, 나는 복종을 좋아하여요.
> 자유를 모르는 것은 아니지만, 당신에게는 복종만 하고
> 싶어요.
> (…)
> 당신이 나더러 다른 사람을 복종하라면,
> 그것만은 복종할 수가 없습니다.

다른 사람에게 복종하려면 당신에게 복종할 수가 없는 까닭입니다.

이것은 자유와 반대되는 것으로서의 복종에 대한 찬양이 아니라, 진정한 자유가 무엇인가에 대한 해명이다. 진정한 자유는 타자의 호소에 대한 귀 기울임, 즉 호소에 대한 복종에서부터 생각될 수 있다. 자유는 타자와의 만남이 없다면 숲속에 숨겨진 보물처럼 영원히 깨어날 줄을 모른다. 타자와의 만남만이 비로소 자유가 정체성을 얻게 해주는데, 그 정체성이란 바로 '심판받는 자유'이다. 타자의 호소 앞에서 나는 무엇을 할 것인가? 헌신할 것인가, 거절할 것인가, 또는 모른 척할 것인가? 이런 질문의 가능성이 바로 자유 자체이다. 그러므로 자유란 곧 '나는 타자에게 연루되었다는 것', '책임져야 한다는 사실'이다.

타자의 호소는 나에게 대답을 선택할 자유를 탄생시키지만, 어떤 대답을 선택하건 그 선택은 '대답에 대한 책임'을 필연적으로 만들어낸다. 자유 속에서 대답을 선택했다는 것은 나는 그 대답의 책임자가 되었다는 뜻이다. 그러니 자유는 '무거운 자유'이다. 그래도 우리는 자유롭지 않을 도리가 없다. 우리가 자유를 원치 않더라도 타자의 말 걸어옴이 우리에게 대답하거나 대답하지 않을 자유를 선사한다.

부끄러움,
인간의 위대한 마음

부끄러움은 위대한 감정이다. 부끄러움이 인간을 도덕적으로 만들어주기 때문이다.

잘 알려진 한국 시 가운데 하나인 윤동주의 〈서시〉는 부끄러움에 대한 노래로 시작한다.

죽는 날까지 하늘을 우러러
한 점 부끄럼이 없기를

이 구절과 더불어 윤동주는 어려운 시대를 깨끗하게 살다 간 순수한 젊은이의 이미지를 얻었다. 여기서 깨끗하고 순수하다는 것은 무엇인가? 바로 '도덕적으로' 고결하다는 뜻이다.

동물과 비교하며 인간의 우월한 점을 찾아내는 일은 그저 인간의 어리석음과 교만을 보여주는 데 지나지 않는다고 생각한다. 인간은 인간 종種의 삶에 걸맞게 체력과 지적 능력을 갖추는 것이고, 동물 종들은 그 종들의 살아나가는 방식에 걸맞게 체력과 지적 능력을 갖출 뿐이다.

그런데 이런 사실을 전제하더라도, 인간에게만 있고 다른 종들에게는 없는 독특한 것을 이야기할 수 있다. 부끄러움, 바로 수치심이 그것이다. 수치심은 인간에게 고유한 감정이다. 단지 이 감정을 지녔다는 것이 관건이 아니라 이 감정이 인간의 고유한 행동 원리, 즉 도덕을 탄생시킨다는 것이 중요하다.

부끄러움은 아마도 인간의 가장 근원적인 정서일 텐데, 유대인들의 신화인 아담의 이야기가 그 점을 잘 알려준다. 아담의 신화는 수많은 방식으로 해석될 수 있다. 아담이 선악과를 먹었을 때 그는 무엇에 눈뜨게 되는가? 바로 자신이 부끄럽다는 사실이다. 부끄러움의 마음이 생기면서 아담은 신의 정원에서 떨어져 나와 비로소 지상의 소임을 마주한 최초의 인간으로 서게 된다. 그가 알몸을 부끄러워하게 되었을 때 이 부끄러움은 곧 분별력이다. 벗은 채로 있어도 되는지 안 되는지, 곧 해도 되는 일과 하면 안 되는 일을 가르는 도덕적 분별력 말이다. 요컨대 인간이 된다는 것은 도덕적 존재가 된다는 것이다.

독일 작가 토마스 만 Thomas Mann의 소설 《요셉과 그 형제들》은 〈창세기〉에 나오는 또 다른 매력적인 인물 요셉의 이야기를 다루는 작품이다. 이 작품에서는 요셉의 입을 통해 '수치', 즉 부끄러움이 인간에게 얼마나 근본적인지 잘 표현되고 있다. 요셉은 늘 인간을 노리는 세 가지 무서운 동물에 대해 이렇게 말한다. "한 짐승의 이름은 '수치심'이고 다른 짐승의 이름은 '과실'입니다. 그리고 가지 사이로 세 번째 짐승이 내다보고 있습니다. 그의 이름은 '조소'입니다."[1] 이 세 가지 동물이 인간의 마음을 노린다. 인간은 '과실'이 불러일으킬 '조소'를 늘 염려해야 하는 처지이다. 이 염려는 '수치심'에 잡아먹히게 될까 봐 두려워하는 걱정이다. 이 세 짐승을 피하면서 삶을 걱정하는 가운데 인간은 도덕적 존재가 된다.

그런데 과실을 저지른 인간은 타인이 던지는 조소의 나락으로 떨어져 아무런 구원도 기대할 수 없는 것일까? 자신이 저지른 과실에 대해 부끄러움을 아는 것 그 자체가 인간을 고귀하게 만들 것이다. 그런 까닭에 부끄러움의 마음을 품는 것 자체가 우리를 구원한다고도 말할 수 있으리라.

중세 이래 유럽 전역에서 사랑받은 비극적인 불륜 이야기를 바탕으로 한 리하르트 바그너 Richard Wagner의 오페라 〈트리스탄과 이졸데〉를 생각해보자. 이 이야기는 충성스러운 기사 트리스탄이 운명과도 같은 사랑의 묘약을 마시고서, 왕의 신의를 저버린 채 왕비 이졸데와 사랑에 빠지는 이야기이다. 이 불륜의 이야기는 왜 그토록 사람들에게 사랑받았는가? 그 이유 가운데 하나는, 바로 피할 수 없는 운명에 휘둘려 과실과 조소의 먹잇감이 된 한 인간이 수치를 통해 자신의 본질인 도덕적 심성을 드러내게 되는 처연한 국면 때문이리라.

기사와 왕비의 부정한 모습을 마주한 왕이 괴롭게 이야기한다. "트리스탄이 내게? 정말 그가 날 배신하고, 충성심을 지웠단 말인가? 명예의 수호자였던 그가, 명예와 진실을, 모두 잊었단 말인가? 방패 대신 트리스탄이 선택한 예절은 어디로 갔는가?" 수치심 때문에 괴로워하는 트리스탄의 모습을 바그너는 이렇게 묘사한다. "트리스탄은 고개를 숙인다. 그의 표정에는 슬픔이 더욱 커져만 간다." 트리스탄은 탄식한다. "왕을 배신한 모습으로 정체가 드러난 것이다!" 그러고는 그는 밀고자 멜롯이 빼든 칼에 그대로 몸을 던져 스스로 치명적인 상처를 입는다. 칼에 찔린 그는 아무것도 숨기지 못하고 자신의 현존 자체를 모두의 시선에 노출한 것이다.

누가 이 젊은 기사를 비난할 수 있을 것인가? 부끄러움 속에서 자신의 과실을 모두 드러냄으로써 그는 자신이 옳고 그름을 아는 존재, 즉 고귀한 도덕적 존재임을 드러냈다. 부끄러움이 사람을 과오의 나락에서 끌어 올리는 것이다.

에피쿠로스의 정신

'에피큐리언epicurean(에피쿠로스주의자)'이라는 이름 그리고 '헤도니즘hedonism(쾌락주의)'이라는 이름의 위스키가 있다. 멋진 이름들이다. 성찬에 쓰인 포도주는 우리를 천상으로 인도할 지도 모른다. 포도주는 확실히 성스럽다. 그러나 '생명의 물'이라는 뜻을 지닌 위스키는 지상에서 우리 삶을 즐겁게 해준다. 그러니 지상의 쾌락에 몰두하는 에피큐리언과 헤도니즘이라는 이름을 얻을 만하다.

술병에 이름을 새긴 기원전 3세기경의 철학자 에피쿠로스는 데모크리토스Δημόκριτος의 뒤를 잇는 고대의 대표적인 유물론자이며 쾌락주의자이다. '유물론'과 '쾌락', 이 두 단어가 에피쿠로스를 대표한다. 그런데 지금 철학의 역사를 교과서적

○●● 위스키 '에피큐리언'은 고대의 대표적인 유물론자이자 쾌락주의자였던 철학자 에피쿠로스의 이름을 따왔다.

으로 공부하기 위해 에피쿠로스 이야기를 꺼내는 것은 아니다. 기존의 낡은 것들에서 벗어나려는 현대의 전위적 정신들을 이끄는 이름이 에피쿠로스이며, 에피쿠로스의 정신을 이해한다는 것은 현대의 정신을 이해한다는 것이기에 이 철학자의 이름은 숙고해볼 가치가 있다.

 단적인 예로 스티븐 그린블랫Stephen Greenblatt의 《1417년, 근대의 탄생》을 보자. 이 책은 잊혔다가 15세기에 새로 발견된 고대 문헌, 루크레티우스Titus Lucretius Carus의 《사물의 본성에 관하여》가 어떻게 사람들의 정신에 작용해, 중세를 마감하며 자유롭고 밝은 새로운 세계, 르네상스를 탄생시켰는지를 보여준다. 그리고 루크레티우스의 저 책은 바로 에피쿠로스 철학을 집대성해 후세에 물려주는 작품인 것이다. 고대와 중세가 플라톤과 아리스토텔레스Ἀριστοτέλης의 것이라면, 현대는 에피쿠로스의 것이다.

플라톤은 《파이돈》에서 육체가 소멸한 뒤에도 불멸하는 영혼의 존재를 논증했다. 사후에는 육신은 사라지고, 살아생전 우리가 양육한 영혼만이 저승에서 영원히 살아남아 그 양육된 바에 따라 이로운 일도 해로운 일도 겪게 된다. 훗날 플라톤을 디딤돌 삼아 우뚝 서게 된 기독교는 이런 생각을 이렇게 반복한다. 영혼은 사후에도 불멸하므로, 생전에 한 일에 따라 보상을 받기도 벌을 받기도 한다고 말이다.

반면 에피쿠로스에게는 육체가 죽은 뒤에도 영원히 살아남는 영혼이 따로 있는 것이 아니라, 모든 것은 물질일 뿐이다. 이 사실은 죽음의 공포에서 우리를 자유롭게 해준다. 내가 살아 있을 때 죽음은 나와 무관하고, 내가 죽어 사라졌을 때 죽음은 이미 사라진 나를 괴롭히지 못하기 때문이다. 죽은 자, 즉 분해된 자는 감각이 없으므로 죽음은 그를 괴롭히지 못한다. 결국 죽음은 산 자와도 죽은 자와도 관계가 없다. 오히려 죽음의 공포는 영혼 자체가 불멸해 영원히 지속한다는 믿음에서 기인한다. 불멸하는 영혼을 영원히 괴롭힐 수 있는 가능성이 죽음을, 사후 세계를 두렵게 한다.

따라서 철학이 영혼이 불멸한다는 견해에서 벗어나게 해준 다면, 철학을 한다는 것 자체가 이미 공포로부터의 자유이다. "철학에 자신을 내던지고 종속시킨 이는 기다릴 필요 없이 즉시 해방된다. 철학에 종사하는 것 자체가 자유이기 때문이 다."[1] 마르크스Karl Marx는 자신의 박사 학위논문에서 에피쿠로스의 저 말을 인용한다. 그는 에피쿠로스의 독창성을 밝힌 논문 《데모크리토스와 에피쿠로스 자연철학의 차이》로 박사 학위를 받았다. 마르크스의 삶은 에피쿠로스의 저 구절의 실천이라 해도 좋을 텐데, 그의 삶은 바로 철학함을 통해 자유로워지는 과정이었다.

누가 이런 에피쿠로스의 정신으로부터 태어난 현대인인가?

먼저 불멸하는 피안의 삶이 허구라는 것을 고발하며 현세적 삶만을 긍정한 니체Friedrich Nietzsche가 있다. 니체는 《즐거운 학문》에서 에피쿠로스의 사상을 두고 이렇게 말한다. "정신적인 일을 하는 모든 사람들이 지금까지 이 길을 걸어왔다."[2] 또 니체는 《인간적인, 너무나 인간적인》에서는 이런 찬사를 던지기도 한다. "에피쿠로스는 (…) 모든 시대에 걸쳐 살아왔고 여전히 살고 있다."[3]

니체가 보기에 어떤 의미에서 세계의 정신사는 사도 바울과 에피쿠로스 사이에 벌어진 싸움의 기록이다. 사후에 불멸하는 영혼의 세계를 믿는 이들과 현세적 삶에 충실하려는 이들의 싸움. 이 싸움은 성서가 기록하고 있기도 한데, 바울이 철학자들의 고향 아테네에 찾아가 죽은 자가 되살아났다는 연설을 했을 때 사람들은 그를 비웃었다(〈사도행전〉, 17: 32 참조). 그 비웃는 사람들 중에 에피쿠로스주의자들이 있었다. 이 둘 사이의 대결은 '죽음'의 문제를 둘러싸고 일어난다. 니체가 보기에 바울은 죽음 이후 내세에서의 심판에 대한 공포를 끌어들여, 당시 에피쿠로스주의가 지배하던 로마를 빼앗은 자이다. 니체는 《안티 크리스트》에서 이렇게 쓰고 있다.

> 에피쿠로스가 '무엇'과 싸웠는지를 파악하기 위해서는 루크레티우스를 읽어보라. (…) 그는 그리스도교에 맞서 싸웠다. (…) 불멸을 부정한다는 것은 당시에 이미 진정한 '구원'이었다. 그리고 에피쿠로스가 이겼을 수도 있다. 로마의 존경할 만한 사람은 전부 에피쿠로스주의자였기에. '그때 바울이 등장한 것이다.'[4]

이제 현세의 삶은 내세의 심판을 앞두고 온통 두려움에 빠져들었다. 에피쿠로스의 정신 아래 선 니체 철학이란 바로 내세의 공포를 발명한 바울에게 맞서 현세의 즐거움을 되찾는 것이다. 내세에 종속된 것으로서의 현세가 아니라, 현세 그 자체를 긍정하는 것이다.

온전히 긍정되어야 하는 현세의 쾌락이란 어떤 것인가? 니체는 《인간적인, 너무나 인간적인》에서 에피쿠로스의 이 쾌락에 관해 이렇게 쓰고 있다. "사치의 철학자—하나의 작은 정원, 무화과나무, 약간의 치즈, 게다가 서너 명의 친구들,—이것이 에피쿠로스의 사치였다."[5] 이처럼 에피쿠로스의 쾌락은 방만한 것이 아니다. 각종 중독에서 보듯 방만한 쾌락이 끝내 고통으로 귀결된다면, 에피쿠로스의 쾌락은 소박한 삶을 구성함으로써 얻어지는 쾌락, 마음의 동요를 피해 도달하는 '평정(아타락시아 ἀταραξία)'이다.

> 쾌락이 인생의 목적이라고 우리가 말할 때, 무지하거나 우리의 견해에 동의하지 않거나 오해하는 일부 사람들의 생각처럼 방탕한 자의 쾌락을 말한다거나 관능적인 향락에서 주어지는 쾌락을 말하는 게 아니라, 몸에 괴로움도 없고 영혼에 동요도 없는 상태를 말한다.[6]

이는 디오게네스 라에르티오스 Διογένης Λαέρτιος의 《유명한 철학자들의 생애와 사상》이 전하는 에피쿠로스의 말이다.

이 책은, 에피쿠로스의 마지막 날들은 배뇨의 어려움과 이질에 시달리고 있었다고 기록한다. 이 어려움 속에서도 에피쿠로스는 쾌락을 찾는데, 그 쾌락에 대해 친구에게 보내는 편지에 이렇게 쓰고 있다. "나는 우리가 함께했던 토론을 기억하며 여기서 얻는 내 영혼의 기쁨이 이 모든 고통과 맞서고 있다."[7] 에피쿠로스에게 불멸하는 영혼은 없지만 불멸하는 기억이 있다. "평정ataraxia은 이 모든 것들로부터 벗어나는 것이며, 일반적이고 가장 중요한 것들에 대한 지속적인 기억을 가지는 것이다."[8] 좋은 기억에 대한 회상이 쾌락을 주는데, 이 진실은 아주 먼 훗날 프루스트가 다시 발견한다. 마들렌과 홍차 한 모금 속에서 불현듯 과거를 발견하면서 얻는 프루스트의 쾌락.

이 쾌락을 에피쿠로스의 이름과 더불어 좀 더 적극적으로 밀고 나가는 이도 있다. 바로 독일관념론의 대표자 가운데 한 사람인 셸링Friedrich Schelling이다. 그러나 철학자보다는 시인으로서 셸링이다. 젊은 시절 셸링은 에피쿠로스의 이름을 제목에 넣은 급진적으로 반기독교적인 시를 썼는데, 그것이 〈하인츠 비더포르스트의 에피쿠로스적 신앙고백〉이다.

당시 낭만주의 그룹을 이끌고 있던 프리드리히 슐레겔Friedrich Schlegel은 무종교에 대한 셸링의 열광이 담긴 이 시를 낭만주의자들의 기관지 격인 《아테네움》에 싣고자 했다. 애초부터 이런 계획에 반대했던 형 아우구스트 슐레겔August Schlegel은 괴테Johann Wolfgang von Goethe에게 자문을 구한다. 시를 읽고 충격을 받은 괴테의 충고에 따라 슐레겔 형제는 이 멋진 시의 발표를 포기하게 된다. 셸링의 유고 속에서 찾은 이 작품의 몇 구절을 읽어보면 우리는 괴테가 왜 충격을 받았는지 짐작할 수 있다.

> 나의 유일한 종교는
> 내가 아름다운 무릎을 사랑한다는 것,
> 풍만한 가슴과 잘록한 허리,
> 그리고 감미로운 향내가 나는 꽃들,
> 모든 쾌락으로 가득 찬 자양분,
> 모든 사랑의 감미로운 충족.
> 이것이 종교가 존재해야 하는 이유다
> (…)
> 어떤 종교에도 나는 더 이상 만족하지 않는다.
> 교회에 가지도 않고 설교도 듣지 않는다.
> 모든 믿음에 완전히 지쳐버렸다.
> (…)
> 나는 바보짓을 하기보다는
> 무신론자로 남고 싶다.[9]

셸링의 자유로운 정신을 보여주는 멋진 작품이다. 내세에 대한 두려움을 불러오는 종교를 넘어 현세의 자유를 구가하고자 하는 셸링의 정신을 에피쿠로스의 쾌락주의가 이끌고 있다.

마지막으로 에피쿠로스주의자 마르크스가 있다. 현대 사상과 정치 그리고 사회 전반에 강력한 영향을 준 유물론의 완성자 마르크스의 출발점이 바로 에피쿠로스이다. 그는 스물세 살 무렵인 1841년에 완성한 박사 학위논문《데모크리토스와 에피쿠로스 자연철학의 차이》에서 추상적이고 기계적인 데모크리토스의 원자론과 대비하여 역동적인 변화를 그려내는 에피쿠로스의 원자론을 부각해 보인다. 유물론이 원인에서 결과에 이르기까지 천편일률적이고 맥 빠진 기계적 과정이 아니라, 얼마나 '역동적인 과정'을 포착하는지를 에피쿠로스의 사상을 통해 보여주고자 했다. 이런 역동적인 변화, 인간의 역사라는 맥락에서 말하면 '혁명적 사건'을 가능케 하는 것이 바로 '편위clinamen'이다.

세상은 더 나눌 수 없는 자연의 최소 단위인 원자와 이 원자가 운동하는 공간으로만 이루어졌다. 원자들은 똑같은 속도로 떨어져내린다. 그렇다면 원자들이 서로 부딪치고 결합하며 이런저런 사물을 형성할 기회가 전혀 없지 않겠는가? 이것이 데모크리토스 원자론의 난점이다. 에피쿠로스가 말하는 편위는 원자의 가장 내적인 운동으로서 원자가 방향을 바꾸는 작용을 뜻한다. 원자들이 제각기 방향을 바꾼다면 서로 충돌하고 합쳐지며 사물이 만들어지는 '창조'가 이루어질 수 있다.

루크레티우스의 《사물의 본성에 관하여》는 편위를 이렇게 설명한다.

> 물체들이 자체의 무게로 인해 허공을 통해 곧장 아래로 움직이고 있을 때, 아주 불특정한 시간, 불특정의 장소에서 자기 자리로부터 조금, 단지 움직임이 조금 바뀌었다고 말할 수만 있을 정도로, 비껴났다는 것을. (…) 만일 그들이 기울어져 가 버릇하지 않았다면 (…) 충돌도 생기지 않았을 것이고, 타격도 일어나지 않았을 것이다 (…) 그래서 자연은 아무것도 창조하지 못했을 것이다.[10]

이러한 편위 때문에 자연은 천편일률적인 기계적 법칙에 따라 움직이지 않고 아주 새로운 사건, 역동적인 변화를 만들어낸다. 이는 편위가 자연 안에 '우연'을 만들어낸다는 것을 뜻하지는 않는다. 오히려 편위 때문에 자연 세계의 원인들은 천편일률적으로 결과를 만들어내지 않고, 수많은 다양한 방식으로 서로 개입해서 결과를 만들어낸다는 것이다. 마침내 결과는 인간의 눈이 따라갈 수 없을 만큼 다양해진다. 그래서 우리가 경험하는 현상의 차원에서 일어나는 어떤 사건은 혁명적인 변화로 보인다. 젊은 날의 마르크스가 에피쿠로스에게서 배운 이런 역동적인 변화의 사상은, 원숙기의 마르크스에게는 역사의 방향을 바꾸는 '혁명' 사상으로 자라난 것이 아닌가? 이처럼 현대를 여는 사상가들, 니체·셸링·마르크스의 반항적이고 혁명적인 생각의 원천에는 에피쿠로스의 정신이 있다.

그저 현대 사상만 에피쿠로스적인가? 우리 자신의 삶 자체가 에피쿠로스적이다. 우리는 '즐거운' 성탄절 되시라고, 또는 '즐거운' 새해 맞이하시라고 말한다. '즐거운' 점심 식사를 기원하며, '즐거운' 휴일을 희구한다. 언제든 최고의 호의를 품고서 상대방의 삶을 존중하며, '즐거운' 시간 보내시라고 말한다. 그러나 일상적인 삶의 이 소중한 순간들을 맞이하면서 내세의 복된 삶을 환기하는 일은 어색하며, 좀처럼 하지도 않는다. 우리가 마음을 다해 기원하는 것은 오직 '즐거움'뿐이다. 삶은 우리가 에피쿠로스주의자임을 일깨운다.

외로움

외로움은 미로로 이루어진 성채 같다.

　사람들은 보물을 감추고 있는 성의 숨겨진 방을 어렵게 찾아낸다. 여기는 세상의 소음을 벗어나 고독 속에서 조용히 자신의 가치와 존엄을 찾을 수 있는 방이다. 어쩌면 놀이방답게 책과 음악과 게임기가 있을지도 모른다. 그러나 막상 문을 열고 들어가면 마술이 휩쓸고 지나간 듯 천장이 사라져 바람이 들이치고, 거대한 모래벌판이 아름다운 카펫을 대신하는 폐허가 기다리고 있다. 찬바람이 몰아치는 마음속에서는 외로움이 먹이를 찾는 야수처럼 고개를 든다.

　이 방이 아니다! 소중한 것은 격조 있는 홀로 있음이 아니라, 서로 위안을 줄 수 있는 사람들과 더불어 있음이라는 것을 왜 몰랐나? 그리하여 애써 다음 방을 찾는다. 거기에는 사람들의 거슬리는 외침, 타인에 대한 지배욕, 의견 대립, 싸움과 시기가 있다. 타인과의 관계가 아무리 중요하더라도 이 실망스러운 방에는 도저히 머물 수 없다. 홀로 마음의 위안을 찾고 해야 할 일을 정돈할 수 있는 고독의 방을 찾아야 한다.

우리는 지금 미로에 갇힌 한 마리 불쌍한 짐승을 보고 있다. 인간은 고요한 고독을 찾아 떠나고, 다시 외로움에 못 견뎌 사람들과의 관계를 찾는다. 이 운동은 자기 꼬리를 잡으려고 뱅글뱅글 도는 고양이처럼 무한한 순환의 궤도를 그린다. 이 방황 속에 던져진 인간의 운명에는 안식이 없다.

외로움이 삶에서 지니는 진정한 무게를 가늠하기 위해서는 그것을 한번 '죽음이라는 저울' 위에 올려놓아볼 필요가 있다.

외로운 삶에 대한 두려움을 불러일으키는 장면이 있다. 사르트르의 소설 《구토》의 주인공은 한 지방 도시에 머물며 고독 속에서 역사를 연구하는 사람이다. 어느 날 그는 시립미술관을 찾았다가 〈독신자의 죽음〉이라는 그림을 보게 되는데, 그 작품을 이렇게 묘사하고 있다.

> 허리까지 벌거벗고, 죽은 사람답게 상반신이 푸르스름한 빛깔인 독신자가 흐트러진 침대에 누워 있었다. 엉망이 된 시트와 담요가 오랫동안의 고통을 말해주고 있었

다. (…) 그림에서는 가정부이자 정부였던 하녀가 그 악독한 성품을 얼굴에 드러낸 채, 벌써 서랍을 열고 은화를 헤아리고 있었다. 열려 있는 문으로는, 아랫입술에 담배를 물고 어둠 속에서 기다리고 있는 모자 쓴 남자가 보이고, 벽 옆에서는 고양이가 무심히 우유를 핥고 있었다. 이 독신자는 자신을 위해서만 살았었다. 그것에 대한 엄격하고도 마땅한 벌로, 아무도 그의 죽음의 침대에 와서 눈을 감겨주는 사람이 없었다. 이 그림이 나에게 마지막 경고를 해주었다.[1]

그림은 무시무시한 장면을 연출하며 무연고자의 고독사를 보여주고 있다. 유교 문화권의 사람들이 사후에 제사 지내줄 후손이 있나 없나를 걱정하는 만큼은 아니더라도, 서구인들 역시 적어도 죽은 눈을 감겨줄 이는 원한다.

그런데 이 장면을 묘사하며 사르트르는, 또 다른 독신자인 《크리스마스 캐럴》의 스크루지가 미래의 유령과 함께 보게 되는 자신의 외로운 죽음에 대한 교훈을 《구토》의 주인공에게도 알려주려던 것은 아니다. 오히려 그는 이 소설에서 세속적인 삶의 이익을 위해 가족과 종교가 있는 속물적인 부르주아들이 죽음 또한 계산적으로 준비하는 모습을 비웃으려 한다. "하느님과 세상과 더불어 그들이 가질 권리가 있는 영원한 삶의 한몫을 요구하기 위해 죽음 속으로 서서히 미끄러져 간 것이다."[2]

그렇더라도 사르트르의 저 묘사는, 안락함 때문이건 귀찮음 때문이건 불운 때문이건 타인과 더불어 사는 삶을 돌보지 못했던 외로운 자의 마지막을 제대로 응시한다. 저 장면과 매우 공명하는 소설이 있는데, 실라 헤티Sheila Heti의 단편소설 〈내 인생은 한 편의 농담〉이 그것이다. 외로움에 관한 깊은 사색의 기록인 다이앤 엔스Diane Enns의 《외로움의 책》이, 외로운 삶에 무엇이 필요한지 답하면서 이 소설의 의의를 잘 드러낸다. 자신을 바라봐주는 이 없이 홀로 죽은 소설의 주인공은 죽음에서 돌아와 깨달은 바를 이렇게 말한다. "나를 사랑하는 사람이 나의 삶을 목격하고 매일 밤 나와 그 삶에 관해 얘기하는 것은 결코 하찮은 일이 아니다."[3] 사람은 자신이 사랑하는 이의 시선視線 위에 떠 있기를, 사랑하는 이에게 목격되기를 원한다.

많은 동물들은 홀로 죽는 습성이 있다. 회복할 수 없이 심각하게 앓다가 어느 날 집에서 감쪽같이 사라진, 나의 가족 같은 개가 있었다. CCTV에서 그의 마지막을 찾을 수 있었는데, 조금의 미련도 없다는 듯 터덜터덜 집을 떠나는 그 모습은 이루 말할 수 없이 가슴 아팠다. 언제 다시 만나려고 저렇게 혼자 길을 떠나나? 아마도 나는, 죽을 때 홀로 죽기를 원치 않는 인간의 관점에서 나의 가엾은 개를 바라보고 있었을 것이다. 대체로 인간은 홀로 죽기 위해 타인의 시선이 닿지 않는 곳으로 숨어들어가지 않는다. 오히려 사랑하는 이가 바라보는 가운데 죽기를 원한다. 헤티의 소설이 알려주는 것이 그것이다. "목격되는 것은 얼마나 아름다운가."[4]

이처럼 죽음의 순간은 인간이 고요한 고독을 평생 즐길 수는 없다는 것을 알려준다. 그렇다고 죽음의 순간이 겁나서 보험을 드는 심정으로 원치도 않는데 타인과 관계를 맺고, 무거운 여행 가방처럼 그 관계를 끌고 다니는 일은 어리석을 뿐 아니라 있어서도 안 되는 일이다.

사실 '고독'과 '타인과 더불어 있음'은 동전의 양면 같은 것이다. 예컨대 메를로퐁티Maurice Merleau-Ponty는 《지각의 현상학》에서 이렇게 말한다. "고독과 의사소통은 양자택일의 두 항이 아니라, 단 하나의 현상의 두 계기들이어야 한다."[5] 이런 생각은 메를로퐁티에게 큰 영향을 준 하이데거의 《존재와 시간》에서도 찾아볼 수 있다. "현존재의 혼자 있음도 세계 안에 더불어 있음인 것이다."[6] 타인과 더불어 있음이 전제되고서야 인간은 타인을 그리워하며 외로워할 수 있고, 또 타인과의 관계를 떠나서 얻는 휴식인 양 고독을 즐길 수도 있다. 고독은 즐길 만한 것이건 지긋지긋한 것이건 간에 타인과의 거리 감각 외에 다른 것이 아니다.

그렇다면 '고독'과 '더불어 있음'은 둘 가운데 하나를 선택하는 문제가 아닐 것이다. 양자를 오가는 무한한 순환 궤도가 인간의 운명이며, 이 궤도를 혹시 선순환의 고리로 만들 수 있을지 인간은 골똘히 궁리해볼 뿐이다.

우리는 몸을 통해
타자와 만난다

 수학 문제 풀이에 몰입하거나 내면으로 깊이 침잠해 나 자신에 대해 골똘히 생각할 때, 우리는 자신의 실체가 이성적 존재이거나 영혼이거나 어떤 정신적인 것 또는 마음이라고 느낀다. 그러나 서재를 나와 욕실에 가서 불을 켜면, 거울 안에 들어오는 것이라고는 영혼이 아니라 몸(신체)밖에 없다. 너무 마르거나 반대로 체중 관리 좀 해야 할 듯해서 걱정거리를 주거나, 주름과 흰머리가 이렇게 늘었네 하며 세월을 한탄하게 하는 몸 말이다.
 몸과 별도로 떠돌 수 있는 영혼을 본 적은 없지만, 우리가 몸으로서 존재한다는 사실은 매 순간 생생하게 확인하며 살고 있다. 거울 속에서 내 몸을 볼 때뿐 아니라, 몸이 아프거나 피로하거나 할 때 꼼짝없이 우리는 자신이 몸 그 자체라는 것을 깨닫게 된다.

그러나 오래도록 인간은 자신의 몸을 정신에 대해 부차적인 것으로 취급해왔다. 소크라테스는 죽기 직전에, 그러니까 육신을 버리기 직전에 이렇게 말한다. 플라톤이 소크라테스의 마지막을 그린《파이돈》에서 전하고 있다. "철학에 의해 충분히 정화된 사람들은 앞으로 올 모든 시간 동안 몸 없이 살게" 된다.[1] 놀랍게도 이렇게 철학은 몸을 노골적으로 싫어한다. 소크라테스는 인간의 본모습은 이성이고, 이성을 연마하는 최선의 길은 철학이라 말하고 있다. 철학을 통해 이성이 이상적으로 정화되면 '몸 없이도 살게' 된다는 것이다. 그 삶은 몸의 여러 정욕이 다시는 이성을 방해하지 못하는 삶이다.

몸에 대한 이런 폄하는 철학의 오랜 전통이 되었다. 후에 데카르트René Descartes는 인간을 '생각하는 실체'로 이해했는데, 물론 몸은 이 생각하는 실체에 대해 부수적인 것이다. 몸은 정욕 같은 정서를 일으켜 우리에게 혼란을 끼치는 것으로, 이성이 통제해야 하는 위험한 것이었다.

그러나 몸은 정말, 이른바 인간의 본질을 이룬다는 영혼·이성·사유 등에 견주어 부차적일까? 오히려 그 반대일 것이다. 거울 앞에서 머리를 빗어 몸가짐을 챙기는 단순한 일상부터 시작해 화장, 미용, 트레이닝 그리고 성형에 이르기까지 몸을 가꾸는 행위는 우리 영혼의 정체성과 자부심에 직접적인 영향을 끼친다. 대표적인 예를 우리는 시인 실비아 플라스Sylvia Plath에게서 찾아볼 수 있다. 신체 중에서도 특히 '피부'에 플라스만큼 몰입하는 작가도 드물 것이다. 부활하는 성서의 인물 나사로에게 자신을 투영한 시 〈나사로 부인〉에서 플라스는 이렇게 말한다.

> 곧 무덤
> 동굴이 먹었던 살[肉]이
> 돌아와 나에게 붙을 것이다
> 그러면 나는 미소 짓는 여인이다.²

자신의 이상적 정체성은, 마치 만족스러운 성형이 완성되듯, 살이 돌아와 얼굴에 붙는 일을 통해 달성된다. 이는 죽음으로부터 아름다운 육신을 되찾는 부활만큼이나 대단한 사건이다. 이와 달리 자신감을 잃는 일 또한 플라스에게서는 피부라는 신체의 손상, 예컨대 나병을 통해 이루어진다. 소설 《벨자》의 한 구절이다. "닥터 놀란은 날 무척 조심스럽게 대하는 사람이 많을 거라고 무뚝뚝하게 말했다. 한센병 환자라도 되는 듯 피하는 사람도 있을 거라고."³ 피부라는 신체가 플라스의 영혼을 온통 좌지우지하고 있는 것이다.

몸의 '근본성'에 대해 숙고해온 철학자 메를로퐁티는 《지각의 현상학》에서 말한다. "우리는 세계를 그리는 데 있어 우리 자신인 그러한 빈틈, 세계가 어떤 사람에 대해 존재하게 되는 그러한 빈틈을 지울 수 없다."[4] 여기서 '우리 자신인 빈틈'이란 바로 몸을 가리킨다. 몸이라는 것은 나의 이성과 그 이성이 파악하는 세계 사이의 방해물로 여기고 제거해버릴 수 있는 것이 아니다. 그것은 나와 세계 사이의 없앨 수 없는 빈틈이며, 바로 몸이라는 그 빈틈이 있고 나서야 우리는 세계에 받아들여지고 세계를 인식할 수도 있게 된다.

그런데 몸의 더 놀라운 점은, 바로 우리가 타인과 더불어 있는 자일 수 있게 해준다는 점이다. 우리는 보통 자신을 독립된 개별적 실체로 생각한다. 완전히 독립된 내가 먼저 있고, 그다음에 또 다른 독립된 실체인 타인과 관계를 맺는다고 생각한다. 과연 그럴까? 오히려 '애초에 우리는 타인과의 관계 속에서만' 존재하는 것이 아닐까?

이에 대한 답을 제공해주는 흥미로운 예를 메를로퐁티는 기록하고 있다.

> 생후 15개월 된 영아는 내가 놀이 삼아 손가락을 하나 입에 넣어 무는 시늉을 하면 입을 열어 보인다. 그러나 영아는 결코 거울 속의 자기 얼굴을 본 적이 없고, 영아

의 치아는 나의 것과 유사하지 않다. 영아가 내부에서 느끼는 대로 그 자신의 입과 치아는 즉시 그에게는 무는 장치이고, 영아가 외부에서 보는 대로 나의 턱은 즉시 그에게는 동일한 의도들을 능히 실행할 수 있는 것으로 여겨진다는 것은 사실이다. '무는 것'은 즉시 그에게는 상호주관적 의미를 가진다. 그는 자신의 의도들을 자신의 몸에서 지각하고, 자신의 신체로 나의 신체를 지각하며, 이로써 나의 의도를 그의 신체에서 지각한다.[5]

한마디로 앞의 예는 신체라는 것은 '나의 몸'이나 '너의 몸'으로, 즉 개별적인 것들로 나뉘어 있는 것이 아니라는 점을 알려준다. 놀라운 일이 아닌가! 나와 너 사이에 있는 공통의 것, '나와 너 사이의 관계' 자체가 바로 몸이다.

영아는 얼굴이나 입에 대한 개념이 없다. 남의 행위를 의식적으로 모방한다는 개념도 없다. 심지어 자아와 타자라는 개념조차 아직 형성되지 않았다. 그런데 내가 아기 앞에서 내 손가락을 내 입에 넣고 무는 시늉을 하면, 아기는 그 행위를 따라 한다. 아기는 나의 신체적 행위를 자신의 신체 속에서 직접 그대로 발견하고 있는 것이다. 근본적으로 하나의 공통적 신체가 아기와 나의 바탕에 있기에 그럴 수 있다.

결국 몸이란 너와 나 사이에 있는 것, 너와 나의 '관계 자체'라고 말해야 할 것이다. 공통의 신체가 아기와 타자인 나 사이에 있기에 아기는 자신의 입과 타자의 입이, 또한 자신의 손가락과 타자의 손가락이 서로 유사하다는 '유사성'의 개념을 얻기도 전에, 타자의 신체적 행위를 자신의 신체 속에서 반복할 수 있는 것이다. 요컨대 몸은 아기와 그의 타자가 모두 들어서 있는 '공통 환경'이다.

몸이 이렇게 자아와 타자의 관계 자체이기에 우리는 타자에 대해 '윤리적'일 수 있다. 성서에는 형제들에 의해 애굽(이집트)에 노예로 팔려 갔다가 재상이 되는 요셉의 이야기가 나온다. 토마스 만은 이 이야기로부터 인간사의 모든 국면을 끌어낸 소설 《요셉과 그 형제들》을 썼는데, 이 작품에는 몸이 어떻게 인간의 윤리성을 준비할 수 있는지 암시하는 장면이 나온다. 요셉을 때리고 구덩이에 가둬버린 형제들은 이런 상념에 빠진다.

> 더 의미심장해 보인 그것은 다른 게 아니고, 요셉을 매장할 때 사용한 손과 팔에 남아 있는 요셉의 맨살에 대한 기억이었다. 역설 같지만 참으로 부드럽지 못한 접촉[요셉을 때린 일]이 남긴 그 부드러움은 각자의 가슴을 뭉클하게 했다. 물론 그게 무엇인지 정확하게 이해한 사람도, 또 그 이야기를 꺼낸 사람도 없었다.[6]

형제들의 몸에서는 요셉에 대한 의식적인 증오심과는 반대되는 일이 생겨나고 있는 것이다. 요셉의 맨살에 닿은 형제들의 주먹은 그 몸의 부드러움을 느끼며, 가슴은 뭉클한 감정에 빠져든다. 여기서 몸은 형제들이 부드러운 살을 지닌 인간 공동체의 일원임을 깨닫게 해준다.

자아와 타자와의 관계로서 몸이 있기에 우리의 윤리적인 행위는 가능하다. 레비나스는 《존재와 다르게》에서 주체란 다름 아닌 몸이라고 말한다. "주체는 살과 피로 이루어져 있으며, 배고프면 먹는 인간, 피부밑에 내장을 가진 인간이다. 그리고 그렇게 자신의 입속의 빵을 타자에게 '줄 수 있다.'"[7]

중요한 것은 주체란 바로 타인과의 관계로서의 몸이기에, 타자에 대한 선행 역시 할 수 있다는 점이다. 내가 배고플 때 먹을거리를 찾는 인간 또는 내장을 가진 인간이 아니라면, 어떻게 타자의 입에 빵을 넣어줄 수 있겠는가? 내 신체의 허기를 만족시켜줄 절실한 것이 무엇인지 체험했기에, 타자의 신체가 필요로 하는 것 역시 내줄 수 있는 것이다. 같은 맥락에서, 인간은 공통적 신체가 없는 외계인과의 관계에서는 '그를 위한 어떤 행위'를 하기 어려운 국면에 놓일 수도 있으리라.

그런데 '타자와의 관계로서 몸'에는 묘한 '역설'이 있다. 우리가 보았듯 몸이 있기에 나는 타자와 관계를 맺을 수 있지만, 다른 한편 몸은 내가 타자에게로 나아가는 것을 가로막기도 한다. 이 가로막힘은 외로움, 오해 등 인간 삶의 다채로운 모습을 빚어내기도 한다.

예컨대 친구에게 다가가기 위한, 또는 우정을 표현하기 위한 최선의 신체적 행위로서 '악수'를 생각해보자. 이런 신체적 행위는 타자에 대한 완벽한 접근을 실현해줄까? 레비나스는 《존재에서 존재자로》에서 말한다.

> 친구와 악수하는 것, 그것은 그 친구에게 자신의 우정을 이야기하는 것이다. 그러나 그것은 친구에게 우정을 표현할 수 없는 어떤 것으로서 이야기하는 것이다. 또한 그것은 더 나가 성취될 수 없는 어떤 것으로서, 영속적인 욕망으로서 우정을 이야기하는 것이다.[8]

나는 타자에게 우정을 직접 표현하지 못하고 신체적 행위인 악수로 대신한다. 악수가 우정 자체의 필연적 대체물 또는 가장 이상적인 대체물일지라도, 그것은 여전히 대체물일 뿐이다. 악수라는 신체적 행위 안에서 미처 다 표현하지 못한, 우정이라는 친구와의 관계는 잡을 수 없는 무지개처럼 신체적 행위 저편으로 물러나버린다.

사랑하는 이의 살갗을 애무할 때도 그렇다. 몸의 애무를 통해 우리는 사랑의 합일을 이루는가? 오히려 애무하는 살갗의 뒤로 수수께끼처럼 숨어버리는 애인을 끊임없이 찾아 헤매는 방황이 일어나지는 않는가? 함께 있어도 외롭다거나, 그렇게 오래 사귀었어도 나는 네가 정말 어떤 사람인지 알 수 없다거나, 진짜 우리가 사랑하는 사이인 줄 모르겠다거나 등등 이 모든 상처 입은 사랑의 표현은 내가 애무하는 몸 뒤로 숨어버리는 타인을 증거한다. 그래서 레비나스가 말하듯 "애무는 마치 도망가는 어떤 것과 하는 놀이"[9]와 같다. 애무에서의 신체, 즉 "피부의 부드러움은 접근하는 것[자아]과 접근되는 것[타자] 사이의 간격 그 자체이다."[10]

이렇게 몸은 타자와의 관계 자체이며 동시에 타자와의 간격 자체이다. 사실 이 간격이라는 것은 타자와의 관계에 반대되는 것이 아니라 그 일부를 이룬다. 때로 타자에 대한 오해를 불러일으키기도 하고 가장 사랑하는 이를 수수께끼처럼 만들어버리기도 하는 저 간격이 있기에, 우리는 풀어야 할 과제를 만난 듯 '타자에게 몰두할 수 있는 자'가 된다.

권태를 여행으로
극복해볼까

여름은 여행을 부른다. 장대비가 감옥의 창살처럼 사람들을 집 안에 가둬두려고 해도 마음은 벌써 먼 길을 떠난다.

나는 고대의 무시무시한 여행을 떠올려본다.

아랍 세계 최고의 여행가 이븐 바투타ابن بطوطة는 여행기에서 이렇게 쓰고 있다.

> 그 사막에는 마귀가 많다. 타크쉬프[연락원]가 혼자 가면 곧잘 나타나서 희롱하다가 유인한다. 그러면 타크쉬프는 길을 잃고 방황하다가 결국 죽고 만다. 사막에는 따로 길이라는 것이 없다. 발자국마저도 찍혀 있지 않다.[1]

여행 소설인 《서유기》의 모태 《대당서역기》의 저자 현장玄奘 역시 자기 노정의 위험에 관해 이렇게 말한다. "여기서 서북쪽으로 가면 큰 숲속으로 들어간다. 맹수들이 들끓고 무리 지은 도둑들이 흉포한 짓을 한다. 그곳을 통해 2천 4~5백 리 가면 마하랏타국에 이른다."**2**

소설의 세계로 들어가면 여행의 무시무시함은 더욱 극적인 것이 된다. 《수호지》에는 중국에 널리 퍼진 인육만두 이야기에 뿌리를 두고 있는 여행자의 수난 이야기가 나온다. 모야차 손이랑은 길가에 주점을 차리고 지나가는 여행자가 찾아오면 술에 마취제를 넣어 마시게 하고는 취해 쓰러지면 잡아서 그의 고기로 만두소를 만든다.

이런 문헌들은 고대의 여행이 얼마나 위험했는지를 잘 알려준다. 그런데도 사람들은 여행의 매력에 사로잡힌다. 삶의 권태, 어쩌면 자신이 처한 문명 자체의 권태를 여행으로 치유할 수 있다고 믿는 까닭이다.

그런데 많은 사람들이 쉽게 여행을 떠날 수 있지만, 좀처럼 권태에서 벗어나지는 못하는 것 같다. 기대에 부풀어 여행을 떠나지만, 그저 피로에 지쳐 돌아와 내일 다시 시작될 고단한 일상을 우울한 눈길로 떠올려본다. 여행하는 일이 보편적이고 쉬워지게 된 것은 언제일까? 여행이 근대적인 산업이 되면서부터이다. 교통수단의 발달을 바탕으로 안전한 여행망이 만들어지고 안락한 호텔이 들어섰다. 각국에 관광 사업을 관리하는 부처가 들어서며 이에 맞춘 관리자인 여행사가 출현했다.

그래서 만족할 만한 여행을 하게 되었는가? 사람들은 여행에서 여행사가 보여주는 풍경만을 보게 되었다. 하이데거가 〈기술에 대한 물음〉에서 다음처럼 라인강의 풍경을 말할 때도 다른 것을 의미하는 게 아니다.

> 하여튼 라인강은 자연 풍경으로서는 그대로 남아 있지 않느냐고 어떤 사람은 항변할 것이다. 물론 그럴 수도 있다. 그러나 어떻게 그러한가? 어느 한 레저산업이 거기 그 강가에 세우도록 위촉한 어느 한 여행사가 마련해 줄 수 있는 관광의 대상이 아니고 무엇이겠는가?[3]

그러니 우리는 미지의 영역을 향해 여행한다기보다는 이윤을 계산해 개발에 뛰어든 관광청과 관광사의 사업장을 구경하는 셈이다. '관광 자원'이라는 말이 있다. 여행은 고작 개발된 이 자원을 파는 판매자의 매대 앞에 서서 수익을 올려주는 일이다.

여행을 관리하는 관청과 여행사가 제공하는 것이란 눈에 혐오와 충격을 주지 않는 풍경, 진정한 모험이 아니라 모험의 느낌만 나는 안전한 놀이 그리고 혀를 곤란에 빠뜨리지 않는 입에 익숙한 식사이다. 한마디로 여행자는 장소만 이동했을 뿐 늘 영위하던 일상을 거의 그대로 가져가는 셈이다.

그런데 여행에서 애초 기대했던 것 가운데 한 가지는 무엇인가? 권태로부터의 탈출이다. 그리고 권태란 변화 없이 지속되어 온 일상 속의 자신을 벗어나지 못하는 데서 생겨난다. 보통 우리가 관광이라고 일컫는 여행은 어떤 점에선 이 일상을 가능한 한 많이 여행 가방 안에 싸 가지고 다니는 행위이다. 그리하여 내 집에 있는 듯한 익숙함과 비례해 내 집에서 느끼는 것과 같은 권태가 계속 나를 따라다닌다.

소설가 투르니에Michel Tournier는 한 인터뷰에서 이런 관광과 진정한 여행을 다음과 같이 구별한 적이 있다.

> 내가 묘사할 수 있는 한 가지 유형의 여행이 있는데, 그것은 나쁜 여행, 즉 관광입니다. 관광tourisme이란 무엇입니까? 그것은 '한 바퀴 도는 것'입니다. 관광이란 단어 속에는 '일주tour'가 들어 있지요. 단체 관광 조직자는 아무런 일도 일어나지 않도록 준비를 합니다. 그래서 아무런 일도 발생하지 않습니다. 관광객(또는 나쁜 여행자)은 그에게 아무런 일도 일어나지 않은 채, 출발 시와 마찬가지로 그대로 되돌아옵니다. 반대로 훌륭한 여행자는

여행으로 인해 다른 모습으로 변모됩니다. 그는 여행 동안 고생을 하고 배워서 풍요해집니다.[4]

이제 우리는 왜 저 고대의 여행자들이 자신을 극한의 위태로움에 빠뜨리면서까지 무시무시한 여행길에 올랐는지 잘 알 것 같다. 그것은 바로 더 이상의 성장이 없는 천편일률적인 나날 속에 허우적대는 기존의 나 자신에게서 떠나 새로운 세계를 얻게 되는 일이 여행이었기 때문이다.

삶은 늘 여행을 기다린다. 전 세계 구석구석이 근대화의 천편일률적 매뉴얼대로 관리되는 오늘날에는 진정 새롭고 낯선 여행길을 찾기가 좀처럼 쉽진 않겠지만.

냄새

정말 좋은 냄새가 있다. 엄마 냄새이다. 마음을 편안하게 해주고, 모든 불안한 일에서 보호받는 느낌을 준다. 어떤 이에게는 아빠의 냄새나 애인의 냄새일 것이다. 냄새는 오래 머물러온 방처럼 또는 늘 덮고 자는 이불처럼 나를 감싸며 아늑한 둥지를 만든다.

어떤 의미에서 인간의 성장이란 이 친숙한 냄새에서 멀어지는 일을 견디는 것이다. 그것은 인간의 바탕을 이루는 동물성과 거리를 만드는 일이기도 하다. 아도르노Theodor Adorno는 《계몽의 변증법》에서 이렇게 쓰고 있다. "후각의 즐거움을 쫓는 충동은 뭐라고 꼭 집어 말할 수는 없는 것이지만 하등 생물에 대한 해묵은 동경으로서 주변 자연이나 대지나 진흙과 직접적으로 하나가 되려는 충동일 것이다."[1]

성장한 인간은 아이나 동물이 하듯 친숙한 냄새를 맡고 즐기기 위해 코를 들이대지 않는다. 동물성을 내쫓아버린 문명 속에서는 냄새를 맡기 위해 타인과의 '거리'를 파괴하고, 그 사람의 몸에 코를 대는 것은 깜짝 놀랄 만한 실례이며 자신의 경박함을 만천하에 알리는 일이다. 그러나 밖에서 숯불에 구운 고기를 먹고 온 날이면 우리의 귀여운 개들은 우리 몸과 하나가 되려는 듯 코를 들이대고 떨어질 줄 모른다. 슬프게도 인간은 이 개의 즐거움을 금지당한 것이다. 체면 때문에든 뭐든.

동물들이 지닌 후각의 의미에서 인간의 코는 완전히 이탈해버렸다. 배설물의 냄새로 자기를 알리거나 새끼나 적을 감지하는 일을 인간은 하지 못하게 되었다. 이제 인간은 나쁜 냄새를 식별해가며 냄새의 사회적 가치를 설정한다.

자연적인 냄새를 인간적인 영역 안에서 나쁘게 인지하는 경우는, 예컨대 후루야 미노루古谷実의 만화 《이나중 탁구부》에서 찾아볼 수 있다. 모든 허구적 창조물 가운데 냄새에 관한 한 가장 인상 깊은 인물이라고 해도 좋을 다나베에게는 모든 사람을 쓰러뜨릴 만한 암내가 있다. 그의 착한 성품과 대비되는 이 암내는 마음에 들지 않는 외모처럼, 자연의 선물이 사회 안에서 얼마나 인간을 괴롭힐 수 있는지 웃프게 보여준다.

인공적인 나쁜 냄새도 인간세계를 뒤덮는다. 예를 들면 미국 작가 포크너William Faulkner가 쓴 《음향과 분노》의 주인공 가운데 하나인 제이슨은, 가솔린 냄새에 너무 민감한 나머지 두통 때문에 자기가 운전하던 차를 몰지 못하는 지경에 이른다. 당연히 살충제, 농약의 나쁜 냄새 따위도 동류에 속한다.

인간 사회 안에서 정체성을 얻은 자연적·인공적 나쁜 냄새에 맞서 인간은 무엇을 했는가? 이 존재는 향수를 만들었다.

그러나 인위적으로 만들어진 냄새는, 싸구려 방향제 같은 것이 알려주듯 사람들에게 거부감을 일으킨다. 이런 맥락을 염두에 두고 우리는 16세기의 몽테뉴Michel Eyquem de Montaigne가 《에세》에서 쓴 다음 구절을 읽어볼 수 있다.

> 억지로 만들어낸 좋은 향기를 쓰는 사람들을 수상쩍게 보는 데는 이유가 있다. 그쪽으로 무슨 타고난 결함이 있어 감추려 하는 것이려니 싶기 때문이다. 그래서 옛날 시인들은 '좋은 냄새가 난다는 건 악취가 난다는 것'이라는 멋진 구절을 남긴 것이다.[2]

인위적인 냄새로 인간을 만족시키기는 어렵다. 그뿐 아니라 인위적인 향기는 그 향기의 값어치를 보여주기보다 오히려 숨겨진 악취를 가리켜 보이는 신호로 작용할 것이다.

잠깐 덧붙이면, 몽테뉴가 이렇게 향수에 대해 힐난하듯 이야기한다고 해서 그가 전적으로 인위적인 향기의 가치를 부정하는 것은 아니다. "내 생각에는 의사들이 지금보다는 훨씬 더 다양하게 향기를 이용할 수 있을 것 같다. 향기로 내 몸이 달라지고 향기에 따라 내 정신이 달리 작용하는 것을 자주 경험하기 때문이다."[3] 이것은 우리 시대 각광받는 아로마 테라피에 대한 매우 선구적인 착상이 아닌가? 냄새는 정신적인 것이며, 경우에 따라 마음의 병을 치료할 수 있다.

나쁜 냄새에 맞서 인위적으로 좋은 냄새를 만드는 것, 즉 진정한 향수를 제조하는 일은 인류의 과제였다. 진짜 향수는 마술적으로 사람의 마음을 끌고, 그 향수를 온몸으로 흡수한 사람을 매력적으로 만들 것이다. 사람들이 향수에 대해 품는 이런 꿈을 오늘날 우리는 아름다운 모델들이 등장하는 향수 광고에서 읽을 수 있다.

매우 도달하기 어려운 최상의 향기를 간직한 향수가 얼마나 마법과도 같이 인간의 사회적 삶을 지배하는지에 대해 몇몇 소설로 짐작해볼 수 있다. 구현하기 어려운 꿈의 향수는 유명한 화장품 기업들을 통해서가 아니라 소설 속에서 현실화한다. 예를 들어 쥐스킨트Patrick Süskind의 《향수》가 있다. 지린내, 땀 냄새, 곰팡내, 도살장의 피 냄새 등등 온갖 악취를 평민부터 왕까지 피할 수 없었던 18세기 파리에서 향수 제조의 천재가 향기 하나로 사람들의 운명을 좌지우지하는 이야기이다.

그런데 이 유명한 소설을 제쳐둔다면, 향수에 관한 가장 놀랍고 유쾌한 구절을 우리는 루슈디Salman Rushdie의 《피렌체의 여마법사》에서 읽을 수 있다. 어느 날 유럽에서 한 젊은이가 무굴제국의 황제를 만나러 온다. 이 젊은이는 황제의 도시에 도착한 날 어느 창녀와 가까워지는데, 그녀는 황제를 알현하기 위한 까다로운 길을 열어주는 마술과 같은 향수로 그를 치장해준다. "그녀는 그의 몸을 코를 위한 교향곡으로 바꾸어놓기 시작했다."[4]

○●● 영화 〈향수〉에서 주인공이 향수를 만들고 있다. 동명의 소설을 원작으로 하는 이 작품은 지린내, 땀 냄새, 곰팡내, 도살장의 피 냄새 등 온갖 악취를 피할 수 없었던 18세기 파리에서 한 천재가 향기 하나로 사람들의 운명을 좌지우지하는 이야기이다.

그리하여 향기를 뿜게 된 젊은이에게 다음과 같은 일이 벌어진다.

> 향수가 기적같이 그를 앞질러 가서 순조롭게 그의 길을 가도록 해주었다. 경비대는 (…) 그를 쫓아내는 대신, 일부러 도움을 주러 와 마치 좋은 소식이라도 전해 들은 양 킁킁거리며 냄새를 맡더니 놀랍게도 환영의 미소를 지었다. 경비대장은 심부름꾼을 보내 왕실 부관을 데려오게 했다. 호출을 받은 부관은 짜증스러운 얼굴로 와서는 방문자에게 다가갔는데, 그때 산들바람이 불어와 새로운 향기가 공기 중에 확 퍼졌다. 경비대의 무딘 코에는 아주 미미한 향이었지만, 부관은 갑자기 처음 사랑에 빠졌던 소녀를 떠올렸다.[5]

그야말로 '코를 위한 교향곡'이 있다면 이런 식으로 연주될 것이다. 좋은 냄새는 이토록 우리의 삶을 뒤흔들어놓는다. 좋은 향기를 지닌 이는 타인의 마음을 움직이는 것이다. 만일 저 향기가 거짓된 표면을 만드는 것이 아니라 예절의 표현이라면 말이다.

그런데 좋은 냄새를 어떻게든 만들고자 하는 인간이 그 좋은 냄새를 통해 가장 피하고자 하는 악취는 무엇일까? 바로 부패의 냄새, 그중에서도 시체 썩는 냄새일 것이다. 소설《향수》의 다음 구절은 이를 잘 알려준다. "몇몇 무덤이 위태롭게 무너져버렸고, 그 결과 묘지에서 진동하는 악취에 참다못한 주민들이 단순한 항의 정도를 넘어서 진짜 폭동을 일으킨 후에야 비로소 묘지가 폐쇄되었다."**6**

그런데 저 시체 썩는 나쁜 냄새도, 치유의 효과를 주는 좋은 향기만큼이나 인간의 정신을 흥미롭게 건드린다. 도스토옙스키Фёдор Достоéвский는《카라마조프가의 형제들》에서 시체 썩는 냄새에 관한 이상한 이야기를 풀어낸다. 모두에게 존경받아온 조시마 장로가 죽는다. 그런데 그의 작은 몸은 너무도 빨리 부패해 당혹스러운 악취를 풍기기 시작한다. 사람들은 이 악취에서 신의 심판을 읽고 싶은 '유혹'에 빠진다. 인간에게 존경스러운 이 인물에 대한 신의 판단은 혹시 인간의 판단과 다르지 않을까? "하느님의 심판은 인간의 심판과는 다르다는 것이지! (…) 하느님이 일부러 계시의 손가락을 보이신 것이야."**7** 악취는 가히 신학적이다! 인간은 마치 피할 수 없는 오류의 정신이 자신의 본질이라는 듯 나쁜 냄새 속에서 신을 만나고 있는 것이다.

나쁜 냄새 이야기는 이쯤 해두자. 내게 가장 중요해 보이는 것은, 냄새는 우리가 세계를 간직하는 방식이라는 점이다. 보들레르Charles Baudelaire는 냄새에 민감했던 프루스트처럼〈이국 향기〉라는 시에서 이렇게 쓴다.

> 그대 내음을 따라 매혹적인 고장으로 안내되어,
> 나는 본다, 바다의 파도에 흔들려 아직도 몹시 지쳐 있는
> 돛과 돛대 가득한 어느 항구를,[8]

연인의 내음을 통해 비로소 하나의 항구 전체가 가슴에 안겨온다. 그런 식으로 우리는 엄마의 냄새를 통해 어린 시절의 행복을 간직하며, 살에 남아 있는 냄새를 통해 연인과의 사랑을 간직한다.

무의미

무의미가 삶을 덮친다.

  대체 내가 어디로 가는지도 모르며, 걸음을 옮겨도 모든 길은 무의미로 차단되어 있다. 삶은 무의미 앞에서 전부 무너져 버린다. 병에 걸리고 사고를 당한 사람들은 무의미를 자신의 신체 전체를 통해 뼈저리게 느끼며, 누구에게 던져야 할지 모를 질문을 떠올릴 수밖에 없을 것이다. 내가 왜 암에 걸렸을까? 내가 왜 팔다리를 쓰지 못하게 되었을까? 왜 내가 풍을 맞았을까? 질문을 던진들 신은 자기 일이 아니라서 대답이 없고, 스물네 시간 떠나지 않는 아무 대가 없는 고통은 그저 무의미하다. 나날을 지탱해온 모든 의미가 파괴된 자리에 이 무의미가 들어선 인생은 쓰디쓰기 짝이 없다.

세월을 헤아릴 수 없이 멀리 거슬러 올라가는 먼 옛날부터 인간은 늘 이런 무의미와 마주했기에, 인간의 보편적 삶을 기록한 어떤 옛 경전은 삶의 무의미를 이렇게 확인한다. "헛되고 헛되다. 세상만사 헛되다"(〈전도서〉, 1: 2, 공동번역). 자신이 창조한 인물들을 희생시키며 삶이 쓰다는 것을 알려준 셰익스피어 William Shakespeare는 맥베스의 입을 통해 삶의 무의미를 이렇게 확인한다.

> 인생이란 걷는 그림자에 불과한 것,
> 불쌍한 배우처럼 주어진 시간 동안
> 무대에서 활개 치고 안달하다,
> 더 이상 들리지 않는다네.
> 그것은 백치가 지껄이는 이야기,
> 소음과 광기로 가득 차 있으나,
> 아무런 의미가 없구나.[1]

세상 어디에서도 의미 있는 자리를 찾지 못하고 여분의 존재로서 떠도는 삶도 드물지 않다. 우리는 사르트르의 소설 《구토》의 주인공에게서 그런 삶의 모습을 목격한다. "내가 진정으로 '내 자리에' 있을 수 있는, 처박힐 수 있는 곳이라면 어디든지 가고 싶다. (…) 그러나 내 자리는 그 어느 곳에도 없다. 나는 여분餘分의 존재다."² 의미 바깥에 남아도는 여분, 삶의 의미에서 완전히 자유로워진 인물, 무의미한 인물이다.

또한 인간의 역사 속에는 전쟁이나 학살로 인한 무의미한 죽음이 언제나 넘쳐난다. 헤겔Georg Wilhelm Friedrich Hegel은 《정신현상학》에서 프랑스혁명 중에 이루어진 학살에 대해, 무의미한 죽음에 대해 이렇게 말한다. "그의 죽음이란 배추 꽁다리를 잘라내거나 물 한 모금 꿀꺽 들이켜는 정도의 의미밖에 없는 더없이 냉혹하고 미련 없는 죽음이다."³ 여기서 의미라고 말한 것의 정체는 그저 무의미이다.

더 이상 삶을 지속할 수 없도록 갑자기 나타나 가로막는 이 무의미를 어떻게 할 것인가? 의미가 무의미와 맺는 적대적이면서도 가까운 관계를 알지 못한다면, 아마도 삶을 무의미라는 포식자에게서 구해내지 못할 것이다. 무의미는 의미의 세포를 갉아먹는 암세포처럼 삶을 잠식해 들어오는 듯하다. 그러나 사실 무의미는 의미를 만들어내는 원천이다. 삶은 무의미로부터 솟아오르는 것이다. 이 당혹스러운 사실을 어떻게 받아들여야 할까?

먼저 말의 차원에서 살펴보자. 실제로 무의미한 말들이 있다. "아브락사스, 스나크, 혹은 블리투리같이 무의미한 단어"⁴ 말이다. 들뢰즈가 《차이와 반복》에서 들고 있는 무의미한 말의 예이다. '아브락사스'는 고대 그리스의 주문, '스나크'는 작가 루이스 캐럴Lewis Carroll이 만든 조어, '블리투리'는 로마 시대 철학자 섹스투스 엠피리쿠스Sextus Empiricus의 의성어로 모두 그 자체로는 의미가 없다.

그런데 무의미한 말은 그저 무의미에 그칠까? 사람들은 많은 경우 의미를 '원래 있는 것'으로 보고, 무의미는 이런 의미의 '결여'로 생각한다. 그러나 애초부터 의미가 있다고 생각하는 것은 불합리하다. 의미가 어디서 왔느냐는 의미의 기원에 관한 물음을 두고 신에게서 왔다는 신학적 가설로 답하기 싫다면, 우리는 의미의 기원으로서 무의미를 생각해야만 한다. 의미의 기원으로서 무의미 말고 또 다른 의미를 생각해볼 수도 있지 않을까? 그러나 이는 문제의 자리를 옮기는 것일 뿐이다. 기원이 되는 또 다른 의미는 어디서 왔느냐는 물음이 다시 이어질 것이기 때문이다.

그렇다면 의미의 기원으로서 우리는 의미 아닌 것, '무의미' 외에는 생각할 수 없을 것이다. 들뢰즈의 다음과 같은 문장들은 바로 이런 맥락에서 이해되어야 한다. 《의미의 논리》에 나오는 구절이다.

> 의미는 언제나 하나의 결과, 하나의 효과이다. (…) 심층에는 의미의 무의미가 있으며, 이 무의미로부터 의미 자체가 생겨난다.[5]

> 무의미란 의미를 지니지 않은 것이기도 하지만, 바로 그
> 렇기 때문에 의미 줌을 수행함으로써 의미의 부재에 대
> 립한다.[6]

무의미가 의미를 준다는 것, 의미를 생기게 한다는 것을 어떻게 이해해볼 수 있을까? 예를 든다면?《이상한 나라의 앨리스》의 작가 루이스 캐럴은 재미있는 말장난을 좋아한다. 들뢰즈가《의미의 논리》에서 다루듯, 캐럴은 연작시《스나크 사냥》에서 무의미로부터 의미가 출현하는 원리가 무엇인지 '짐작'할 수 있게 해주는 'Rilchiam'이라는 무의미한 단어에 대해 이야기한다. 누가 "너는 어느 왕 휘하에 있는 자인가"라는 심문을 받았다고 하자. 이때 다급히 'Rilchiam'이라 답한다면, 이 무의미한 단어는 'Richard' 또는 'William'이라는 두 개의 이름으로 '들릴' 수 있다. 다시 말해 무의미한 'Rilchiam'이 분기分岐하면서 'Richard'와 'William'이라는 왕의 이름이 각각 들어간 두 개의 가능한 의미망을 형성할 수 있게 되는 것이다.

이런 문학적 말놀이 말고도, 정신분석학 역시 무의미로부터 의미가 출현한다는 것을 잘 보여준다. 무의식은 가장 심층적인 심급으로, 의식의 형성에 작용한다. 심층의 무의식은 원인이며, 표면의 의식은 거기에서 유래하는 결과이다. 무의식

은 그 자체로는 아무런 의미도 없지만, 바로 의식 속에서 그 의식이 인지할 수 있는 의미를 가능하게 한다. 이는 결코 무의식 안의 의미가 의식 안의 의미로 번역되는 것이 아니며, 무의미로부터 의미가 형성되는 것이다.

삶의 가장 중요한 국면에 대해서도 생각해야 한다. 그 중요한 국면이란 누구에게나 '타자와 맺는 관계'일 것이다. 삶이란 언제나 타자와의 마주침에서 마주침으로 나아가는 기나긴 과정이다. 그런데 우리는 이 타인과의 관계 속에서도 의미의 기원이 되는 무의미를 마주한다. 리오타르Jean-François Lyotard는 《쟁론》에서, 레비나스가 말하는 타자를 다음처럼 한 문장으로 요약한다. "타자는 어떠한 의미도 알리지 않으며, 그가 바로 알림, 곧 무의미다."[7] 타자 자체가 바로 무의미라는 것, 또는 무의미로서 자신을 알려온다는 것을 어떻게 이해해야 할까?

우리는 삶을 능동적으로 설계해나가며, 삶에 꾸준히 의미를 부여한다. 자신이 부여하는 의미대로 삶이 순조로이 흘러가게 하려고 늘 노력을 기울인다. 그런데 타자란 내가 계획하고 의미를 부여할 수 있는 자가 아니라, 자기 계획을 세우고서 내 삶에 갑자기 들이닥치는 자이다. 병이나 사고, 신체적 고통과 마찬가지로 타자는 나의 계획은 아랑곳하지 않고 불시에 나의 삶 속에 끼어든다. 마음대로 되지 않는 애인, 뜻이 맞지 않는 친구, 말 안 듣는 아이가 그렇듯이 말이다. 이 타자는 내가 그에게 기대하거나 부여하려는 의미, 즉 내가 꿈꾸는 관계를 함께하는 애인, 나를 도와주는 친구, 내 뜻대로 잘 자라나는 아이의 모습을 자꾸 벗어나면서 내 삶에 들어와 있다. 요컨대 의미를 저버리는 방식으로, 즉 무의미로서 도래하는 것이 타자이다.

그런데 삶이란 바로 타자라는 이 무의미와의 마주침에서 비로소 시작한다. 타자와의 만남의 본질은 무의미에 관한 공부라고 할 수 있으며, 무의미라는 문제를 해결하는 과정이라 할 수 있다. 그리고 그것이 바로 삶의 의미를 얻어나가는 과정인 것이다. 타자에 대한 이해·용서·인내·사랑·실망 등등으로 불리는 의미, 고정되어 있지 않고 관계에 따라 끊임없이 변화하는 의미 말이다.

우리가 마주하는 무의미는 하나의 과제이다. 텅 빈 무의미의 구멍을 의미로 채우라는 과제 말이다. 이 무의미의 등장으로 말미암아 삶은 수수께끼를 맞이하고 답을 구하는 기나긴 수련이 된다. 그러나 삶은 완벽히 무의미를 피할 수 있을까? 무의미의 구멍을 더 이상 채우지 못하게 될 때 인간은 어떻게 될까? 무의미에서 탈출해야 한다는 의지를 완전히 잃고서 무의미를 힘없이 대면하게 될 때 인간은?

말년의
음식

맛있는 음식은 살아 있다는 것을 기쁘게 해준다. 코로나에 감염된 사람들이 증언하듯 질병은 맛도 향기도 빼앗아버린다. 음식의 맛은 음식에서 나오는 것이 아니라, 먹는 이의 건강한 신체와 정서에서 나오는 것이다. 맛있게 먹는 일은 건강하게 살아 있음을 구가하는 일이다.

삶이 음식과 함께 얼마나 즐거워지는지 극적으로 표현하는 작품이 있다. 체코 작가 보후밀 흐라발Bohumil Hrabal의 《영국 왕을 모셨지》에서 희귀한 요리를 맛본 사람의 모습을 보라.

> 그는 자신을 주체하지 못하고 밖으로 뛰어나가 복도에서 소리를 지르더니 다시 뛰어와 포크로 음식을 또 한

번 찍어 먹었다. 이제 절정에 도달했다. 또다시 밖으로 뛰어나가더니 아예 호텔 앞까지 나가 소리를 지르며 춤추다 다시 환호를 지르며 가슴을 두드렸다. 그리고 다시 뛰어 들어왔다. 그가 소리를 지르고 다리를 흔드는 것은 잘 손질해 속을 꽉 채운 낙타 요리에 대한 감사의 노래와 춤이었다. 갑자기 그가 세 명의 요리사에게 고개를 숙여 절을 했다. 그것도 깊이, 처음에는 러시아식대로 허리까지 몸을 숙인 다음에 땅바닥까지 몸을 굽혔다. 또 한 명의 미식가인 퇴역 장군은 천장을 바라보며 뭔가를 애타게 그리워하는 것 같은 소리를 길게 내질렀다.[1]

음식 때문에 인간은 이토록 행복해진다. 삶의 행복을 구가하는 자들은 음식과 술을 맛있게 만들기 위해 정성을 기울인다. 검소한 고대 그리스인들마저 제법 화려한 술을 마시기도 했다. 《일리아스》가 기록하고 있는, 전쟁하는 이들의 힘을 북돋워주는 칵테일 제조법을 보라.

> 그들을 위해 머리를 곱게 땋은 헤카메데가 밀주蜜酒를
> 만들어주었다. (…) 술맛을 돋우는 양파가 든 청동 바구
> 니와 노르스름한 꿀과
> 신성한 보릿가루를 갖다 놓았다. (…) 이 잔에다 여신과

도 같은 그녀가 그들을 위해 프람네산産
포도주로 밀주를 만들고 나서, 그 위에 청동 강판으로
염소 치즈를 갈아 넣고 그 위에 다시 흰 보릿가루를 뿌
렸다.
이렇게 밀주가 완성되자 그녀가 마시기를 권했다.[2]

 꿀과 치즈 때문에 단짠단짠할 것 같다. 보릿가루가 들어갔으니 미숫가루 물 같은 와인이리라. 그리고 짜장면처럼 양파가 반찬이어야 한다. 맛이 어떨지, 누가 이 그리스의 지혜를 복원해서 들려주시길 바란다.

 그러나 사라져가는 인간, 병과 노화 때문에 맛있는 음식을 즐길 수 없는 말년의 인간에게 음식은 생이 종말을 향해 나가는 징표로서 서글픔을 준다. 카프카는 말년에 결핵으로 인해 후두에 고통을 겪었다. 그때 그가 그리워한 것은 아버지와 수영하러 가서 소시지와 함께 마신 맥주였다. 후두의 고통에서 오는 갈증이 맥주의 차가움을 그립게 했다.

 이러한 일은 역시 폐질환이 있던 프루스트의 말년에도 비슷하게 닥쳐왔다. 그의 비서였던 셀레스트 알바레는 프루스트에 대한 회상록에서 말한다. "이미 오래전부터 그는 크루아상을 먹지 않았다. 커피 속에 타서 마시는 우유가 전부였다."[3] 얼마 후 그는 커피조차 마시지 않게 된다. 남은 것은 오로지

열로 인한 갈증을 가라앉게 하기 위한 맥주였다. "식사를 하지 않은 것은 이미 오래전부터의 일이었지만 그는 이제 커피까지도 마시지 않게 되었다. (…) 아마도 열 때문이었던지, 그는 차가운 맥주밖에 마시려 하지 않았다. 그런 건강 상태에서, 그리고 그렇게 추운 방에서, 그것은 미친 짓이었다."[4]

프루스트처럼 온 힘을 기울여 하나의 작품에 몰두하며 말년을 맞는 제갈량의 식사 역시 마찬가지로 극소화되어 있다. 제갈량에게 저 작품이란 프루스트가 매달린 소설이 아니라 마치 소설과도 같은 위나라와의 전쟁이었지만. 51세에 죽은 프루스트와 비슷한 나이인 54세에 제갈량은 세상을 떠났다. 위나라의 사마의가 제갈량의 사신에게 승상은 식사를 얼마나 하시는지 물었다. 사신은 일은 많지만 드시는 음식은 적다고 답한다. 대답을 들은 사마의는 일은 많은데 먹는 것이 부실하니 어떻게 오래 견디겠는가라고 반문한다. 이 이야기를 전해 들은 제갈량 역시 수긍하며 자신은 오래 살지 못할 것 같다고 말한다. 이 일화에서 탄생한 고사성어가 '식소사번食少事煩'이다. 제대로 먹지도 않고, 즉 몸을 돌보지 않고 일만 지나치게 한다는 뜻이다.

말년에 화려한 식사라는 것은 없다. 건강 때문이든 최후의 작품 때문이든, 서글프게도 음식을 즐길 수 없다. 말년에는 음식을 즐기는 것이 아니라 버거워한다. 유르스나르의 《하드리아누스의 회상록》에서 중병에 걸린 황제는 말한다. "물 자체가 환자인 나에게 이제 아주 절제해 섭취해야 하는 하나의 진미이다."⁵ 죽기 직전의 베토벤Ludwig van Beethoven 역시 그가 좋아하던 포도주를 눈길로 바라보기만 할 뿐이었다. 얀 카이에르스Jan Caeyers는 전기《베토벤》에서 기록하고 있다.

> 쉰들러는 부종에 도움이 될 음료와 1806년산 뤼데스하임 포도주 두 병을 침대 옆 탁자 위에 놓았다. 베토벤은 이를 지그시 바라보다가 이렇게 말했다. "유감이군. 늦었어. 너무 늦었어." 이것이 그의 마지막 말이었다. 향기로운 술을 숟가락으로 여러 번 그에게 주었지만 그의 입으로 흘러들어간 건 얼마 되지 않았다.⁶

한 시대의 쇠락을 늙어가는 공작에게 투영하여 보여주는 영화, 비스콘티Luchino Visconti의〈레오파드〉의 마지막은 성대한 무도회를 겸한 만찬이다. 쇠락으로 인해 우수에 젖은 늙은 공작은 풍성한 음식 앞에서 이렇게 말한다. "그러나 이것 모두 내 위장에는 벅차네." 마찬가지로 움베르토 에코Umberto Eco의《프라하의 묘지》주인공은 대단한 미식가이지만 건강을 잃은 말년에는 음식을 감당하지 못한다. "위장에 탈이 나서 맛있는 요리를 먹으며 위안을 얻을 수도 없다. 나는 집에서 수프를

○○● 한 시대의 쇠락을 늙어가는 공작에게 투영해서 보여주는 영화 〈레오파드〉의 마지막은 성대한 무도회를 겸한 만찬이다. 우수에 젖은 늙은 공작은 풍성한 음식을 즐기는 것이 아니라 버거워한다.

끓여 먹는다. 레스토랑에서 저녁을 먹으면 밤새 잠을 이루지 못한다. 때로는 먹은 것을 토하기도 한다."[7]

그래서 말년에는 음식을 조심스레 다루게 된다.《홍루몽》은 중국 귀족사회를 배경으로 하는 소설인 만큼 온갖 진미가 구체적으로 묘사되는 요리책 같다. 예를 들면 닭을 곤 국물에 쪘다가 볕에 말리기를 아홉 번 반복해서 만든 가지오가리. 가지오가리 한 접시를 위해 닭 아홉 마리와 수많은 시간이 필요한데, 별로 어려운 요리가 아니라고 소개된다.

이 작품에서는 말년의 음식마저 진기하다. 집안의 큰어른인 대부인은 말한다. "난 늙었어! (…) 음식은 씹을 수 있는 걸로 조금씩 먹는 정도이고, 잠은 그때그때 시늉만 낼 뿐이구…."[8] 그렇다면 노인이 씹을 수 있을 정도의 음식이란 어떤 것일까? 다음 밥상 묘사가 보여준다.

이윽고 밥상이 들어오는데 맨 처음 나온 반찬은 우유에
다 양의 태를 넣어서 찐 것이었다. "이건 해를 보지 못한
물건인데 나 같은 늙은이나 먹는 약이야. 섭섭하지만 너
희들은 먹을 것이 못 돼. 오늘은 너희들을 위해서 특별
히 싱싱한 사슴고기를 마련해놨으니 그거나 기다려 먹
도록 해라."⁹

이제 음식은 조심스럽게 선택해야 하는 약이어야만 한다.
음식 앞에서 조심스러워진 말년의 삶은 그저 초라하기만 한 것일까? 다르게 보면, 이는 물질적인 것에 대한 종속에서 벗어나는 자유의 기회이다. 들뢰즈와 가타리Pierre-Félix Guattari는 《철학이란 무엇인가》에서 노년이 자유를 획득하게 되는 은총의 시간이라고 찬양한다. "노년은 지고한 자유를, 그러니까 삶과 죽음 사이에 있는 은총의 한순간을 향유하게 되는 순수한 필연성을 가져다주기도 한다."¹⁰
말년의 음식에는 자유로워진 정신의 모습이 투영된다. 온통 작품의 완성에 몰두했던 프루스트 말년의 간소한 식사가 그런 것 아닐까? 말년은 과도한 식욕 같은 욕망에 휘둘리지 않고 삶이 자유로워질 수 있는 기회이다. 《하드리아누스의 회

상록》에서 황제는 말한다. "지나친 탐식은 로마인의 한 악덕이다. 그러나 나는 소식小食을 하면서 쾌감을 가졌다. (…) 내가 죽게 되었다고 생각될 경우가 닥치면, 위안 삼아, 이젠 적어도 만찬은 안 해도 되겠다고 생각하는 것이었다."[11] 음식으로부터의 이러한 자유가 말년에는 찾아오는 것이 아닐까?

말년의 음식이 지닌 정신적 가치를 잘 알려주는 이야기가 있다. 투르니에의 소설 《가스파르, 멜쉬오르 그리고 발타자르》는 네 번째 동방박사의 이야기이다. 우리가 잘 아는 세 동방박사 말고, 전설이 전하는 네 번째 동방박사가 있다. 네 번째 동방박사인 인도의 타오르 왕자는 대단한 미식가인데, 유대인들 사이에서 훌륭한 요리사가 태어날 것이라는 소문을 접하고 그를 찾아 나선다. 실제 우리는 유대인들 사이에서 탄생이 예고된 이 인물이 훗날 정말 음식에 관한 환상적인 이야기를 쏟아낸 것을 알고 있다. "나는 생명의 빵이다. 너희의 조상들은 광야에서 만나를 먹고도 다 죽었지만 하늘에서 내려온 이 빵을 먹는 사람은 죽지 않는다"(《요한》, 6: 48, 공동번역).

동방에서 출발한 타오르의 여행단은 먼 길을 가며 점점 재력을 잃어간다. 어느 날 그는 빚을 갚지 못해 소금광산에 갇히게 될 죄인의 재판을 보게 된다. 이 죄인에게는 아내와 네 명의 자식이 있다. 가져온 재산을 이미 모두 잃어 돈으로는 그 죄인을 도울 수 없었던 타오르는 그 대신에 직접 소금광산에 수감되기로 한다. 그리고 죄인이 진 빚을 광산에서 노동으로 갚는다. 무려 33년 동안! 광산에서 나온, 다 늙어 죽어가는 타오르는 그가 처음에 계획했던 여행을 이어간다. 그는 33년 전 다른 동방박사들처럼 베들레헴에서 자신이 그토록 갈망하던 그 요리사를 만났어야 했다.

이제 늦은 밤 예루살렘에 도착했는데, 이번에도 지각한 것일까? 물어물어 아리마대의 요셉 집에 겨우 도착했을 때는, 후대 사람들이 '최후의 만찬'이라 일컫는 식사가 이미 끝나고 모두 떠난 뒤였다. 그는 이번에도 요리사, 아니 그리스도를 놓친 것이다. 33년간의 고통과 허기로 이제 죽음을 앞둔 타오르는 만찬이 끝난 식탁에 남은 음식들을 본다. "빵과 포도주다!" 허겁지겁 그는 남은 포도주를 마시고 빵을 입에 넣었다. 33년간 남을 대신해 고통받은 자, 그래서 그리스도를 만나는 자리엔 늘 지각했지만 그리스도의 가르침을 실천한 자, 그는 성체聖體를 영한 최초의 인간이 된 것이다.

이 이야기는 특정 종교 안에 갇혀 있지 않다. 젊음과 함께 혀의 즐거움이 사라지면, 그다음에 음식은 정신의 생김새를 보여준다. 내게는 이 이야기가, 말년에 가까스로 완성된 한 인간의 삶이란 그가 먹는 음식, 그것도 누룩이 들어가지 않은 빵 한 덩이 같은 소박한 음식 속에서 빛나는 가시성을 얻는다는 것을 알려주는 은유 같다.

2

인생의 공부거리

공포, 인간을
길들이는 흑마법

스피노자는 24세이던 1656년, 태어났을 때부터 속해 있던 유대 공동체에서 유대교 교리의 적대자로 '파문'당했다. 그해 7월 27일에 네덜란드 암스테르담의 하우트흐라흐트 유대 회당에서 파문을 위해 낭독된 문서는 무섭기 짝이 없는데, 한 영혼을 잘게 부수어버리는 저주로 가득한 이 글은 다음과 같은 구절들로 이루어져 있다. 그저 일부일 뿐이다.

> 율법책에 쓰여 있는 모든 징벌로 그를 저주한다. 그는 낮에 저주받을 것이며, 밤에 저주받을 것이다. 그가 누울 때 저주받을 것이며, 일어날 때 저주받을 것이다. 그가 나갈 때 저주받을 것이며, 들어올 때 저주받을 것이

다. 주가 그를 용서하지 않을 것이다. 그리고 주의 분노와 그의 질투가 그를 태울 것이다.[1]

공동체의 법으로부터 추방당한 그는 이제 그를 미워하는 아무나 나서서 죽여도 되는 인간이다. 그 죄가 무엇이건 한 공동체는 자신의 일원이었던 인간을 이렇게 저주와 공포 속으로 몰아넣으며 파멸시킬 수 있는가? 그러나 저 파문으로부터 스피노자의 진정한 삶, 공포의 정체를 해부하는 철학자로서의 삶이 시작된다.

공포는 모두가 피하고자 하는 부정적인 감정이다. 그런데 사람들은 공포를 학문과 덕의 기원으로서 긍정적으로 받아들이기도 한다. 어떻게 그럴 수 있는가? 우리 마음을 갉아먹으며 슬픔에 빠뜨리는 공포가 어떻게 덕일 수 있을까?

이에 대해 오래도록 사유했던 니체는 《차라투스트라는 이렇게 말했다》에서 어떤 학자("양심을 갖춘 자")를 등장시킨다. 이 학자는 바로 공포가 학문과 덕의 기원이라고 생각하는 입장을 보여주는 사람이다. "공포라는 것, 이것은 인간의 타고난 감정이며 근본 감정이다. 타고난 죄나 타고난 덕 같은 온갖 것들은 공포로부터 설명될 수 있지. 학문이라 불리는 나의 덕도 공포로부터 자라난 것이다."[2]

이 학자는 학문의 기원에 공포가 있다고 말한다. 마음 한가운데에 깊숙이 도사린 공포의 감정에서 학문이 비롯된다는 것이다. 차라투스트라는 이 감정을 '내면의 짐승'이라고 일컫는다. 다시 학자의 말을 들어보자. "이런 길고도 오래된 공포가 결국 세련되어져 정신적으로 되고 정신화되어 오늘날 '학문'이라고 불리게 되었다는 것이 내 생각이다."[3] 우리의 세련된 이성과 학문과 덕의 기원에는 공포가 있다. 이성이 공포에서 발생한 것이라는 이 말을 어떻게 이해할 수 있을까?

니체는《도덕의 계보학》에서 좀 더 선명하고 끔찍한 예들과 더불어 이에 대한 이해의 실마리를 제공한다. "'사상가의 민족'(…)을 기르기 위해, 지상에서 얼마만큼의 노고가 있었는지를 이해하기 위해서, 우리의 고대 형벌 제도를 살펴보는 것만으로 충분하다."[4] 이 민족을 형성하기 위해 요구된 것은 아이러니하게도 형벌 제도를 통해 공포를 불러일으키는 일종의 겁주기이다. 사상가의 민족을 탄생시킨 고대의 형벌 제도란 어떤 것인가? "예를 들면 돌로 쳐 죽이는 형벌, (…) 수레로 사지를 찢어 죽이는 형벌, (…) 말뚝으로 꿰뚫어 죽이는 형벌, 인기 있었던 살가죽을 벗겨내는 형벌, (…) 그리고 또 범죄자에게 꿀을 발라 이글대는 태양 아래 파리떼가 우글거리게 놓아두는 형벌 등 고대 독일의 형벌을 생각해보라."[5]

이처럼 끔찍한 형벌과 그 형벌이 야기하는 공포의 기억을 통해 탄생한 것이 사상가의 민족(독일 철학자)의 본질인 '이성'

이다.

> 그리고 실제로, 이와 같은 기억[공포의 기억] 덕분에 사람들은 마침내 '이성에' 이르렀다!—아, 이성. 진지함, 감정의 통제, 숙고라 불리는 이러한 음울한 일 전체. 인간의 이러한 모든 특권과 사치. 이것을 위해 얼마나 값비싼 대가를 지불했단 말인가! 모든 '좋은 것'의 근저에는 얼마나 많은 피와 전율이 있단 말인가!⁶

이성의 덕을 표현하는 진지함, 숙고, 자제 등의 바탕에는 인간의 본성을 통제하는 공포가 있었던 것이다. 이처럼 니체는 《차라투스트라는 이렇게 말했다》에서는 학자의 목소리를 통해, 《도덕의 계보학》에서는 사상가 민족의 기원에 형벌 제도가 있었음을 드러내면서, 학문과 덕의 기원에 공포가 자리한다는 사실을 알려준다.

이러한 덕의 탄생은 그저 다른 시대, 다른 문명의 일인가? 체벌이나 꾸중, 잔인한 훈육을 통해 금지와 금욕의 덕을 가르치는 모든 교육 속에서 우리는 저 무서운 공포의 작용을 발견한다. 우리가 받아온 교육도 일면 이런 공포의 얼굴을 지녔던 게 아닐까? 오늘날에는 그 공포의 작용이 신체보다도 주로 인간 마음을 표적으로 삼지만.

그렇다면 학문이란 우리를 수동적으로 만들고 슬픔을 느끼게 하는 작용에서 기원하는 것인가? 즉 학문과 이성은 우리를 억지로 본성에서 벗어나게 함으로써 탄생한 것인가? 이처럼 학문과 덕의 기원에 공포가 있다면, 우리는 학문과 덕을 자랑스러운 자산으로 여겨도 좋을 것인가?

우리를 길들이는 저런 공포에 대한 통찰은 니체 이전에 이미 스피노자의 《신학정치론》에서 제시된 것이다. 《신학정치론》은 바로 공포에 대한 고발로 시작한다. 책의 첫머리에서 스피노자는 공포가 계속되는 동안에 인간은 미신의 희생물로 전락한다고 말한다. 그러니까 공포는 하나의 지식, 하나의 가치, 곧 하나의 덕을 만들어주되, 본질적으로 '미신으로서의 덕'만을 만들어준다. 이는 곧 당대 최고의 학문이었던 신학에 대한 날카로운 비판을 함축한다. 스피노자는 신학이 공포에서 야기된 것이라면 그것은 근본적으로 진리가 아니라 미신에 지나지 않는다는 사실을 고발하는 것이다.

그렇다면 공포는 어떻게 미신의 원천이 되는가? 그리고 사람들을 공포에 빠뜨리는 일은 왜 생겨났는가? 스피노자는 "군중에게 미신보다 강력한 지배자란 없다"는 쿠르티우스 Quintus Curtius Rufus의 말을 제시한다. 공포는 일종의 사이비 지식인 미신을 만들어내고, 통치자는 이 미신을 통해 공포에 빠진 대중을 지배한다. 그렇다면 공포를 통해 생겨나는 지식이란 어떤 것일까? 《신학정치론》에서 스피노자는 사람들이 위험이나 곤경에 빠졌을 때 공포에 휩쓸려 이성을 저버리고, 신에게 눈물로 도움을 청해 구원을 얻으려 한다고 말한다. 이 공포 속에서 사람들이 자신에 관해 이해하는 바는, 바로 공포에서 출현하는 미신적 지식의 대표적인 예가 될 것이다. 죄지은 인간, 잘못한 인간, 통제되어야 하는 인간의 모습을 정당화하는 지식 말이다.

사람들에게 이러한 공포와 거기에서 파생하는 지식을 주입하는 일이 왜 필요한지, 스피노자는 《신학정치론》에서 이렇게 쓰고 있다.

> 극단적 비밀이 종교라는 그럴듯한 외피를 두르고 대중의 눈을 가리운 채, 복종을 유지하기 위한 공포를 조장하는 전제국가에서 대중은 자신의 안전만큼이나 예속을 위해 장렬히 싸운다. 게다가 폭군의 허영을 위해 목숨을 바치는 것을 수치가 아니라 최고의 영예로 간주한다.[7]

공포에 빠진 자는 그 공포를 주는 초현실적인 존재의 무서움을 상상하고 복종하게 되며, 바로 그 복종 속에서 초현실적인 존재에 봉사하는 것을 영예로 여기게 된다. 그 공포 탓에 자신의 본성이 왜곡되었는데도 말이다.

앞서 《차라투스트라는 이렇게 말했다》에 나오는 학자는 공포가 인간의 타고난 감정이며 근본 감정이라 말했다. 과연 그럴까? 우리는 늘 공포 속에서 우리에게 주어진 것을 받아들이는 것일까? 우리에게 주어지는 것은 늘 우리를 벌하고 혼내는 무서운 것이며, 우리는 그것에 복종해야만 하는가? 이와 달리, 우리에게 주어지는 것들이 실은 공포가 아니라 기쁨을 주는 긍정의 대상인 것은 아닐까? 그렇다면 우리는 차라투스트라처럼 이렇게 말해볼 수 있을 것이다. "공포는 그러니까 우리에게는 예외적인 것이지. 반면 용기, 모험, 불확실한 것과 시도되지 않은 것에서의 기쁨, 이런 용기가 내 생각으로는 인류의 선사先史 전체였던 것 같다."[8]

이제 우리 자신의 본성에 대해, 그리고 그 본성이 발견하는 지식에 대해 다시 생각해볼 수 있을 것이다. 우리가 늘 초월적 존재나 지배자에 대한 두려움에 떨며 무엇을 하지 말아야 하는지 고민하고, 명령과 순종, 의무, 자신에 대한 죄의식으로 알려지는 덕만을 감지하는 것은 아니리라. 본성은 결코 강제로 제한될 수 없는 것이다. 오히려 우리는 본성에서 유래하는 호기심과 모험심, 그리고 본성과 욕구를 실현하려는 시도 속에서 자신에게 필요한 지식을 얻고 덕을 획득하리라. 그렇다면 지식은 이제 금지의 지식, 무서운 지식이 아니라 우리 자신을 긍정하는 '즐거운' 지식이 될 것이다.

토론해서
뭐 얻은 게 있니

아이들이 친구들 사이에서 문제에 부딪치면 엄마에게 달려가 듯, 어른들은 토론·소통·대화에 호소한다. 인간은 로고스를 지닌 동물, 즉 '말을 하는 동물'이기에 말로밖에는 문제를 다룰 수 없다는 듯이. 그러나 우리는 제대로 '말'하고 있는가?

이상적 합의라는 원대한 꿈을 띄우고 회의는 시작되지만, 의견들은 꿰맨 누더기처럼 볼품없이 봉합되기 일쑤이다. 내 마음에 드는 추리닝 입고, 네 마음에 드는 넥타이 매는 식으로.

수업에서도 학회에서도 열심히 토론하지만, 토론을 거쳐 진리에 도달할 수 있을 것 같지가 않다. 참된 것이 무엇인지에 관해 모든 사람이 토론하고, 모두 합의에 도달했다고 해보자. 이 합의된 것이 진리인가? 모든 사람이 만장일치로 합의

했지만 전원이 그르게 생각했다면 어쩔 것인가? 진리가 있다면 그것은, 사람들의 합의 여부와 상관없이 그 자체로 진리이지 않겠는가? 이런 까닭에 플라톤의 대화편에 등장하는 토론자들이 결론을 내지 못하고 흔히 좌초하는 것은 매우 의미심장하다.

그럼에도 토론은 고대 그리스 이래 역사를 통해 인간이 오래도록 시험해본 삶의 형식이다. 들뢰즈가 말하듯 "그리스는 반도의 각 지점이 바다와 인접해 있고 해안들의 길이가 상당해서, 일종의 분열 가능한 구조를 지니고 있는 듯하다."[1] 분열 가능하다는 것은, 그리스의 도시국가들이 언제든 수많은 바닷길을 통해 적들에게서 달아날 수 있다는 뜻이다. 이런 분열 가능성은, 도시국가들이 페르시아 같은 주변 제국에 흡수되지 않고 제국의 벽에 붙어서 제국의 문물을 향유할 수 있게 해주었다. 도시국가들은 "동방의 경계에 접해 있는 일종의 '국제적 장터'"[2]처럼 제국의 문물을 유통시켰다.

장터에서 필요한 것은 무엇인가? 계산이다. 장터에서 계산이란 동등한 이성을 지닌 사람들의 경쟁이다. 이성의 계산, 이성의 말하는 기술을 가지고 이익에 좀 더 가까이 가려고 경쟁하는 이들이 장터의 사람들이다. 이런 경쟁은 '철학'이라는 그리스인들 특유의 사유 또한 만들어냈다. 철학도 장터의 거래와 비슷한 면이 있으니, 바로 철학자들이란 너도나도 똑같이 지니는 이성의 능력으로 진리에 다가가기 위해 서로 경쟁하는 자들이라는 점이다.

동등하지 않고 남보다 탁월한 혈통을 타고난 제왕의 말이란 명령이다. 독점적으로 진리를 소유하는 제국의 제사장은, 진리를 백성들에게 무조건 하달하지 진리의 근거를 설명하지는 않는다. 반면 철학자는 특권적으로 진리를 독점하는 자가 아니라 동등한 이성을 지닌 자들의 공동체에 속하는 자이며, 따라서 다른 사람보다 자신이 더 잘 진리에 접근한다는 것을 보이기 위해서는 타인의 이성과 경쟁해야 한다. 우리는 저 동등한 이성을 지닌 자들의 공동체를 '평등'의 공동체라 하고 그들이 서로 경쟁하는 방식을 '토론'이라 한다. 이 평등과 토론은 곧 의회민주주의의 근본을 이루는 것이기도 하다. 이렇게 '철학'과 '민주주의'가 동시에, 평등한 이성과 그들의 교류 수단인 대화를 통해 탄생한 것이다.

그러나 이러한 이야기는 여전히 맞는 것일까? 과연 토론은 이성적 삶의 요람인가?

사실 소통에는 늘 악마가 끼어든다. 토마스 만의 소설《마의 산》은 1차 세계대전을 향해 전진해가는 유럽 정신을 해부한 작품인데, 서로 양극단에 위치하는 유럽의 두 지성, 세템브리니(미래를 향한 계몽)와 나프타(유럽의 전통)의 화려한 토론을 통해 그 모습을 보여준다. 그런데 어느 날 대화에 끼어들어 이들의 이성적인 논쟁을 잠재워버리는 페페코른이라는 이가 등장한다. 그는 조리 있는 말이라곤 한마디도 못하지만 카리스마 넘치는 분위기를 지녔다.

> 그는 아무 말도 하지 않은 거나 다름없었지만, 그의 얼굴은 아주 의미심장하고, 표정과 몸짓이 힘차고, 박력이 있고, 인상적이어서 모두 귀를 기울이고 있었다. 한스 카스트로프도 무엇인가 아주 중요한 것을 들은 것처럼 느껴졌다. 구체적인 이야기를 듣지 못한 것을 의식했다 하더라도 아무도 그것을 아쉽게 생각하지 않았다.[3]

그가 하는 말은 빈말에 지나지 않지만, 현혹적으로 토론을 장악한다. 이성과 논리가 아니라, 감성을 교란하는 방식 속에서 토론자들은 마취된다. 그를 보면 어떤 측면에서는 히틀러 같은 악마적인 정치가의 말하기가 어른거리는 듯하다.

이렇게 기만하는 토론자만 끼어드는 게 아니다. 토론에서 사람들은 공정성을 기대하지만, 토론의 장 자체가 애초에 공정치 못하다면 어떨까? 리오타르는 《쟁론》에서 말한다. "잘못은, 우리가 판단의 준거로 삼는 어떤 장르의 담론 규칙들이, 판단되는 담론들의 장르 또는 장르들의 규칙들이 아니라는 사실에서 생겨난다."[4] 즉 우리는 토론의 규칙이 토론자나 토론 내용과 상관없이 이미 부과되어 있는 다양한 경우와 마주한다. 간단한 예를 만들어보자. 먹을 것을 아침에 4개, 저녁에 3개 받을지, 반대로 아침에 3개, 저녁에 4개 받을지를 원숭이들에게 토론하라고 한다면, 음식의 수 자체를 늘리는 문제는 아예 토론의 장으로 끼어들지 못하게 배제하는 규칙 아래 논의하도록 강요하는 것이다.

그럼에도 말을 하는 동물인 우리는 토론이라는 삶을, 즉 의회민주주의적인 삶을 숙명처럼 벗어나지 못한다. 그러니 토론의 본성이 무엇인지 묻고 다시 물을 수밖에 없다. 우리는 말을 하는 동물이긴 하지만, 과연 공통의 이성을 지녔는가? 레비나스는《전체성과 무한》에서 말한다.

> 그 구성원들이 이성일 따름인 사회는 사회로서 사라지고 말 것이다. 전적으로 이성적인 한 존재가 전적으로 이성적인 다른 존재에게 무엇을 말할 수 있겠는가? 이성은 여럿이 아닌데, 어떻게 무수한 이성들이 구별되겠는가?[5]

우리가 타인과 소통을 시도하는 것은 그 타인과 다르기 때문이다. 플로베르 Gustave Flaubert 는 애인이며 '보바리 부인'의 모델이기도 한 시인 루이즈 콜레 Louise Colet 에게 쓴 유명한 편지에서 이렇게 말한다. "인간들은 숲속의 나뭇잎들이 서로 같지 않은 것처럼 서로 형제가 아니다"(1853년 5월 26일 편지).

그러나 이성은 보편적인 것이다. 인간들이 이성적이라면 그들은 보편성 속에 들어가 있는 것이고, 보편적 이성은 이미 보편적이므로 이해관계의 차이를 좁히기 위한 대화를 필요로 하지 않는다. "이성의 존재 자체가 독특성을 단념하는 데서 성립하는 것인데, 어떻게 이성이 나 또는 타자일 수 있겠는가?"**6** 이성은 하나이므로 이성끼리의 대화란 불가능하다. 공통의 이성이 아니라, 취향과 욕구 등 감성과 신체의 삶에서 차이를 지닌 자들만이 나와 타자라는 이질적인 다수를 만들어내고, 다수만이 대화라는 행위를 할 수 있는 것이다.

따라서 소통의 장을 이성적 규범 위에 세워보려는 노력 역시 성과를 거두기 어려울 것이다. 사실 소통에는 이성의 규범을 포함해 마땅히 따라야 하는 어떤 규칙도 있을 수 없다. 스피노자는 사람들이 자연에서 천부적으로 받은 권리, 즉 자기 이익을 취하고 자기 삶을 지키는 권리를 추구하기 위해 사회 안에서도 모든 수단을 동원한다고 말한다. 그 수단에는 '거짓말'도 속한다. 스피노자가 《신학정치론》 16장에서 말하듯 인간은 자신에게 유용한 것이라면 기만, 간청 등 어떤 수단을 동원해서든 얻으려 한다. 그리고 기만, 거짓말은 규칙의 파괴에서 탄생하는 것이므로 거짓말의 규칙이란 있을 수조차 없는 것이다. 현실의 토론장은 참된 것을 거짓 없이 전하는 선한 의지가 지배하는 곳이 아니라, 거짓말조차 동원할 수 있는 무서운 세계임을 우리는 목격하지 않는가?

토론이 보편적 이성을 전제하지 않으며, 토론의 장에 규범이 있을 수 없는데도 토론이 필요할까? 오히려 토론은 가짜 규범을 깨뜨리는 싸움의 장으로서 환영받아야 할 것이다. 랑시에르Jacques Rancière는 말한다.

> 동물이 쾌락과 고통을 표시하는 목소리만을 가진 데 반해 인간은 정의와 불의를 공동으로 다루는 말을 소유하고 있[다]. (…) 모든 문제는 결국 누가 말을 소유하며 누가 목소리만을 소유하는지 아는 것이다.[7]

말을 소유한 사람만이 토론장에 들어가 정의와 불의를 논할 권리를 지닌다. 나머지는 동물처럼 소리만을 소유한 채 토론장 입장 자체가 거부된다. 노예는 말이 아닌 목소리만을 지녔기에 그리스 민주주의는 노예가 토론장으로 들어서는 것을 거부했다. 여성 역시 소리를 내는 자에 불과하다고 인지되었기에 '참정권을 통해 말을 할 수 있는 인간'이라는 사실이 오랫동안 무시되어왔다. 결국 토론의 역사란 자신의 말을 그냥 바람 소리 같은 것이 아니라 권리를 표현하는 주장으로서 인

정받기 위한 싸움의 역사인 것이다.

 따라서 토론에서 관건은 이미 주어진 규칙을 따라 토론하는 것이 아니라, 규칙이 불공정한 장을 만들지 않는지, 규칙이 오히려 토론하려는 자의 참여를 배제하지 않는지 비판에 붙이면서, 자신의 말을 관철하는 것이다.

 그러면 토론에는 말을 제재할 규범이 아예 없는 걸까? 만일 규범이 있다면 그것은 말하기 자체 안에 있으리라. 우리는 모두 말하기를 두려워하는데, 말이 우리 자신을 노출하기 때문이다. 이를테면 단 한마디의 말로도 말하는 자의 성격과 태도와 교양의 정도 등이 순식간에 드러난다. 말은 말하는 자의 모든 정보를 내준다. 어디에다 내주는가? 바로 타인의 심판대 앞에 내준다. 말한다는 것은 자신을 타인의 심판 앞에 세운다는 뜻이다. 말한 내용은 판정을 받고 비판을 받으며 책임의 대상이 된다. 토론에 뛰어든다는 것, 타인에게 대답respond할 수 있다는 것ability은 곧 내뱉은 말에 책임질 수 있다는 것responsibility을 뜻한다. 말하기 자체가 말 자신을 위한 규범을 탄생시키는 것이다.

학자와 정치

학자와 정치가가 결합된 폴리페서polifessor라는 말은, 자유당 시절부터 오늘날까지 자신의 학문을 걸레처럼 들고 부정한 권력의 몸에서 흘러나오는 오물을 닦아주며 권력에 정당성을 마련해주기 위해 바빴던 자들, 권력자의 부정에 끼어들어 신세 망치는 자들을 종종 떠올리게 한다. 또는 정치 현장의 경험을 통해 더욱 숙련되기보다는, 더욱 텅 빈 머리가 된 채 학교로 돌아와 자기 자랑과 변명으로 수업을 채우며 학생들을 분통 터지게 만드는 자들도 떠올리게 한다.

그러나 학자가 정치에 참여하는 것 자체가 나쁜 것은 결코 아니다. 페리클레스Περικλῆς의 스승 아낙사고라스Ἀναξαγόρας에게서 보듯, 또 전국시대 제자백가에게서 보듯, 동서양을 막론하고 많은 경우 공부의 궁극적인 목표는 정치였다. 학문이 모든 이들에게 널리 이로운 것이 되어야 한다면, 학문은 공부벌레의 책 속에 자신의 무덤을 짓지 말고 세상으로 나와 만인의 고통에 응하며 빛나야 한다.

예를 들어 인간의 가장 오래된 지적 활동 가운데 하나인 철학의 역사는 곧 정치에 대한 사색과 실천의 역사였다고 해도 과언이 아니다. 단적으로 스피노자의 유명한 책 《신학정치론》은 조국의 위협받는 공화정을 옹호하려는 매우 절박한 현실적 필요에 따라 쓰인 책이다. 또한 제자백가에서 실학에 이르는 동양의 사색은, 순수 학문 같은 것은 결코 존재하지 않고 오로지 현실 정치를 위한 학문만이 있을 뿐이라고까지 말하는 듯하다.

그런데 정치에 뛰어드는 학자는 어떤 사람이어야 할까? 플라톤의 삶이 눈에 들어온다. 플라톤은 자신의 사상을 전하기 위해 쓴 저작들, 즉 유명한 대화록들에서는 뼈와 살을 지닌 자기 모습을 좀처럼 드러내지 않는다. 그러나 플라톤의 또 다른 글들, 바로 편지들이 있다. 도스토옙스키의 인물들은 《카라마조프가의 형제들》 같은 작품에서 아주 내밀한 영혼의 고백을 장대하게 토해내는데, 플라톤의 편지 역시 이와 동일한 느낌을 주면서 '바로 그 사람 플라톤'의 영혼의 생김새를 전해준다. 특히 〈일곱째 편지〉는 젊은 시절부터 정치에 환멸을 느껴왔으면서도 정치에 개입할 수밖에 없었던 한 정치철학자의 고뇌를 고스란히 담은 영혼의 자서전이라 할 만하다. 너무도 유명한 플라톤의 대표작《국가》는 그의 정치 이론에 공감하는 사람만이 옹호할 수 있는 책일지도 모른다. 반면 〈일곱째 편지〉는 정치에 뛰어드는 자라면 자신의 이론이 어떻든 간에 모두 공감할 수 있는 작품이며, 그런 의미에서 모든 정치학도의 필독서이다.

플라톤은 정치가 또는 정치 조언자를 양성하기 위해 아카데미아를 설립하고 가르쳤을 뿐만 아니라, 전 생애에 걸쳐 시칠리아의 시라쿠사 왕궁으로 여러 번 고된 여행을 하며 시라쿠사의 현실 정치를 올바르게 꾸려보고자 했다. 플라톤의 편지들은 많은 경우 바로 이 시라쿠사에서의 쓰디쓴 정치적 경험에 관한 것으로, 그의 패기만만한 이상주의란 실은 현실 정치의 폐수 위를 애처롭게 둥둥 떠다니던 외로운 사이다 한 병에 불과했다는 것을 보여준다. 그는 군주에게 갖가지 방법으로 조언했지만 결과는 좋지 않았다. 플라톤을 시라쿠사로 초빙한, 군주의 현명한 친척 디온은 정적에게 살해당하며, 철학자는 정치가의 무지와 사악함과 탐욕이 어느 정도인지를 절실히 깨닫게 된다. 플라톤은 〈일곱째 편지〉에서 쓰고 있다.

디온이 자신을 넘어뜨린 자들이 나쁘다는 사실을 놓치

지는 않았지만, 그들이 가진 무지와 그 밖의 사악함과 식탐의 극치가 어느 정도인지는 놓쳤기 때문이며, 이로 인해 그는 넘어져 누웠으며, 시칠리아를 헤아릴 길 없는 비탄에 휩싸이게 했습니다.[1]

시라쿠사의 이 실패한 정객이자 학자 플라톤에게서 뭔가 얻을 게 있을까? 플라톤이 현실 정치에서 쫓겨나듯 달아나며 던진 다음 말들은 너무 보잘것없어 보일지도 모른다. 〈첫째 편지〉에서 플라톤은 참주에게 이렇게 쓴다.

비극시인들 역시 누군가에 의해 죽임을 당하는 참주를 등장시켰을 때, 비참하구나, 친구들 없이, 나는 죽어가노라고 탄식해 말하게 한다는 점을 당신에게 일깨워 주고 싶습니다. 어느 시인도 참주를 황금이 부족해서 죽는 이로 묘사하지 않았습니다.[2]

참주는 황금이 부족해 죽지 않고, 사실 황금이 넘쳐나 죽는다. 또 말한다. "당신이 우리에게서 얼마나 빗나갔는지를 알아두세요."[3] 이 비판 속에서 군주는 순식간에 진리의 자리에서 내동댕이쳐진다. 정치철학자는 군주에 의해 쫓겨나 불우해지지만, 정치가는 정치철학자에 의해 진리로부터 쫓겨나

가장 비참한 이름으로 역사에 남는다. 학자는 매일매일 정치가의 머리 손질을 해주는 자가 아니다. 정치가가 장차 맞닥뜨리게 될 비참함에 두려움을 느끼도록 해주는 자이다.

재치

 편한 자리건 격식이 필요한 자리건 가리지 않고 재치는 사람을 돋보이게 한다. 영리하게 보이고 매력적이게 만든다.
 보라. 저기 모인 사람들 가운데 한 사람이 무슨 재치 있는 농담을 했는지 큰 웃음이 터진다. 모든 사람이 큰 기대감을 담은 얼굴로 그 사람의 다음 말을 기다리고 있다. 재치는 사람들의 긴장을 풀어주어 관계를 유연하게 만들고, 자유로워진 대화 속에서 창의적인 생각이 나타날 수 있게 한다. 그러니 재치는 가장 긍정적인 사회적 관계의 설립자이다. 그런데 저 대화자들의 다른 한편에는 전혀 말이 없고, 이쪽에서 저쪽으로 절묘한 재치 드라이브와 함께 날아가는 말의 축구공만 눈으로 따라가는 사람도 있다. 그는 이 축구 경기에 뛰어들기를 겁내는 듯 외따로 떨어져서 누구의 관심도 끌지 못한다.

　이 두 사람 가운데 당신의 자리는 어디인가? 물론 대부분의 사람이 재치 있는 사람이 되고 싶다고 할 것이다. 그런데 나는 재치 있게 말하지 못하는 쪽에도 관심이 간다. 누군가 그저 둔해서가 아니라, 재치 있는 말이 떠올랐는데도 내뱉기를 주저한다면 그 말속에서 뭔가 위험한 것을 감지했기 때문이 아닐까? 재치는 좋은 것이면서 악마적인 것이기도 하다. 예를 들면, 타인을 웃음거리로 삼는 데서 빛을 발하는 재치.

　이렇듯 여러 얼굴을 지닌 재치란 도대체 무엇일까? '재치才致'는 영어의 'wit', 독일어의 'Witz', 프랑스어의 'esprit'에 해당하는 말로 '기지奇智', '재기才氣'라고 번역되기도 한다. 재치는 오래전부터 사회적 관계를 맺는 데 도움을 주는 것으로 조명을 받아오기도 했지만, 또한 올바른 판단력의 적敵으로 간주되어오기도 했다. 영국 철학자 로크 John Locke가 쓴 17세기의 고전 《인간지성론》은 재치란 '유사성'을 지닌 것들을 조합하는 능력으로, "공상적인 기분 좋은 광경"(2권 11장)을 상상력에게 선물한다. 학창 시절, '자라'라는 별명이 붙은 선생님이 있었다. 이 선생님의 식사하는 모습이 자라와 비슷하다는 것을 '재치 있게' 발견한 학생들이 붙인 별명이다. 이 재치의 산물 '자라 선생'은 그 모습을 '상상'하는 이에게 즐거움을 주지만 진리, 즉 참된 판단("선생님은 인간이다", "자라는 양서류이다"

등등)과는 거리가 멀다.

이와 달리, 재치가 진리의 원천으로서 긍정적인 평가를 받고 일찍이 없었던 영광을 얻은 것은 초기 낭만주의 시대에 와서이다. 초기 낭만주의는 독일 예나Jena를 중심으로 활동하며 1798~1800년에 잡지 《아테네움》을 발행해 자신들의 생각을 피력한 일군의 사상가와 예술가가 주도했다(아우구스트 슐레겔과 프리드리히 슐레겔 형제, 이들의 연인 카롤리네와 도로테아 그리고 슐라이어마허, 노발리스, 티크, 셸링 등. 이 가운데 셸링은 예외적으로 《아테네움》에 글을 쓰지는 않았다). 이 그룹의 리더 격인 예술 이론가 프리드리히 슐레겔Friedrich Schlegel은 〈아테네움 단상〉에서 "세련된 교양은 조화로운 보편성의 재치이다"[1]라고 말하는데, 이 말은 오늘날 우리 시대에까지 누리고 있는 재치의 높은 위상에 대한 최초의 확인이라 할 수 있다.

그런데 이 높은 위상은 재치가 기발한 즐거움을 만들어낸다는 데서 오는 것이 아니다. 그것은 재치가 '진리의 원천'이라는 데서 생긴다. 어떻게 재치가 감히 진리의 원천인가? 우리가 살펴본 로크의 시대, 즉 17세기 이래 서구에서 재치는 '이질적인 요소들을 종합'하는 역할을 하는 것으로 이해되었다. 재치의 이러한 핵심적인 면모를 슐레겔은 이렇게 표현한다. "재치 있는 많은 착상들은 가까운 관계에 있는 두 생각이 오랫동안 떨어져 있다가 예기치 않게 다시 만난 것과 같다."[2]

앞서 예로 들었던 별명은 '선생님'과 '자라'라는, 외관상 "가까운 관계"이지만 '이질적인' 두 요소를 종합한다. 우리 시대의 놀이 문화인 '삼행시' 역시 좋은 예이다. 어떤 이름 석 자를 가지고 짓는 삼행시가 성공적으로 폭소와 경탄을 자아내는 경우는 그 이름과 관계 있다고는 전혀 생각해보지 못한 요소를 이름을 구성하는 세 글자와 결합시킬 때이다. '바밤바 삼행시' 같은 것을 보라. 이 삼행시 놀이는 모든 길은 바밤바로 통한다 또는 어디로 가든 바밤바를 벗어날 수 없다고 말하듯 바밤바와 무관한 요소들을 무한히 종합해나간다. 물론 이 종합의 중심에는 바밤바가, 아니 재치가 있다.

요리사에게 요구되는 덕목 가운데 하나가 재치인 것도, 요리의 본질이 이질적인 재료들의 종합이기 때문이다. 에이모 토울스Amor Towles의 소설 《모스크바의 신사》가 재미있는 예를 보여준다. 모스크바의 한 호텔 레스토랑 주방장은 혁명의 와중에 재료를 구할 수 없게 되자, 요리 '살림보카'의 재료로 정해진 허브 '세이지' 대신에 기막힌 대용품을 찾아낸다. 그 대용품이란 바로 최고의 미식가만이 감별해낼 수 있는 '쐐기풀'이다.[3] 요리란, 조화로울 거라고는 생각지도 못했던 의외의 재료들을 신의 한 수처럼 '결합'하는 재치의 문제인 것이다!

낭만주의자들이 진리와는 상관없던 재치를 진리의 원천으로 추켜올릴 수 있었던 것은 바로 이 '종합의 힘' 때문이다.

그 시대 철학의 과제는 바로 종합이었다고 해도 과언이 아니다. 낭만주의는 같은 시대의 독일관념론처럼 칸트Immanuel Kant 철학을 계승하고 쇄신하려 했는데, 칸트의 과제가 바로 '선험적 종합 판단'으로 표현되는 '종합'을 해명하는 것이었다. 달리 말해 그 과제는 서로 이질적 요소들인 주어와 술어가 결합하여, '지식'을 담은 보편타당한 진술이 될 수 있게 하는 원리를 찾는 것이다. 이후 '종합'이라는 과제는 칸트 철학을 넘어서, 모든 요소를 통일하는, 헤겔의 '절대지'와 같은 모습에 이른다. 이와 관련해 현대 철학자 라쿠라바르트Philippe Lacoue-Labarthe와 낭시Jean-Luc Nancy는 초기 낭만주의를 다룬 연구서《문학적 절대》에서 이렇게 말한다.

> 이것이 의미하는 바는, 낭만주의가 물려받아 격상시킨 그 재치는 헤겔이 '절대지'라는 확고한 명칭으로 부르게 될 것과 가장 유사하게 구성되어 있다는 것이다. (…) 재치는 바로 칸트적 의미에서 선험적 종합을 나타낸다.[4]

재치는 수많은 지식을 '단 한마디로 요약하듯' 포착한다. 긴 시간 지지부진 진행되던 회의 중 누군가 재치 있는 농담 한마디를 해서 모두의 감탄을 이끌어냈다고 하자. 그 농담은 지지부진한 회의의 이유와 문제점, 회의에서 오간 지식과 아이디어에 대한 평가 등을 총체적으로 담고 있기에, 즉 회의의 '진실'을 보여주기에 감탄을 자아냈을 것이다. 그렇지 않았다면 재치는 그저 한번 웃고 지나가는 실없는 농담으로 여겨졌을 것이며, 그 농담을 한 사람 역시 통찰력이 특별한 자로 평가받을 수 없었으리라. 재치는 유쾌함과 함께 진실을 볼 수 있는 눈을 열어주는 힘인 것이다.

그런데 재치가 늘 유쾌함을 동반하는 좋은 것만은 아니다. 그것은 언제든 불쾌함과 더불어 악마의 얼굴을 하고서 나타날 수 있다. 좋은 예를 도스토옙스키의 소설 《악령》에서 찾아볼 수 있다. 이 소설에는 어머니의 심부름으로 시골에서 도시로 나간 한 소년의 이야기가 나온다. 그는 가족들이 수십 년 동안 모은 돈 400루블을 들고 큰누나의 혼수품을 도시에서 사와야 했다. 그런데 그는 도시로 가자마자 놀음판에 끼어들어 돈을 순식간에 다 탕진하고서 여관방으로 돌아온다. 그리고는 술과 요리를 잔뜩 주문해서 먹고 권총으로 자살해버린다. 경찰이 와서 조사하기 전 자살한 소년의 여관방이 그대로일 때, 사람들은 권총 자살한 사람을 구경하러 몰려들었다.

도스토옙스키는 이들을 이렇게 묘사하고 있다. "대체로 가까운 자의 불행에는 어느 것이든 언제나 제삼자의 눈을 즐겁게 만드는 뭔가가 있는 법인데 (…) 우리네 부인들은 말없이 요모조모 뜯어보았지만 남성 동반자들은 눈에 뜨일 만큼 기지와 드높은 기상을 발휘했다."[5] 그야말로 이들은 권총 자살한 소년을 눈앞에 두고서 자신의 재치 또는 지혜, '기지'를 뽐낸다. 소년이 이보다 더 현명할 수는 없었다느니, 짧지만 잘 살다 갔다느니, 자신만의 재치랍시고 논평을 내놓는 데 그치는 것이 아니다. 어떤 이는 "광대 역을 자처하며" 소년이 먹다 남겨놓은 포도송이를 슬쩍했고, 어떤 이는 반쯤 비운 술병을 집어 들어 웃음을 자아냈다. 이런 것이 참된 '기지'인가! "슬픈 재치보다 더 경멸스러운 것은 없다."[6]

《악령》에 들어 있는 이 악마의 작품 같은 이야기는 어떤 사람들은 왜 재치 있는 말과 행동을 하는 데 소극적인지를 알려준다. 재치는 순간적인 순발력을 요구한다. 그래서 유사하게 발음되는 단어들을 병치시켜 'Blitz-witz(번쩍이는 재치)'라 일컬어지기도 한다. 이 번쩍이는 재치를 뽐내고자 지나치게 욕심을 내다가는 광대 역을 맡는 실수의 나락으로 떨어져 흑역사를 쓰게 될지도 모른다. 재치보다 앞서는 것은 '신중함'인 것이다.

파괴자이자
창조자로서 학문

"내게 가장 좋은 것은 달이 대지를 사랑하듯 사랑하는 것이고, 오로지 눈길로써만 대지의 아름다움을 더듬는 것이리라."[1]

이 서정적인 문장은 니체의 《차라투스트라는 이렇게 말했다》에서 온 것이다. 저 구절이 아름다운가? 그러나 저 문장은 폐기되어야 할 문장이다. 차라투스트라의 적대자(기만하는 정신)가 하는 저 말은 학문적 인식의 '객관성'이 감추는 폐해를 보여주고 있다. 객관적 거리라는 핑계를 대며 대지, 즉 현실에 개입하지 못하고 떠도는 달처럼 멀리서 구경만 하는 학문의 폐해 말이다.

우리는 학문의 본성을 어떻게 이해해야 할까?

학문은 우리가 세상을 바라볼 수 있게 해주는 창문이다. 보통 학문은 객관적이어야 한다고 말한다. 모든 것에서 중립적인 거리를 유지할 때 얻어지는 객관성 말이다. 그러나 이럴 때 과연 학문의 대상 또는 지식이 눈앞에 나타나기나 할까?

학문의 눈은 CCTV가 아니다. 지나가는 모든 것을 아무런 가치판단 없이 맹목적으로 기록하지 않는다. 대상은 늘 '판정' 속에서 나타난다. '이 과일은 너무 비싸다', '너의 행동은 좋다' 등등. 대상은 늘 비싸다 또는 비싸지 않다, 좋다 또는 나쁘다 등 심판을 거치고서만 하나의 대상으로서 인지되는 것이다. 그리고 그런 판정을 가능하게 하는 것은 세계 안의 한 '위치'(소비자의 위치, 사회 계급적 위치 등등)이지 세계와 무관하게 떠 있는, 중립성을 지닌 듯 시늉하는 달의 자리가 아니다.

따라서 학문은 특정한 위치에서 심판하는 자의 자기주장이며, 이미 있는 가치를 '객관적' 복사기처럼 복제하는 일이 결코 아니다. 이미 있는 가치란 불변의 진리여서가 아니라 세상을 지배하는 기존의 권력에 해가 없는 것, 용인되는 것이기에 가치 행세를 하며 살아남아 있는 것이다. 그렇기에 니체는 《반시대적 고찰》에서 이렇게 냉소적으로 말한다.

> 우리의 교수님들이 자주 입에 올리는 '진리'는 별로 까다롭지 않은 존재인 것 같아서, 무질서나 일탈에 빠지지 않을까 걱정할 필요는 없는 것 같다. '진리'는 편안하고

마음 좋은 것이라서 모든 기존의 권력에게 자기 때문에 신경 쓸 필요는 전혀 없다고 항상 다시 다짐한다. 우리는 단지 '순수한 학문'이기 때문이라는 것이다.[2]

여기서 니체는 기존의 권력에 무해하기에 살아남고 존속이 보장된 것을, 논문 같은 것의 형태로 잘 정리해 되풀이하는 공부를 표적으로 삼아 이야기하고 있다. 기존의 지식과 가치를 비판하는 힘을 잃고(아니면 비판하는 척하고), 그것들을 정당화해주기에 급급한 공부 말이다.

우리는 학문에 대한 이런 비판의 또 다른 형태를 니체와 사뭇 다른 철학자인 헤겔에게서도 찾아볼 수 있다. 헤겔의 비판이 겨냥하는 것은 '스토아주의'이다. 기원전 탄생해 로마 시대에 이르기까지 철학의 중요 학파를 이루었던 스토아주의는 '평정'을 추구하는 윤리 사상을 펼쳤다. 행복, 노년, 우정, 분노 등등을 다루며 정서의 노예가 되지 않고 평정한 상태로 살아갈 수 있는 길을 찾고자 했다. 그런데 정치와 사회가 온통 불타는 지옥과 같을 때, 오로지 내면으로 들어가 마음의 평화만을 얻고자 하는 일은 옳은가? 헤겔의 비판은 이런 의문에서 시작한다. 그는 《정신현상학》에서 말한다.

스토아주의로서는 무엇이 선이고 무엇이 참인가에 대

한 질문을 받으면 그저 내용 없는 사유로써 답변을 대신할 수밖에 없으니, 이성 속에 참과 선은 담겨 있다고 답하는 것이 고작이다.[3]

진리를 찾아 공부한다고 떠들지만 현실 저편에 자리 잡은 이에게 이 구절보다 뼈아픈 말은 없으리라. 평정이나 행복을 요동치는 그때그때의 현실 속에서 파악하는 것이 아니라 현실과 유리된 이성의 개념으로서만 파악한다. 이것은 그야말로 "내용 없는 사유"이다. 현실에는 눈감은 채, 평정과 행복은 중요하다느니 우정은 소중하다느니 낱말 뜻풀이에 불과한 원론적인 이야기만 떠들어대는 것이다.

우리는 우리 삶의 지표가 되어준다고 생각했던 스승이나 지도자에게 현실의 절실한 문제를 가져가 물을 때도 종종 비슷한 답변과 마주한다. 언젠가 정의는 이긴다는 둥, 성실히 살라는 둥… 아수라와도 같은 현실 속에서 어떻게 해야 할지 다급히 물었는데, 돌아오는 것은 선계仙界의 공허한 개념뿐이다. 처세로 바쁜 자는 현실의 복잡한 문제에 엮이는 것을 피하며, 이미 나도 알고 너도 알고 있는 교과서적인 내용만 자신의 최고 가르침인 양 답답하게 되풀이한다. 그래서 우리는 이 진리의 전문가들에게 실망하곤 하며, 비로소 선생이나 우상 없이 혼자서 눈보라 속으로 들어설 결심을 하게 된다.

한마디로 기존의 질서 속에 자리 잡은 저 전문적인 진리의 세공사들은 현실을 못 본 듯 공허한 개념의 세계에 머문다. 스토아주의 역시 그랬다. 그래서 헤겔은 스토아주의의 의식을 "일상 세계로부터 자기 내면으로 칩거하는 데 그치는 이 의식"[4]이라고 표현하기도 한다. 스토아주의는 현실에 눈감고서 가치와 덕을 찾기에, 왕이건 노예건 사회계급과 상관없이 그 사상 세계의 일원이 된다.

> 왕좌에 올라서 있거나 사슬에 묶여 있거나 간에, 그 어떤 자질구레한 일상적 조건에도 구속되지 않고 세상사에 휘말려서 음양으로 닥쳐오는 여하한 작용에도 꿈쩍하지 않은 채 단순한 사상의 세계 속에 칩거해 있는 것이 스토아주의이다.[5]

어떤 왕과 어떤 노예를 말하는가? 스토아 철학자 가운데 왕좌에 올라서 있는 자는 황제 마르쿠스 아우렐리우스Marcus Aurelius Antoninus이고, 사슬에 묶여 있는 자는 노예 철학자 에픽테토스Ἐπίκτητος이다.

황제건 노예건 공허한 관념의 세계 속에만 몰입해 있으므로 스토아주의, "이 사상은 분명히 한계를 안고 있는 현실과는 유리된 사상이다."[6] 스토아주의가 현실과 유리되어 있기에

이 평온한 사상은 역설적이게도 로마의 미친 황제들이 공포로 몰아넣은 사회와 잘 공존했다. "이는[스토아주의는] 사회 전체에 공포와 예속이 만연해 있으면서도 동시에 일반적인 교양의 폭이 현실적인 도야와 형성을 위한 사유의 함양으로까지 고양되어 있는 그러한 시대에만 출현하는 것이다."[7]

정말 로마의 제정帝政 시대는 미친 황제들이 만들어내는 공포의 나날이었다. 영국 작가 로버트 그레이브스Robert Graves가 로마 황제 클라우디우스Claudius를 주인공으로 쓴 소설 《나는 황제 클라우디우스다》에서 말하듯 제정은 미친 황제들의 시대였다. "그렇다. 우리 황제들은 모두 미쳤다. 아우구스투스Augustus나 티베리우스Tiberius나 심지어 천성이 사악한 칼리굴라Caligula조차도 아주 정상적인 상태에서 출발했으나 제정이 우리의 머리를 망쳐놓았다."[8] 물론 여기 네로Nero 황제가 광기의 정점으로 추가되어야 한다.

본론으로 돌아가보자. 학문은 기존의 가치를 답습하는 것일 수 없다. 기존의 가치는 이미 생활을 지배하는 것이고 위기에 빠진 것도 아니기에 학문이 거들어줄 필요가 없다. 학문은 새로운 가치의 창조자이다. 이 점은 니체의 가장 중요한 주제 가운데 하나이기에, 그는 이를 《차라투스트라는 이렇게 말했다》에서 여러 번 강조한다.

모든 것의 가치는 그대들에 의해 새롭게 정립되어야 한다! 그러기 위해 그대들은 투쟁하는 자여야 한다! 그러기 위해 그대들은 창조하는 자여야 한다!⁹

이제 니체의 유명한 망치가 등장한다. 새로운 가치 창조를 위해 기존의 것들을 부수어버리는 망치 말이다.

내 작열하는 창조 의지는 나를 언제나 새로이 사람들에게로 몰아간다. 망치를 돌에게로 내몰아대는 것이다. (…) 이제 내 망치는 형상을 가둔 감옥에 잔인한 분노를 퍼붓는다.¹⁰

우리의 진리들로 인해 부서질 만한 것이라면 모조리 부숴버리도록 하자! 지어야 할 집이 아직도 많지 않은가!¹¹

학문은 기존의 집에 안주하지 않고 새로운 집을 창조한다. 정말 학문은 '파괴자'가 아닌가?

학문은 '판단문'으로 이루어진다. 예컨대 '이 세계에는 부조리가 가득 차 있다' 같은 문장 말이다. 이 판단문은 객관적이고 중립적으로 세계를 기술하는 것이 아니다. 부조리를 행사하는 자가 아니라 겪는 자의 위치에서 이 세계를 비난하는 중이며, 부조리한 세계는 파괴되어야 한다고 말하는 중이다. 사르트르가《문학이란 무엇인가》에서 글쓰기를 두고 한 다음과 같은 말은, 이 기존 가치와 지식의 파괴자로서 학문에 대해서도 타당하다.

> 만일 당신이 어떤 사람의 행위에 대해서 무엇이라고 이름 붙인다면, 당신은 그에게 그의 행위를 드러내 보이는 것이다. (…) 그렇게 된 이상, 그가 어떻게 이전과 똑같은 방식으로 행동할 수가 있겠는가?[12]

학문은, 그리고 글쓰기는 세계와 인간이 그대로 있도록 놓아두지 않는다. 그를 파괴하고 달라지라고 요구한다. 즉 세계와 인간을 새롭게 창조한다.

삶의 훈련으로서
동양철학

 마치 구하기 어려운 추석날 귀성 열차표라도 줄 것처럼, 노스탤지어라는 미끼를 눈앞에서 흔드는 철학들을 구경하기란 어려운 일이 아니다. 그러나 서양의 옛 사상을 공부하는 일만큼이나 동양철학을 공부하는 일 또한, 우리의 고향(그런 것이 혹시라도 있다면)으로 돌아가게 해주는 길은 아닌 듯하다.
 모더니티는 동양에서 유럽 그리고 남북미까지 전 세계를 평균적으로 획일화했다. 이 평균적 획일화가 일깨워주는 것은, 이제 모든 사상이 낯선 집이자 학습해서 체득해야 할 대상이며, 호흡하는 공기처럼 원초적으로 우리와 결합해 있는 것은 아니라는 점이다. 오늘날, 우리는 누구인가라고 자신을 돌아본다면, 관습과 사상 어디에서도 우리에게 천부적으로 익숙한 것을 발견하기 어려운 듯하다. 조상에게서 물려받듯 주어진 것은 없고, 낯선 별에 도착한 듯 모두 새로 배워야 하는 것들이다. 우리는 좋은 의미에서건 나쁜 의미에서건 그냥 세계시민이다.

이런 정황은, 우리에게 삶의 일부로서 당위처럼 준비된 학습 목록이란 없고, 어떤 사상이든 우리 현실의 어떤 절실한 부름 속에서만 오래된 책들 속에서 어깨에 쌓인 먼지를 털고 햇빛 아래로 걸어 나오게 될 수 있음을 의미한다. 현실의 절실함 외에는 그 무엇도 우리의 학습 목록을 구성하지 못한다. 우리의 탯줄이 자연적으로, 그리고 필연적으로 물과 소중한 영양분을 끌어오던 원천은 이제 없으므로 어떤 점에서 삶은 이제 자유에 맡겨져 있다.

그렇다면 동양인이라고 해서 동양사상에 대해 어떤 예외적인 의무도, 특권도, 자질도 지니지 않을 텐데, 오늘날 동양사상을 공부하는 것은 어떤 절실함 때문인가?

근대는 학문을 조작적인 절차에 따라 객관화된 지식을 생산하는 제도 안에 가두었다. 지식은 공장에서 생산되는 제품들처럼 규격화되었고, 학자 역시 규격화된 근무 환경 속에서 지식을 생산한다. 철학은 출근해서 연구한 뒤 퇴근하면서 덮어버릴 수 있는 여느 일거리처럼 되었다. 그러는 사이 철학은 질 나쁜 접착제로 벽에 붙여놓은 광고지처럼 하나둘 삶에서 떨어져 나가버렸고, 우리는 바람에 흩어지는 저 종이들이 무엇을 뜻하는지 모르게 되었다.

이런 시절에 동양철학은 객관적 지식을 말끔히 정리해서 우리에게 전해주는 역할에 자신의 의의를 모두 담지 않는다. 오히려 동양철학은 오늘날 학문이 망각해버린 삶의 수련·도야·훈련으로서의 사상을 일깨워준다. 아무도 논문 한 편을 쓰기 위해서, 책 한 권을 잘 이해하기 위해서, 한 사상가를 연구하기 위해서 철학을 시작하지는 않을 것이다. 삶이 의혹을 불러일으키고 답하기를 강요하는 날, 그 강요에 대한 응답으로 우리는 철학을 시작한다. 그러니 근본적으로 철학은 '사는 연습', 사는 훈련 외에 다른 것이 아닐 것이다. 철학은 얼어붙은 듯 멈춘 채로 허공중에서 저 홀로 빛나는 영원한 지식을 위해 혼란스러운 삶을 저버리고 '죽는 연습'이 아니다.

어쩌면 우리는 고향별을 잃고 지구에 떨어진 외계 생명인데, 이 땅에서는 아는 길이 하나도 없어 헤매기만 하거나, 중력에 적응하지 못하는 것처럼 자꾸 넘어지거나 쉽게 지친다. 이곳에서의 삶은 피할 수도 없는데, 삶을 피하는 행위는 삶의 중대한 어느 국면, 삶에 너무도 진지하게 몰입하는 일이기 때문이다. 삶을 피하려 할수록 그 노력 때문에 우리는 삶에 대해 더할 나위 없이 진지해진다. 반면 삶을 외면하려 하지 않으면 우리는 말 그대로 외면할 수 없는 삶 한가운데 있다. 어느 등산로를 따라가더라도 삶은 자신에 대한 몰입 외에 다른 길을 주지 않는 것이다.

한마디로 삶은, 명절날 어쩌자고 방문한 공포의 친척 어린이처럼 도무지 나와 형과 누나와 강아지를 가만 놔두지 않는다. 따라서 삶은 훈련 속에서, 연습 속에서, 도야 속에서 익숙해져야만 하는 과제일 따름이다. 오래도록 동양철학은 방황하는 고아들을 줍듯, 자신에게 던져진 삶을 잘못 배달된 우편물처럼 난처해하는 인간들을 인도해 삶의 훈련이라는 문으로 들어서게 했다. 이 인도자가 절실하다.

경험이 삶의
스승이다

쓰디쓴 약을 목으로 넘기듯 실패의 경험을 통과하면, 뭔가 배우게 된다. 어린 학생들은 숙제를 안 하고 밖에서 놀기만 하면 엄청난 부담을 짊어지게 된다는 배움을 고통스러운 경험 뒤에야 얻는다. 수없이 죽어보고서야 엔딩을 보게 되는 게임 역시 경험을 발판 삼아 배우고 성장하는 예이다. 경험이 수행하는 교육의 범위는 이보다 훨씬 크다. 투자 역시 경험의 문제이다. 코인이 되었든 주식이 되었든 손해를 보고서야 우리는 비로소 하지 말아야 할 어리석은 짓을 깨닫는다. 누가 친구이고 아닌지 식별하는 것 또한 경험이라는 시금석을 가지고서만 가능하다. 연애? 말할 필요조차 없다. 저런 형편없는 놈과 만났다니! 경험만이 씁쓸히 연애의 지혜를 우리에게 건네준다.

이렇게 배움이란, 기하학 문제나 논리학 문제를 풀듯 생각 안에서 해결을 볼 수 없고, 경험이라는 심연에 자신의 몸을 던져 넣어봐야 얻을 수 있다. 그렇게 경험이란 나와 세상을 연결해주는 통로, 세상에서 내가 넘어지지 않게 의지하는 소중한 지팡이가 된다.

　이러한 '경험'을 어떻게 이해해야 할까? 경험에 가장 큰 중요성을 부여한 철학은 '영국 경험주의'이다. 영국 경험주의의 핵심은 지식의 원천이 경험이라는 것인데, 이런 사상을 잘 보여주는 개념이 대표적인 경험주의자 존 로크의 '타블라 라사 tabula rasa'이다. 저 말은 '아무것도 쓰이지 않은 석판'이라는 뜻으로, 우리 마음을 가리키는 개념이다. 우리 마음은 애초에 아무것도 가지고 있지 않으며, 모든 지식은 경험에서 얻어진다. 경험을 통해 얻은 것들이 저 타블라 라사에 기록되면서 지식이 형성되는 것이다.

　그런데 여기서 말하는 경험에서 얻는 '지식'이란 무엇일까? 그것은 인과율 같은 자연과학적 지식을 말한다. '특정한 기압에서 불을 붙이면 물은 100도에서 끓는다'와 같은 과학적 인과에 관한 지식 말이다. 이 지식이란 결국 '반복 가능한 경험'이다. 어느 경우건 특정 기압이 주어지면, 예외 없이 물이 100도에서 끓는 경험을 할 수 있다는 반복 가능성이 이 지식의 핵심이다. 이 예외 없는 반복 가능한 경험, 모든 경우 통용되는 '경험 일반', 즉 전칭명제(모든 경우 S는 P이다)를 보증하는 경험을 얻기 위해 과학은 끊임없이 실험한다.

달리 말하면, 이는 예외 없이 반복될 수 있는 항구적인 경험(보편타당한 항구적인 진리)을 얻기 위해 예외적인 경험들은 근절해야 한다는 뜻이다. 예외적인 경험이란 무엇인가? 항구적인 진리를 나타내는 경험에 속하지 못하는 개별적인 경험들일 것이다. 그런 개별적인 경험들은 잘못된 경험, 오류로 취급되기도 했다.

벗어나야만 하는 그런 잘못된 경험의 대표적인 예를 우리는 영국 경험주의의 선구적인 인물 프랜시스 베이컨Francis Bacon의 '우상론'에서 찾을 수 있다. 우상이란 진리와 거리가 먼 잘못된 경험을 진리처럼 인지하게 만드는 것이다. 예를 들면 전혀 보편적인 법칙이 아닌데도 우리는 전통이 부여하는 권위에 눌려 그것을 보편적인 것처럼 인지하는 경우가 있다. 이런 선입견을 만들어내는 전통을 '극장의 우상'이라 일컫는다.

잘못된 경험을 판별하는 기준은 보편타당하고 항구적인 과학적 진리에 대한 경험이다. 그리고 보편타당한 경험을 모범으로 삼아 모든 일회적인 경험과 우연적인 경험을 가치 없는 것으로 제쳐둔다. 그러나 사실 우리 삶의 의미 있는 경험은 '일회적'이지 않은가? 천편일률적으로 반복 가능한 과학적 진리의 경험(물은 100도에서 끓는다) 같은 보편성을 지닌 것이 우리 개개인의 구체적인 삶에서 얼마나 큰 중요성을 지니는가는 매우 의심스럽다.

우리에게 중요한 것은 오히려 그 무엇과도 공통적이지 않은 단 한 번의 경험이다. 두 번 있을 수 없는 첫사랑의 경험이나, 처음으로 부모가 되는 경험 같은 것 말이다. 그리고 이런 경험은 대개 오류와 실패로 물들어 있다. 인간의 삶은 이렇듯 무엇과도 공통적이지 않은 일회적인 경험으로 이루어지지, 보편적인 자연과학적 경험으로 이루어지지는 않는 것이다.

한마디로 인간의 삶은 개개인의 독자적인 경험, 다른 무엇으로도 대체할 수 없는 유일무이한 경험으로 만들어진다. 그러므로 인간 삶에서 과학적 법칙성만을 관찰하려는 일 또한 인간 삶의 본질에서 비껴나가는 일이다. 과학적 법칙성 속에서 인간을 파악하려는 시도를 비웃는 멋진 장면을 우리는 게오르크 뷔히너Karl Georg Büchner의 희곡 〈보이체크〉에서 만날 수 있다. 가난한 직업군인 보이체크는 얼마 안 되는 돈이라도 벌기 위해 의사의 실험 대상으로 일한다. 의사가 하는 실험이란 무엇인가? 의사는 실험에 관해 이렇게 말한다.

> 이제부터는 여러분에게 다른 것을 보여드리겠습니다. (…) 석 달 전부터 완두콩밖에 먹지 않은 사람이죠. 그 결과가 어떻게 나타났는지 유심히 살펴보세요. (…) 고

양이처럼 귀를 움직여보라고! 여러분, 이건 인간이 당
나귀로 넘어가는 과정입니다. (…) 그래, 완두콩, 완두콩
의 결과입니다, 여러분.¹

완두콩의 효과에 대한 이 과장된 실험 장면은 과학적 실험이라는 '경험 방식'이 인간의 본성에 다가가지 못하고 진실 바깥에서 겉돈다는 것을 풍자적으로 보여준다. 근본적으로 인간은 실험과 관찰을 통해 알게 되는, 반복 가능한 보편적 법칙의 지배 아래 놓이지 않는 것이다.

그렇다면 인간의 경험이란 도대체 무엇일까? 그것이 자연과학이 말끔히 정리해서 보여주는 언제 어디서나 반복 가능한 보편적인 경험이 아니라면 말이다. 가다머Hans-Georg Gadamer는 《진리와 방법》에서 경험에 대해 이렇게 말한다.

> 경험은 오히려 기대의 온갖 좌절을 전제하며, 그런 과정을 겪어야만 경험이 체득될 수 있다. 경험이라는 것은 대개는 고통스럽고 불쾌한 경험이다. (…) 사람들은 부정적 경험을 통해서만 새로운 경험으로 나아갈 수 있다. 경험이라는 이름에 값하는 모든 경험은 우리의 기대를 배반한다.²

이런 것이 인간이 경험하는 방식이다. 이런 경험 속에서 인간은 성장한다. 자연과학이 원하는 보편타당한 법칙의 가시적 표현으로서 경험이 아니라, 계속 버려야만 하는 쓰디쓴 시행착오가 인간의 경험인 것이다. 그러니 경험의 정체는 '실망'이라고 일컬어도 좋으리라. 인간의 성장을 그리는 소설들은 바로 이 실망의 경험을 다룬다. 예컨대 프루스트의 《잃어버린 시간을 찾아서》가 그렇다. 들뢰즈는 《프루스트와 기호들》에서 이렇게 말한다.

> 프루스트는 다음과 같은 점을 끊임없이 강조한다. 그 어떤 순간에 주인공은 어떤 사항에 대해서 모른다. 그는 나중에야 그것에 대해 배우게 된다. 또 주인공은 어떤 잘못된 생각, 헛된 기대 속에 있다. 그러나 마침내 거기에서 벗어나게 된다. 여기에서부터 실망과 깨달음의 운동이 생겨나며 이는 《잃어버린 시간을 찾아서》 전체에 리듬을 불어넣어준다.[3]

우리는 경험을 통해 실망을 겪으며 과오를 넘어서고 깨달음을 얻는다.

경험을 디딤돌 삼아 전진하는 우리 정신의 본모습을 잘 보여주는 작품이 바로 헤겔의 《정신현상학》이다. 헤겔은 흔히 관념론자로 널리 알려져 있고, 관념론은 경험주의와 상반되는 것으로 이해된다. 그런데 관념론이라는 이름이 무색하게도, 헤겔이 처음에 이 책의 제목으로 고려했던 것은 "의식의 경험의 학문"⁴이다. 어떤 의미에서 그는 '경험주의자'인 것이다. 이 책에서 헤겔은 경험을 거치며 움직이는 혼魂의 도정을 다음과 같이 표현한다.

> 혼이 그의 본성에 따라서 미리 지정된 정류장과도 같은 갖가지 혼의 형태를 두루 거치고 난 뒤에 마침내 정신으로 순화되어가는 그런 도정을 그려낸 것이다. 이렇듯 자기 자신이 편력해온 경험의 도정을 완벽하게 마무리 지을 때 혼은 본래 그 자신의 모습이 어떠한 것인가를 깨우치게 된다.⁵

헤겔의 이 구절은 영혼의 성장을 그리는 모든 독일 교양소설의 핵심을 요약하고 있는 듯하다. 또한 이 구절은 또 다른 성장의 이야기 《구운몽》에서 성진의 편력마저 연상시킨다. 무엇이 되었건 영혼은 좌충우돌하는 경험의 끝에 자신을 완성하는 과정을 진행해나간다.

경험이란 괴로운 것이며, 반복되기를 피하고 싶은 것이다. 다시 말해, 우리는 경험 앞에서 그것을 용납하기를 꺼리는 회의주의자가 된다. 불쾌한 경험을 넘어서기 위해 경험은 늘 부정의 대상이 된다. 이렇게 일회적인 경험들에 대한 부정을 거치며 영혼은 앞으로 나간다. 인간의 경험은 결코 자연과학의 보편적 법칙을 보증하는, 늘 통용되는 일반적인 경험이 아닌 것이다.

쓰디쓴 실패의 경험을 하나하나 넘어서면서 우리가 알게 되는 것은 무엇일까? 바로 내가 할 수 있는 일과 할 수 없는 일이 무엇인지에 대한 깨달음이다. 사르트르는《문학이란 무엇인가》에서 이 경험의 필수성에 관해 말한다. "우리가 장도리에 대해서 가장 잘 아는 것은, 무엇을 박기 위해서 그것을 사용할 때이다. 마찬가지로 못에 대해서 가장 잘 아는 것은 벽에 못질을 할 때이며, 벽에 대해서 가장 잘 아는 것도 거기에 못을 박을 때이다."[6] 장도리로 못을 박는 경험을 실제로 해보지 않고는 내가 장도리를 잘 다루는지, 못을 잘 박는 재주가 있는지 결코 알 수 없다. 경험만이 우리가 무엇을 할 수 있는지 알려준다. 그리고 궁극적으로 경험은 우리가 '무엇을 할 수 없는지', 즉 우리가 어떤 '유한한 존재'인지 깨닫게 해준다. 가다머는《진리와 방법》에서 말한다.

> 인간이 고통을 통해 깨우쳐야 하는 것은 이런저런 개별적 지식이 아니라 인간 존재 자체의 한계에 대한 통찰이

다. 다시 말해 아무리 한계를 극복해도 결코 신의 경지에 이를 수 없다는 통찰이다. (…) 경험이라는 것은 결국 인간의 유한성에 대한 경험이다. (…) 경험을 통해 깨우침에 도달한 자는 예측의 한계를 알고 모든 계획의 불확실성을 아는 사람이다.[7]

이렇게 우리는 경험을 통해 자신이 누구인지 알게 되며, 자신의 유한성 앞에서 겸손의 지혜와 극복의 의지를 배우게 된다.

사랑과 질투

사랑에 빠진 이는 질투도 한다. 질투는 달콤한 연애를 간지럽히는 장난 같기도 하지만, 때로는 그 불길이 무섭도록 거세다. 질투를 다루는 탁월한 예술 작품들은 그것이 얼마나 강력한 힘을 발휘할 수 있는지 보여준다. 셰익스피어의 비극 〈오셀로〉에서 주인공은 질투에 휩싸여 아내를 살해한다. 뷔히너의 희곡 〈보이체크〉에서 주인공인 가난한 군인 역시 질투를 이기지 못해 연인을 살해한다.

그런데 이런 강력한 힘을 지닌 질투는, 누구는 가질 수도 있고 누구는 안 가질 수도 있는 우연한 기질이 아니라 모든 인간의 가장 기본적인 본성에 속한다. 그래서 질투를 해명하는 일은 인간을 연구하는 '인간학'의 중요한 과제가 된다.

질투에 대한 근본적인 성찰을 하는 이를 지성사에서 꼽자면 철학자 스피노자와 소설가 프루스트일 것이다. 스피노자의 대표작《에티카》는 매우 건조한 내용과 관념적인 문장으로 이루어진 책인데, 건조함 속에서도 질투만은 마치 경험한 듯 생생하게 묘사되어 있다.

> 사랑하는 여자가 타인에게 몸을 주는 것을 표상하는 사람은 자기의 충동이 억제되기 때문에 슬픔을 느낄 뿐만 아니라, 사랑하는 대상의 심상을 타인의 치부 및 분비물과 결합하지 않을 수 없기 때문에 그녀에 대해 혐오감을 느낄 것이다.[1]

자신의 연인이 다른 자의 성기와 분비물에 노출되어 있는 것을 '상상'하며 그는 질투 속에 괴로워한다.

우리를 괴롭게 만드는 정서를 다룬《에티카》의 이 부분을 프루스트의 구절들과 비교해봐야 한다. 마치 스피노자의 제자처럼 프루스트는, 다른 남자와 은밀히 즐거움을 나누는 연인에 대한 상상 때문에 괴로워하는 남자를 앞의 구절처럼 그려내고 있다. 그 남자는 사교계의 총아 스완이다. 이 매력적인 남자가 겪는 질투의 고통으로 가득 찬 사랑 이야기가 바로《잃어버린 시간을 찾아서》의 가장 중요한 부분 가운데 하나인 〈스완의 사랑〉이다. 인간 마음의 가장 미세한 움직임까지 추적하는 이 이야기에서 프루스트는 다음과 같이 쓰고 있다.

> 그의 질투는 그의 사랑의 그림자이기라도 한 것처럼, 그날 밤 그녀가 그에게 보낸 새로운 미소, 그렇지만 지금은 반대로 스완을 비웃고 다른 남자에 대한 사랑으로 넘쳐흐르는 미소와 기울어진 머리, 그렇지만 지금은 다른 입술들을 향해 기울어진 머리와, 전에 그에게 보여주었던 애정 표현, 그렇지만 이제는 다른 남자에게 주는 온갖 애정 표현들로 채워졌다. 그녀 집에서 가지고 온 모든 관능적인 추억은, 마치 실내 장식가가 보여주는 숱한 스케치나 '설계도'처럼, 그녀가 다른 남자들과 취할 것 같은 그 타오르는 듯한, 정신을 잃은 듯한 자세를 스완에게 생각나게 해주었다.[2]

읽어보면 마치 스피노자의 문장에 살을 붙이고 피를 통하게 하여, 자신을 향하지 않는 애인에 대한 질투를 더욱 뜨겁고 선명하게 그린 듯하다.

대부분의 인간은 평생 못해도 한 번쯤 누군가에게 사랑의 감정을 느낀다. 그리고 달콤한 사랑에는 혜성의 긴 꼬리처럼 고통스러운 질투가 따라붙기 일쑤이다. 질투는 그것이 현실적인 질투건 잠재적인 질투건, 프루스트의 말처럼 사랑에 흔히 따라붙는 '사랑의 그림자'인 것이다. 내 사랑에 무심한 상대방이 다른 이와 달콤한 사랑을 속삭일 때 질투의 고통이 밀려든다. 또 연인의 이미 지나가버린 과거에 대해서 질투심을 느끼는 경우마저 있다.

왜 사람은 질투의 고통에 빠져드는 걸까? 사랑하는 이를 독점하지 못하기 때문이다. 사랑은 독점을 전제한다. 만일 가까이 지내던 이에게 사랑을 고백했는데 친구로 지내자는 답변이 돌아온다면, 그것은 호의로 우정을 주겠다는 뜻이 아니라 '너는 나를 독점하지 못한다'는 뜻이다. 프루스트가 쓰고 있는 다음 문장은 스완의 고통이 연인을 독점하지 못하는 데서 생기는 것임을 잘 알려준다. "그녀가 그곳 호텔에서 모든 남자들의 욕망의 대상이 되고, 그녀도 그들을 원할 거라는 생각이 들었다. (…) 모든 남자가 오데트의 애인이 될 수 있는데 어떻게 염세주의자가 되지 않을 수 있단 말인가!"[3]

또한 사람은 자기가 사랑하는 만큼 상대방도 자기를 사랑해주기를 원하는데, 다른 이의 개입으로 그것이 이루어지지 않을 때 질투의 고통에 빠져든다. 이런 고통을 겪는 사람에 관해 스피노자는 쓰고 있다. "사랑하는 대상이 늘 보여준 것 같은 표정의 환영을 더 이상 받지 못한다."[4] 사랑하는 이의 시선은 그를 지나쳐 이미 다른 이를 향하고 있는 것이다.

이렇게 질투를 동반하는 사랑은 너무 괴롭지 않은가? 질투로 속을 가득 채운 사랑은 우리를 슬프게 만들고, 아무 일도 할 수 없는 무능력자로 만들기도 하며, 심지어 죽음에까지도 이를 수 있게 한다. 그런 맥락에서 프루스트는 질투라는 무서운 병균에 감염된 스완의 사랑에 대해 이렇게 쓴다. "스완의 사랑이라는 이 병은 (…) 그와 하나를 이루었기 때문에, 스완 자신을 거의 전부 파괴하지 않고는 그로부터 제거할 수 없었다. 외과의사 말대로 그의 병은 더 이상 수술할 수 없는 병이었다."[5]

스피노자는 이런 사랑의 무서움을 잘 알고 있다. 그 무서움이란 한마디로 사랑이라는 정념의 노예가 되는 것이다. "사랑에 눈이 멀었다"라는 흔히 쓰는 표현에서 과연 눈이 먼 것은 무엇일까? 바로 정념의 지배를 이겨내고 사리 분별을 하는 능력인 이성이다. 스피노자가 가장 피하고 싶어 하는 것이 바로 이성의 눈이 작동을 멈추고 정념의 노예가 되는 것이다.

그러므로 스피노자의 관점에 따르면, 인간은 이성적 분별을 통해 자신을 정념의 노예로 만드는 저 사랑에서 탈출해야만 한다. 예를 들어 그 방식은 이럴 것이다. 내가 사랑한 그 또는 그녀는 신비한 특별함으로 나를 매혹했지만, 이성적으로 하나하나 따져보니 신비하달 것도 없고 단점도 적지 않으며, 무엇보다 여느 사람들과 다를 게 없음을 자신에게 납득시키는 것이다. 그렇게 하여 정념의 예속에서 자유로워지는 것이다.

그러나 흥미롭게도, 지독한 사랑에 빠진 이는 질투로 괴로워하면서도 저 이성을 통해 자유로워지는 길을 걷지 않으며, 오히려 자신의 이성을 질투에 더욱 몰입하기 위한 용도로 사용하기 일쑤이다. 다시 프루스트 소설 속 스완에게로 가보자. 질투 속에서 그는 모종의 '지적인 즐거움'[6]을 발견한다. "지금 그의 질투가 소생시킨 것은 학구적이었던 젊은 시절의 또 다른 재능, 진실에 대한 열정이었다."[7] 진실에 대한 이 열정이란 다름 아니라 사랑하는 여인에게 숨겨둔 애인이 있지 않은지 밝혀내고자 하는 열정이다. 그래서 그는 '어떻게 밝혀낼까' 연구하는 데 자신의 이성을 사용한다. 연인의 집 창문 엿보기, 연인이 다른 남자에게 보낸 편지의 봉투를 뜯지 않고 내용을 엿볼 방법 궁리하기 등등. 편지가 사라진 오늘날에는, 저 진실을 향한 열정은 아마도 연인의 카톡을 몰래 열어볼 길을 찾을 것이다. 도대체 어떤 질병이 교양을 갖춘 총명하고 매력적인 신사를 이 지경으로 만들었는가!

질투의 문제를 경유해 우리가 도달하는 궁극적인 물음은 바로 이것이다. '고통스러운 사랑에 빠진 이는 그 사랑에서 탈출하기를 원할까?' 그는 이 사랑을 대체하는 다른 어떤 정서로도 옮겨가고 싶어 하지 않으며, 이 사랑 말고 다른 구원을 원하지도 않는다. 사랑에 중독되는 일은 알코올중독이나 니코틴중독과는 다르다. 극심하게 괴로운 사랑에 빠져 있을지라도 이 사랑중독자는 자신의 상태를 질병이나 수치로 여기지 않는다. 어쩌면 이 사랑 속에서 죽는 일을 숭고하고 선한 일로 여길지도 모른다. 또한 그런 죽음을 바라보는 타인들도 탄식은 할지언정 약물중독자에게 하듯 손가락질하지는 않을 것이다.

 죽음으로 끝을 맺는 〈로미오와 줄리엣〉의 사랑이 알려주듯 사랑은 대체 불능의 것이다. 사랑의 주인공들이 모두 죽음을 맞이하는 바그너의 〈트리스탄과 이졸데〉는 이졸데가 부르는 노래 〈사랑의 죽음Liebestod〉으로 끝을 맺는데, 사람들은 여기서 지옥 같은 파멸이 아니라 사랑 자체의 완성을 본다.

 자신에게 닥치는 손실에 대한 모든 계산을 넘어선 것, 한마디로 죽어도 좋은 것, 이게 사랑 같다.

가족은
국가의 적인가

국가는 가족 때문에 아프다.

가족은 국가의 틀 안에 있고 가족 안에서 자라난 인간은 자연히 국가의 일원으로 살아가는 듯하다. 가족과 국가 사이에는 아무 문제도 없는 것 같다. 그러나 심각한 일들은 가족과 국가 사이에서 터진다. 재벌과 정치가는 국가와 가족이 충돌하는 지점을 형광펜처럼 콕 찍는다. 기업은 국가적인데, 기업의 총수는 자질 없는 자식에게 기업을 사유물처럼 세습하려 해서 문제를 일으킨다. 정치가는 온 국민에게 공평한 국가적 가치를 이야기하지만, 뒤로는 자기 자식만의 혜택을 위해 국가의 보편성을 훼손한다. 가족은 국가를 좀먹는 벌레인가?

그래서 플라톤 같은 사람은 국가의 적인 가족을 제거하고

자 한다. "여자들을 공유하게 되는 것이, 그리고 자식들도 공유하게 되는 것이 (…) 최선의 것이 못 된다고 나는 생각하지 않으이."[1] 《국가》의 이 구절은 보편적 가치의 요람인 공화국을 구원하기 위해서는 가족의 근본 요소인 배우자와 자식을 제거해야 한다고 말한다.

근대의 루소 Jean-Jacques Rousseau는 플라톤의 이런 생각을 따르고 싶은 처지, 즉 부양의 노고를 못 이겨 제거하고픈 자식이 많은 처지에 놓인다. 《고백록》에서 "나 자신을 플라톤의 '공화국'의 일원이라고 생각"[2]했다는 루소는, 사사로운 가족을 만드는 것보다 낫다며 자신의 다섯 사생아를 국가에, 구체적으로 고아원에 양도한다(그냥 내버린다).

여기서 우리는 가족의 정에 휘둘리지 않고, 국가의 공정성에 다섯 신생아를 참여시키는 사상가를 목격하는가? 그저 무책임한 한 아비의 모습, 처절히 실패한 가장을 본다. 가족을 부정하는 이상적인 국가의 현실이 고작 근대 고아원이라니. 루소 자신도 후회하고 있다.

어쨌든 이기적 가족을 극복한 국가에 대한 루소의 생각은 이런 인상적인 이미지를 통해 강력히 표명되기도 한다. 교육에 관한 책 《에밀》에서 전하는 이야기이다. 스파르타의 한 부인이 아들 다섯 명을 전쟁에 보냈다. 전장의 소식을 가져온 전령은 부인에게 아들 모두가 전사했다고 말한다. 부인은 궁

금한 것은 그게 아니라며 화를 내고, 전령은 급히 조국이 승리했다는 사실을 알린다. 그제야 부인은 국가의 승리에 대해 신전에 감사 기도를 올린다. 루소는 말한다. 이것이 바로 시민의 실체이다. 이 감동적인 이야기의 끝에 루소는 '하고 싶은 일(본능에 따라 자식을 사랑하는 일)'과 '해야 하는 일(보편적 시민의 의무를 다하는 일)'을 구분하지 못하고 방황하는 인간을 비난한다. 그런 자는 타인과 자신 모두에게 아무 이득도 주지 못한다. 결국 가족은 국가의 적이고 없어져야 하는가?

세습 왕조 시절에는 왕과 그의 가족이 곧 국가였다. 그러나 오늘날에는 국가가 가족의 자리를 대신해주려 노력한다. 국가는 고아에게 부모가, 독거노인에게 자식이 더는 필요 없는 삶의 형식을 제공하려 한다. 그러나 국가의 이 선한 의도는 완전히 실현될 수 있을까? 가족은 국가에 투항해 완전히 동화될 수 있는 걸까? 혹시 국가와 가족 사이에는 넘어설 수 없는 간극이 있지는 않은지?

오늘날 어떤 국가도 가족과 대립하지 않는다. 공립초등학교에 다니는 아이의 글짓기 숙제를 봤더니, '가족'이 주제였다. 왜 국가는 이상국가가 되기 위해 가족을 해체하지 못하고 교육과정 안에 집어넣는가? 그런 해체를 하고서, 한때 가족이었던 개체들을 국가 안에 모두 수용할 엄두를 내지 못하기 때문이다. 국가는 가족의 자리를 대신할 지혜도 돈도 없다. 결국 가족을 대체하기 위해 골머리를 앓으며 막대한 돈을 내느니, 차라리 가족제도에 얹혀 간다. 그러나 그럴 수 있는 까닭은 근본적으로 가족의 가치가 국가를 지탱할 수 있기 때문일 것이다.

사람들은 국가보다 가족을 먼저 체험하며, 이 체험은 국가 속에서 증발하지 않는다. 그리하여 국가는 법과 제도를 통해 가족을 지배하지만, 가족은 계속 국가 바깥에서 자신의 독자성을 유지한다. 이런 사정을 레비나스는 《전체성과 무한》에서 이렇게 말한다. "국가가 가족에게 어떤 틀을 남기는 경우에조차, 가족은 국가의 바깥에서 자신을 동일화한다."[3] 롤랑 바르트Roland Barthes는 가족의 독자성, 유일무이함에 관해 이렇게 쓴 적이 있다.

> 사람들은 가족을 직접적인 귀속 집단으로 약호略號화시키든가, 혹은 갈등과 억압의 뒤엉킴으로 본다. 학자들은 '서로 사랑하는' 가족이 존재한다는 사실을 생각해낼 수가 없는 모양이다. 나는 나의 가족을 '가족'의 일반적 의미로 환원시키고 싶지 않은 것과 마찬가지로, 나의 어머니를 일반적인 '어머니'라는 존재로 환원시키고 싶지 않다.[4]

그렇다면 이런 독자적인 공동체인 가족은 어떻게 탄생하는 것일까? 부모와 자식 사이의 사랑이 가족을 만드는 근본원리일까? 우리는 부모 자식 사이의 강렬한 사랑이 지닌 결속력을 잘 알고 있긴 하지만, 사랑이 한 집안 전체의 울타리를 만드는 보편적 원리는 아니다. 왕가나 재벌가의 부모·형제·손주는 서로 싸우지 사랑하지 않는다. 내가 직접 낳은 자식과의 관계를 넘어서면 사랑은 아주 빠르게 옅어진다.

가족은 바로 '죽은 자의 매장'이라는 '의무'를 통해 가족이 된다. 헤겔은 《정신현상학》에서 이 점을 잘 간파하고 있었다.

> 한낱 개체에 지나지 않는 무력한 시신屍身은 모두가 공유하는 개인의 위치로 올라선다. (…) 가족은 사자死者로 하여금 공동세계의 이웃이 되도록 주선하는바, 이 공동세계는 사자를 마음 내키는 대로 파괴하려는 자연력이나 하등동물을 제압하고 무력화시킨다. (…) 가족에게 맡겨진 사자의 매장이라는 이 최후의 의무야말로 (…) 적극적인 인륜적 행동이다.[5]

죽은 자는 곧바로 자연의 분해 과정 속으로 들어간다. 그러나 가족은 그를 매장하고 기념함으로써 영원히 가족의 한 사람으로 있게 한다. 그리고 이 매장의 의식이 가족 공동체를 만들어낸다. 모든 가족이 억지로라도 모이고, 남같이 지내던 친척들도 참여하는 차례나 제사 등을 보라. 이 행사들은 모두 매장된 죽은 가족(조상)의 힘이 공동체를 만들고 있음을 알려준다. 사랑은 부부, 부모와 아이, 이렇게 두세 사람을 연결하는 작은 끈이 될지 모르지만, 죽은 가족을 기념하는 의무(매장과 제사)는 한 가문의 모든 성원을 결속한다. 가족이란 공통의 죽은 조상이 연결해주는 사람들이며, 죽은 이는 연결자로서 계속 가족 안에 인격으로 머문다.

국가는 이런 방식의 공동체를 구성할 줄 모른다. 국가는 국가를 위해 죽어간 애국자들이나 국가적 재난의 희생자들을 기념하지만, 국가의 대의와 상관없이 죽어간 개별자들을 사사로이 기념하지는 않는다. 그들에 대한 애도는 오로지 가족의 몫이다.

죽은 조상이 가족 공동체를 탄생시키는 힘이라면, '자식'은 인간이 무한한 시간을 얻는 길을 열어준다. 인간은 유한하다. 그러나 인간은 삶과 세상을 유한한 하나의 인생이라는 관점에서 바라보지 않는다. 자신이 살지 않을 미래에 쓰레기로 뒤덮일 지구를 우려하며, 후손에게 닥칠 기후 위기와 자원 고갈을 두려워한다. 자신은 백 년도 못 사는데! 왜 인간은 자신이 죽은 뒤에 펼쳐질 미래를 자신의 고민 아래 있는 시간으로 여기는 것일까? 그것이 자기 아이가 살아갈 시간이기 때문이다.

아이가 살아갈 시간이기에, 한 인간은 무한한 앞날을 자신이 책임지는 자신의 시간으로 가지게 된다. 후손이 누릴 미래를 자신의 시간으로서 염려하며 유한한 자기 생의 계획을 그 미래에 맞추어 짜나간다는 것은 결국 인간의 삶은 죽은 뒤에도 이어져 나간다는 것을 뜻하지 않는가? 유한한 나의 삶 너머 다른 사람, 즉 아이의 삶을 통해서 말이다.

이런 국면을 레비나스는 화체化體, trans-substantiation라는 말로 표현했다. 실체substance는 라이프니츠에게서 보듯 고립된 존재이다. 화체란 바로 이 실체의 삶이 다른 실체로, 즉 아이의 실체로 옮겨가는 일trans을 뜻한다. 이 말은 그리스도의 몸이 빵과 포도주로 전환된 사건을 일컫기도 한다. 무한한 시간은 한 사람의 실체에게는 불가능하다. 그는 유한한 시간을 누리고 늙어 죽는다. 몸이 빵과 포도주로 변하듯, 가족 속에서 하나의 실체(부모)가 다른 실체(아이)로 변하는 방식으로만 시간은 무한히 이어질 수 있다. 인간에게 만약 무한한 미래가 허용된다면, 오로지 현재의 나와는 다른 후손의 실체로 옮겨가는 일을 통해서만 가능하다.

쿤데라Milan Kundera는 소설《정체성》에서 한 인간이라는 고립된 실체의 삶이 아이라는 다른 실체에 옮겨 탐으로써, 개인에 제한되지 않는 미래가 가능해지는 모습을 이야기하고 있다. "우리가 이 세계에 집착하는 것은 아기 때문이며, 아기 때문에 세계의 미래를 생각하고 그 소란스러움, 그 소요에 기꺼이 참여하며 이 세계의 불치의 바보짓에 대해 진지하게 고민하는 것이란다."[6]

이렇게 가족은 인간이 조상에 대한 의무 속에 공동체를 형성하고, 아이를 통해 무한한 미래를 획득할 수 있게 해준다. 중요한 것은 이 가족이 국가, 나아가 인류라는 좀 더 큰 공동체를 위한 가치를 제공한다는 점이다. 내 아이에 대한 관심은 다른 이의 아이에 대한 관심이 되고, 미래의 인류에 대한 관심이 될 것이다.

한 가족의 가치가 보편화하는 모습을 《일리아스》의 극적인 한 장면이 암시한다. 트로이 왕 프리아모스가 아킬레우스를 찾아가 살해당한 아들 헥토르의 시신을 찾아오려는 담판을 벌일 때, 프리아모스는 아킬레우스 또한 누군가의 아들임을 일깨운다. "신과 같은 아킬레우스여, 그대의 아버지를 생각하시오! 나와 동년배이며 슬픈 노령의 문턱에 서 있는 그대의 아버지를."[7] 아킬레우스는 자기 아버지를 생각하며 흐느낀다. 국제정치에 가능할 것 같지 않던 휴전과 평화가 잠깐 도래하며, 헥토르의 시신은 아버지에게 돌려진다. 적도 나도 결국 가족의 일원인 까닭이다.

그러나 가족이기주의를 부르고, 자기 가족을 위해 국가를 희생시키려 하는 인간의 악덕을 완전히 제거할 수 없다는 것도 사실이다. 몇몇 가족이 없었다면 국가는 그렇게 방황하지 않아도 되었다. 그러므로 가족과 국가 사이에 놓인 인간의 임무란, 가족이 병균으로 변이하는 비극을 막는 의사의 사명이다.

플라톤과 칼 세이건의 '올바른' 우주

가장 위대하고 가장 훌륭하며 가장 아름답고 가장 완전한 것이자, 종적으로 유일하며 수적으로 하나뿐인 이 하늘.[1]

플라톤은 천문학에 관한 책인 《티마이오스》의 마지막 줄을 우주에 대한 이런 표현으로 끝맺는다. 또 우주에 대해 "오직 하나뿐인 외톨이"[2]라고 쓰기도 한다. 아테네의 언덕에 서서 밤하늘을 바라보던 이의 마음을 알 것 같다. 숲속에서 천체망원경으로 토성을 바라본 적이 있다. 그 아름다운 별은 물병 속에서 흔들리는 작은 장신구처럼 얼마나 가련하던지. 별은 홀로 그토록 어두운 데서 잃어버린 반지처럼 떠 있었다.

밤하늘은 탄식 속에서 우주의 비밀에 의문을 품게 만든다. 그 의문에 대한 각각의 답으로서 윤동주 같은 시인은 〈별 헤는 밤〉 같은 시를 빚어냈고, 플라톤 같은 학자는 장대한 우주론을 만들어냈다. 플라톤의 위 구절에 나오는 '하늘(우라노스 Οὐρανός)'은 천구天球라 번역하기도 하며, 우주(코스모스κόσμος)와 바꾸어 써도 좋은 말이다. 수천 년이 흐른 뒤 천문학자 칼 세이건Carl Sagan은 플라톤이 쓴 저 '코스모스'라는 아름다운 단어를 자기 책의 제목으로 삼았다.

천문학에 관한 두 권의 책, 칼 세이건의 《코스모스》와 플라톤의 《티마이오스》가 앞에 있다. 하필이면 왜 이 두 책일까? 《코스모스》는 1980년에 나온 대중 과학서이고, 《티마이오스》는 기원전 367년경에 나온 고대 우주론의 집대성이다. 《티마이오스》는 인간 신체와 영혼의 연마, 우주의 원리, 신들, 이 모든 것을 하나의 사상 속에 담아낸 역작이다. 《코스모스》는 현대가 누적한 천문학적 성과뿐 아니라 인류의 운명, 핵전쟁의 위협 등 광범위한 사회·문화적 주제를 다루고 있다. 이 둘의 공통점이 있다면, 각각 현대와 고대에 가장 널리 읽힌 천문학 서적에 속한다는 점이다. 그 외에는 우주를 설명하는 방식 등 거의 모든 점에서 서로 다르다. 그럼에도 칼 세이건은 고대와 단절하는 대신, 현대의 연구가 고대의 연장선에 있다고 말한다.

그것은 지금으로부터 2000년 전의 일이었다. 이오니아 문명의 수혜자들이던 고대의 최고 지성들은 수학, 물리학, 생물학, 천문학, 문학, 지리학, 의학을 체계적으로 연구할 수 있는 기반을 알렉산드리아에 구축할 수 있었다. 알렉산드리아 대도서관이 바로 그 핵심 성채였다. 오늘날의 학문도 당시에 이루어진 연구에 아직 그 바탕을 두고 있다.[3]

또 이렇게 말하기도 한다. "우리가 현대에 와서 성취했다고 생각하는 모든 것들은 사실 따지고 보면 우리보다 먼저 살았던 4만여 세대에 걸친 우리의 선배들이 이룩한 업적에 그 뿌리를 대고 있다."[4] 이런 말들은 고대와 현대 사이에 이루어진 과학의 엄청난 변모를 생각하면 당혹스럽게 느껴진다. 어떤 점에서 현대 과학이 고대 과학에 바탕을 두고 있는 걸까? 현대는 미신을 몰아내고 비합리적 설명과 단절하는 등의 과학 정신을 고대 철학에서 물려받았다. 그러나 고대의 유산은 그 이상이다. 바로 이 점을 살피기 위해 우리는 고대와 현대에 가장 많이 읽힌 천문학책에 속하는 두 권을 함께 펼쳐 보고 있는 것이다. 설령 '과학적 진리'의 관점에서라면 현대에 훨씬 의미 있는 작품들이 많을지라도 말이다.

《코스모스》에는 이런 흥미로운 구절이 있다. "인간의 본성이 우주라는 큰 바다와 공명을 이루며 인류의 가슴속 깊은 곳에 자리한 뜨거운 그 무엇이 우주를 자신의 편안한 집으로 받아들였던 것이다."⁵ 과학적이라기보다 형이상학적으로 들리는 이 구절은 인간과 우주의 본성이 서로 교통한다고 말하고 있다.

이런 생각은 이미 플라톤에게서 발견된다. 플라톤이 《티마이오스》에서 생각한 우주는 다음과 같은 것이다.

> 그[우주의 제작자]는 지성을 혼 안에, 그리고 혼은 몸 안에 구성하고는 이 우주를 짜맞춰 나갔으니, 이는 작품을 완성했을 때 그것이 본성상 최대한 가장 아름답고 가장 훌륭한 것이 될 수 있도록 하기 위함이었습니다. (…) 실로 그렇게 이 세계는 지성과 혼이 깃든 살아 있는 생물로서 진실로 신의 구상構想에 따라 생겨났다고 말해야 하는 것입니다.⁶

우주는 혼과 지성을 지닌 것으로 만들어졌다. 물론 그 혼과 지성은 우주를 제작한 신, 데미우르고스δημιουργός에게서 온 것이다. 그리고 피조물인 인간 역시 데미우르고스의 명령을 받은 신들에게서 지성과 혼을 나누어 받았다. 그런 까닭에 본성에서 우주와 인간은 서로 통하는 것이다.

그런데 우주가 혼(이성)을 부여받은 결과는 무엇인가? 그것은 우주가 이성의 법칙을 따르며, 그리하여 우주는 '탁월한 상태'에 도달할 수 있다는 점이다. 앞서 읽은 구절에서 제작자 신이 "가장 아름답고 가장 훌륭"하게 우주를 만들었다고 썼는데, 가장 아름답고 훌륭한 것이 바로 탁월한 상태이다.

이성적인 법칙을 따를 때 우주는 탁월한 상태가 되기에, 신은 이성의 활동이 훼손되지 않게끔 세상의 여러 가지 것들을 설계했다. 재미있게도 우리의 신체 기관인 장腸이 길고 구불구불하게 만들어진 이유도 이성의 활동을 보호하기 위해서이다.

> '장'이 생겨나게 해 빙글빙글 감쌌으니, 이는 음식물이 빠르게 통과하는 바람에 다시 다른 음식물을 필요로 하도록 몸을 강제하지 않기 위함이며, 또한 채워지지 않는 욕망을 야기함으로써, 식탐으로 인해 온 인류가 철학과 교양을 결여하고, 우리 안에 있는 가장 신적인 것에 귀 기울이지 않는 자들이 되지 않도록 하기 위함이었습니다.[7]

장은 음식을 빨리 소화해선 안 된다. 금방 배고파져 식탐이 우리를 지배하면 우리의 가장 신적인 부분, 즉 이성적인 영혼의 활동이 방해받기 때문이다.

신적인 부분인 이성적 활동을 신에게서 부여받은 인간이, 신과 같이 우주를 탁월하게 하는 일에 개입하는 것은 당연할 것이다. 신은 피조물을 만들면서 영혼에 '올바름(디케δίκη)'이라는 것을 심어놓았다. 이 올바름이란 맥락에 따라 '정의'라고도 번역될 수 있는 말이다. 그러니 인간은 부분적이나마 이 우주에 '정의'를 가지고 개입할 수 있는 존재이다. 다시 말해 인간은 우주가 올바름을 구현할 수 있게끔 길을 찾는 자이다. 애초에 신적 지성이 그렇다.

> 이 우주의 생성이란 필연과 지성의 결합으로부터 혼합되어 생겨난 것이니까요. 그런데 지성은 생겨나는 것들의 대부분을 가장 훌륭한 것으로 이끌도록 필연을 설득해 지배했으니 (…) 필연이 지혜로운 설득에 굴복함으로써 그렇게 처음부터 이 우주가 구성되었던 것입니다.[8]

여기서 플라톤은 '필연'과 신의 '지성' 사이에 흐르는 긴장에 대해 말하고 있다. 우주는 물질들이 서로 부딪치는 것과 같은 맹목적인 필연적 법칙을 따른다. 그러나 거기서 그치지 않는다. 필연을 다스리는 지성이 또 개입하는 것이다. 이 지성은 우주를 그저 움직이도록 놓아두지 않고, '올바른 최선의 것을 향해 움직여 가도록' 우주를 설득한다.

여기서 우주가 '최선'이라는 목적을 향해 운동한다는 낡은 허구를 설파할 생각은 전혀 없다. 핵심은 우주를 그저 떠도는 돌멩이들의 흐름 대하듯 맹하니 바라보는 것이 아니라, 우주가 최선이 될 수 있는 길을 설명하는 것이 '인간의 관심사'라는 점이다. 바로 이것이 고대와 현대의 천문학자, 플라톤과 칼 세이건의 중요한 공통점이다. 칼 세이건은 말한다. "우리는 종으로서의 인류를 사랑해야 하며, 지구에게 충성해야 한다."[9] 이런 '최고의 선'을 위해 애써야 하는 과제가 인간에게 있는 것이다.

무엇보다 양자는 모두 인간이 이성적 면모를 잃고 사악한 존재가 될 수 있다는 점을 우려하며 경계한다. 칼 세이건은 인간이 온화하게 자신을 조절하는 능력을 갖추고 있으면서도, 동시에 핵전쟁을 일으킬 정도의 살인적인 분노에 휩싸일 수 있는 존재임을 경고한다. 이런 전쟁의 가능성을 뇌 속에 있는 파충류와 포유류의 갈등으로 설명하는데, 이는 《코스모스》의 가장 흥미로운 부분 중 하나일 것이다.

> 사람을 죽이고 싶을 정도의 격렬한 분노는 아주 먼 옛날 진화 과정에서 만들어져서 아직도 우리 머리 깊숙한 곳에 남아 있는 파충류의 뇌, 소위 뇌의 R-영역에서 일어

나는 현상이다. 한편 감정의 중재와 기억의 관장은 진화의 가장 최근 단계에서 발달한 포유류와 인간의 뇌, 즉 변연계와 대뇌 피질에서 이루어진다. 그러므로 (…) 갈등은 파충류와 포유류의 뇌가 벌이는 대립의 소산인 셈이다.[10]

전쟁과 폭력의 수많은 중대한 원인들이 있다. 인간 심성에서 그 원인 중 일부를 찾고 치유하려는 저런 유의 설명은 사실 고대에 뿌리를 둔다. 바로 플라톤이 가장 우려하며 '치료(테라피아 θεραπεία)'하려는 것도 인간이 이성적 면모를 잃고 '미치는' 경우이다. 현대적 뇌 해부학이 없는 시대의 플라톤은 인간 내면의 저런 위험스러운 부분을 이렇게 설명한다.

몸의 상태에서 기인하는 혼의 질병은 다음과 같은 방식으로 생겨납니다. 우선 혼의 질병은 어리석음이라는 데 동의해야겠지요. 그런데 어리석음에는 두 종류가 있으니, 그 하나는 광기이고 다른 하나는 무지입니다. 따라서 누군가가 그 둘 중 어떤 상태를 겪든 간에 그 모두는 질병이라고 불러야 하며, 특히 과도한 쾌락과 고통은 질병들 가운데서도 혼에 가장 심각한 것이라고 놓아야 합니다. 왜냐하면 인간이 과도하게 즐거운 상태에 놓이거

나 고통에 의해 반대의 상태를 겪게 되면 (…) 어떠한 것
도 바르게 보거나 듣거나 할 수 없고, 광분할 뿐만 아니
라, 사실상 그때에는 추론이라고는 거의 나눠 가질 수
없으니까요.[11]

영혼이 광분할 때는 추론, 즉 이성적 사유가 마비되고 인간은 무서운 폭탄이 되어 지구의 표면을 배회한다.

고대의 과학과 현대의 과학은 서로 알아볼 수 없을 정도로 다른 얼굴을 하고 있다. 그럼에도 고대 과학자와 현대 과학자의 관심은 한결같다. 과학은 '무엇이 좋은 것인가'라는, 가치에 대한 질문을 피할 수 없다. 진리는 중립적인 것이 아니라 '좋은 것'이기에 추구된다. 과학의 관심은 단지 우주를 설명하는 데 그치지 않는다. 플라톤과 칼 세이건이 보여주듯, 인간 영혼이 이성을 잃고 세계를 망치지 않을까 두려워하며, 지구가 더 좋은 곳이 되게끔 돕고자 하는 관심이 과학을 사로잡고 있다.

공부는 사람을
어떻게 변화시키는가

인문학과 과학 공부는 우리 시대 삶의 방식으로 점점 자리를 잡는 듯하다. 대학에서의 순수 학문 공부가 금전적 효용성의 충족이라는 요건에 발목을 잡혀 위축되는 동안 사회 곳곳에서는 인문학에 대한 관심이 커왔다.

처음 인문학 공부 열풍이 불었을 때는 스티브 잡스Steven Paul Jobs식의 경영인을 모방하고 기업의 생산성 향상에 인문학을 이용해보려는 실용적 수가 만들어낸 바람으로 생각되기도 했다. 그러나 경영과 같은 목적이 없는 사람들 역시 인문학 공부에 몰입해왔으며, 이런 공부는 일시적인 현상이 아니라 삶을 살아나가는 방식의 일부로서 많은 사람들에게 체득되고 있는 듯하다. 왜 그럴까?

어느 시대건 인문학이 외면받는다면, 인문학이 아무런 변모도 초래하지 못한다는 실망이 그 이유일 것이다. 이 실망은 상아탑 속에 갇힌 학문, 아무도 읽지 않는 논문을 양산하는 학문, 저희들끼리 은어로만 말하는 학문, 외국 책을 앵무새처럼 소개하는 데 그치는 학문 등으로 표현되어왔다. 여기에 행동에 대한 실망이 추가된다. 합리성을 공부하고도 야만적으로 행동하는 사람, 과학을 공부하고도 미신에 빠져 있는 사람 등. 이런 것들은 인문학이 실천과는 아무런 관련이 없음을 사람들에게 알려주는 징표와 같다.

그래서 사람들은 인문학이 아무런 효과를 발휘하지 못하는 학문, 세상과 관계 끊고 고립된 학문이라고 실망했으리라. 혹자는 학문은 본래 이렇게 고립적인 성격을 띠는 것이라고 대답할지 모르겠다. 이를테면 도덕철학자가 가장 도덕적인 삶을 살 수 있는 것도 살아야 되는 것도 아니며, 그는 단지 도덕 이론을 잘 정리하면 그만이다라는 대답 같은 것. 이것은 전문화하고 기관에 의해 관리되는 여러 학문 영역 속에 학자들이 '기능적으로' 배치되는 근대 학문의 형태 속에서 나올 법한 대답이다.

그러나 학문은 직장에 출근해 퇴근 시간까지 할당량만큼 세공하는 어떤 물건 같은 것이기보다, 인간이 삶을 연습하는 방식이다. 소크라테스의 학문은 '잘 사는 것은 무엇인지' 골몰하며 삶을 연습해보는 과정의 산물이었으며, 제자백가의 학문은 어떻게 국가 안에서 사람들을 잘 먹이고 잘 살게 할 것인가라는 물음 속에서 삶을 시험해보는 과정의 산물이었다. 문자 그대로 '공부는 삶의 연습'인 것이다. 운동선수가 장애물을 극복하기 위해 유일하게 할 수 있는 일이 연습이듯, 삶의 문제를 뛰어넘기 위해 할 수 있는 유일한 일은 '생각의 연습'이다.

그리고 오늘날 인문학 책과 과학 책을 펴드는 사람들이 공부를 시작하게 되는 것도 바로 연습을 통해 변화시켜야 하는 삶에 직면했기 때문일 것이다.

프랑스 작가 사로트Nathalie Sarraute는 프루스트의 소설 《읽어버린 시간을 찾아서》를 읽은 후 세상을 달리 보게 되었다고 말한다. 책을 읽는 일, 공부는 삶을 변화시킨다는 증언이다. '책'과 '삶의 변화'의 긴밀한 관계에 대한 증언은 단지 이 작가에 국한되지 않는다. 동양의 이야기들 속에서는 책에 관한 공부와 세상을 변화시키는 일이 자주 긴밀하게 연관되어 출현한다. 예컨대 《삼국지》와 《수호지》에는 한 인물이 세상을 변혁할 책을 하늘로부터 받아 공부하는 내용이 공통적으로 나온다. 고대소설 특유의 허무맹랑한 에피소드로 취급해버릴 수도 있는 이 이야기는, 사실 삶의 변화와 공부가 긴밀히 연관되어 있음을 비추어주는 거울 같은 것이다.

그래서 인문학과 순수 과학 공부가 구체적으로 삶에 무슨 변화를 일으키느냐고? 적어도 내 경우를 말하자면, 공부는 미신을 떨쳐버리고 공포를 이기게 해주는 것 같다.

어려서부터 우리는 알게 모르게 다양한 미신과 공포 속에 커왔다. 미신과 공포가 그저 가짜 무속인이나 사용하는 술수로 생각되는가? 그렇지 않다. 오늘날 세계정세와 경제를 좌지우지하는 세력들, 학교나 회사나 교회에서 권력을 지닌 자들이 사람들을 쉽게 순응시키는 수단도 각종 미신과 공포이다. 거짓 예언과 거짓 소문을 내놓고, 그를 통해 공포를 극대화하는 것.

공부는 미신에 호응해서 일희일비하지 않고, 미신이라는 삐뚤어진 결과를 내놓은 원인을 탐구한다. 그래서 합리성의 렌즈 속에서 세상을 두려워하지 않고 이해하게 만들며, 나아가 그런 깨달음에 상응하는 제도를 꾸미게 한다. 그러니 공부의 최종 지점에는 자유인이 서 있다.

3

세계가 숨긴 법칙

철학적
구역질

 영국 화가 프랜시스 베이컨Francis Bacon은 평생 자유로운 삶을 살았다. 저 '자유'라는 말의 내용을 채우는 것은 술, 도박, 연애 그리고 미술사에서 사슬이 풀려 나온 그의 개성 넘치는 그림들이다. 밤이 되면 그는 구두약으로 머리를 검게 칠하고 술집으로 갔다. 거기서 술잔을 들고 오래 놀다 보면, 베이컨 자신이 되었든 그의 동성 애인들이 되었든, 때로는 결국 세면대를 붙잡고 토하지 않을 수 없었을 것이다. 이게 청소하기 얼마나 힘든데! 변기로 갔어야지. 영화 〈나인 야드〉에서 선량한 주인공을 맡은 매슈 페리Matthew Perry는 모범적으로 변기를 붙잡고 토한다.
 그래서 세면대를 붙잡고 있는 인물들이 그려지게 된다. 예를 들어 1976년 작 〈세면대를 붙잡고 있는 인물〉이 있다. 구역질이라는 동작 하나로 이 인물은 전적으로 '신체적'이 된다.

우리는 일하다가 책상 앞에서 졸 수도 있고, 밥 먹다가 딴생각을 할 수도 있다. 운전하면서도 전화, 음악 감상, 대화 등 다른 일을 할 수 있다. 그러나 구역질할 때는 오로지 구역질에 충실해야 할 뿐 다른 아무것도 할 수 없다. 구역질할 때 우리는 철저히 이 불상사를 주관하는 신체일 뿐이다. 구역질을 위해 온몸을 바치는 자일 뿐이다. 들뢰즈는 베이컨의 이런 구토하는 인물의 행위를 '작은 곡예'라고 표현하기도 한다. "인물의 작은 곡예(개수대에서 구토하기) (…) 구멍을 통해 자기를 게워내려고 하는 전신."[1] 토하는 자가 구멍을 통해 자신을 게워낸다는 것은 무슨 뜻일까?

베이컨은 자신의 유명한 〈삼면화〉에서도 구토하는 인물을 표현했다. 베이컨의 '삼면화'는 세 개의 그림으로 구성된 전통적인 성단 제단화를 현대적으로, 비非종교적으로 상속한 것이다. 1973년의 〈삼면화〉에서 변기에 앉아 있기도 하고 불길한 그림자를 흘리고 있기도 한, 그리고 무엇보다도 세면대 앞에서 토하고 있는 인물은 베이컨의 애인 조지 다이어George Dyer 일 것이다. 그는 그림이 그려지기 두 해 전에 베이컨과 파리의 어느 호텔에 투숙했다가 약물 남용으로 사망했다. 파리에서 베이컨의 회고전이 열리기 전날이었다. 이 그림이 애인에

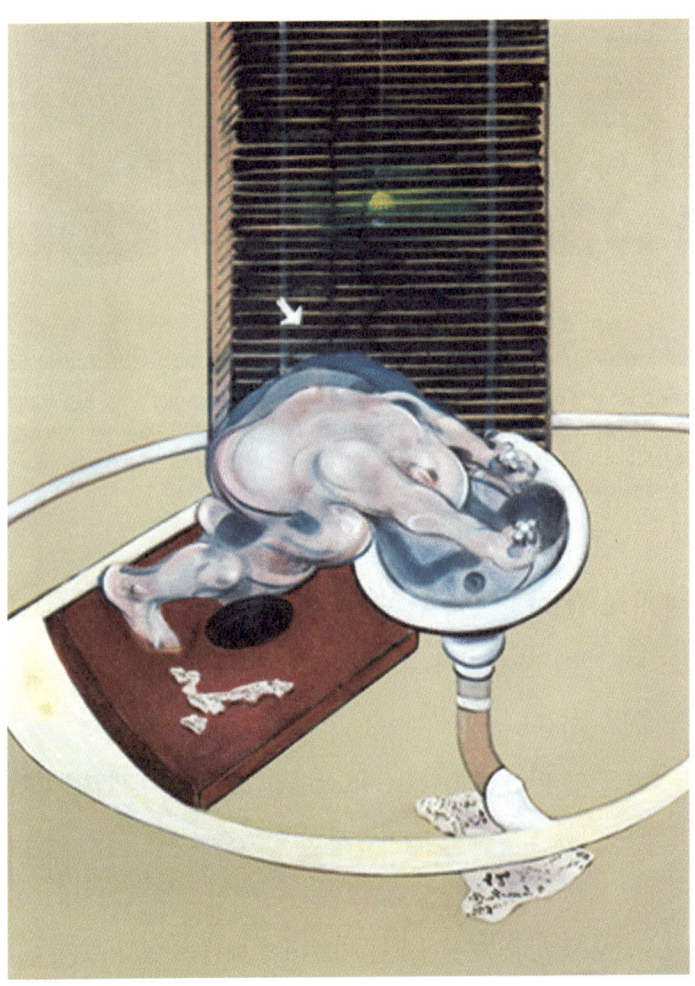

○●○ 프랜시스 베이컨의 〈세면대를 붙잡고 있는 인물〉에서 구역질이라는 동작 하나로 인물은 전적으로 '신체적'이 된다. 구역질할 때는 오로지 구역질에 충실해야 할 뿐 다른 아무것도 할 수 없다. Figure at a Washbasin, 1976 [CR 76-12] ⓒThe Estate of Francis Bacon. All rights reserved. DACS-SACK, Seoul, 2025

○●○ 베이컨의 이 〈삼면화〉 또한 구토하는 인물을 표현했다. 변기에 앉아 있기도 하고 불길한 그림자를 흘리고 있기도 하며, 무엇보다도 세면대 앞에서 토하고 있는 인물은 베이컨의 애인 조지 다이어일 것이다. Triptych May–June, 1973 [CR 73–03] ⓒThe Estate of Francis Bacon. All rights reserved. DACS-SACK, Seoul, 2025

대한 베이컨의 추도사 같은 것이라면, 조지 다이어는 최후의 순간을 맞기 전에 그림 속에서 세면대를 붙잡고 약물을 토하는 중일 것이다.

들뢰즈는 베이컨에 관한 책 《감각의 논리》에서 세면대에서 토하는 인간 형상에 관해 이렇게 쓰고 있다.

> 신체-형상은 타원형적인 세면대에 매달려 있고 그의 손은 수도꼭지를 붙들고 있다. 이 신체-형상은 수챗구멍을 통해 빠져나가기 위해 자신에 대해 강도 높은 부동의 노력을 한다. (…) 언제나 신체는 (…) 자신의 기관을 통해 빠져나가려 한다.[2]

여기서 '자신의 기관'이란 구토하는 입을 말한다. 많은 경우 인물화에서 신체는 정지하고 있다. 그러나 현실 속의 신체란 자신이 선물 받은 생명을 구가하듯 끊임없이 운동한다. 베이컨의 그림에서 토하는 입은 바로 신체의 이 '운동'을 가능하게 해준다.

구역질할 때 어떤 일이 일어나는가? 눈물이 흐르면서, 더 토해낼 게 없는데도 입으로는 괴음과 함께 온몸이 쏟아져 나오려고 한다. 구역질 때문에 죽을 것 같을 때 역설적으로 몸은 자신 안에 담겨 있는 생명을 그 괴로운 율동을 통해 현시하는 것이다. 토하는 인간을 그린 베이컨은 바로 이 운동하는 신체를 포착하고 있다. 그렇게 함으로써 정적인 인물화에서 벗어나 운동이라는 신체의 본질에 다가간다.

그러나 구역질이 단지 신체의 운동을 표현하는 데 그치는 것일까? 구역질은 '존재'의 비밀에 접근한다는 것을 알기 위해 사르트르와 레비나스의 몇 가지 글을 읽어볼 필요가 있다.

사르트르는 그의 유명한 책 《존재와 무》의 서론 2절에서, '존재'는 구역질 같은 직접적인 접근 방식을 통해 우리 앞에 드러난다고 말한다. 사르트르만큼 구역질에 관심을 두었던 철학자도 없을 것이다. 《존재와 무》 이전에 그가 펴낸 소설이 《구토》이다. 이 소설은 자신이 느끼기 시작한 구역질의 비밀을 캐내려는 주인공의 일기로 이루어져 있는데, 어느 날의 일기는 이렇다.

바로 이것이, 이 눈부신 명백함이 '구토'란 말인가? 나는 얼마나 머리를 쥐어짰던가? 그것에 대해 얼마나 많이 썼던가! 이제 나는 알고 있다. 나는 존재한다.—세계는 존재한다.—그리고 나는 세계가 존재한다는 것을 안다. 그뿐이다. 그러나 나와는 아무 상관없다.³

나와 상관없는, 그러니 내가 어떻게 해볼 수 없는 '존재'가 구토를 유발한다. 이런 존재에는 심지어 나 자신까지 포함되어 있다!

사르트르의 분신이라 할 수 있는 소설의 주인공에게 표면적으로 구토의 대상은 유럽의 전통적인 부르주아 문화와 종교이다. "더러운 자식들salauds!" 이것이 사르트르가 부르주아를 향해 늘상 던지는 욕이다. 그런데 왜 전통적인 문화와 종교에 대고 욕하는 것일까? 그것들이 우리 존재의 참된 모습에 접근하지 못한다는 것을 그가 알아챈 까닭이다.

예를 들어 문화는 그 안에 가장이나 선생의 권위 같은 자리를 마련해두고, 이 자리를 잘 차지하고 존중하는 것을 사람들이 세상에 존재하는 이유라고 말한다. 종교는 하느님의 도구로 사는 것이 인간 존재의 이유라고 말한다. 이에 대한 사르트르의 반응은 구역질이다. 단지 심리적인 차원에서 이런 문화와 종교가 역겹기 때문만이 아니다. 쟁점은 문화이론이 아니라 존재론이다. 이것들이 존재함의 참다운 근거가 되지 못하기에, 그리고 존재함의 이유가 전혀 없기에 구토가 쏟아지는 것이다.

존재함에는 근거나 이유가 없다는 데서, 인간은 존재 속에 그저 던져져 있을 뿐이라는 데서, 근거 부재에서 유발되는 것이 구토이다. 요컨대 이유 없이, 내가 원치도 않았는데 나 자신에게 떠맡겨진 나의 존재함에 직접 접근하는 통로가 구토인 것이다. 왜 존재하는지 모르는 채 존재한다는 사실이 구역질을 통해 알려진다.

이유 없이 나에게 떠맡겨진, 그래서 내 마음대로 다룰 수 없는 나의 존재는 왜 구역질과 연관되는 것일까? 이에 대한 답을 얻기 위해서 우리는 사르트르보다 조금 앞서 구역질에 대해 사유한 레비나스의 생각을 살펴볼 수 있다. 레비나스는 《탈출에 관해서》에서 이렇게 말한다.

> 우리는 속에서부터 메스꺼워한다. 우리 자신의 심연이 우리 자신 아래서 억눌려 있다. 우리는 '속이 너무 울렁거린다.' 우리 자신에 대한 우리 자신의 이 불쾌하기 짝이 없는 현전이, 구역질이 체험되는 순간과 이를 둘러싼

분위기 속에서 관찰될 경우, 이것은 도저히 측정할 수 없는 어떤 것으로 나타난다. (…) 이처럼, 구역질은 그 충만함과 완전히 맹목적인 현전 속에서 존재의 벌거벗음만을 발견해낼 따름이다.[4]

구역질은 통제할 수 없고 맹목적이다. 언제, 어느 자리에서 갑자기 시작될지 모른다. 구역질의 이런 난감함을 손으로 잡을 듯 명확하게 묘사하는 문장을 레온 드 빈터Leon de Winter의 소설《호프만의 허기》에서 찾을 수 있다. "술이 식도를 너무 많이 자극하고, 화장실이 너무 멀게 느껴지는 순간이 찾아오곤 했다. 그러면 그는 뱃속의 것을 부엌 바닥에 토해냈다."[5] 큰 사고를 친 것이다.

 구역질은 우리 존재가 우리 자신을 벗어나 있다는 것을 알리는 표식이다. 구역질은 나의 존재가 나라는 주체의 지배에서 언제든 벗어날 수 있다는 것을 알려준다. 통제되지 않는 과식, 소화불량, 구역질. 이런 악순환은 하나의 상징으로서 우리에게 가르침을 준다. 우리의 주체성은 어떤 악덕의 씨앗을 품고 있듯이 말 안 듣는 우리 존재를 품에 안고 있으며, 그러므로 이 존재는 조심해서 다루어야 한다는 것이다.

 요약하자면 사르트르는 주체가 떠맡은 존재가 그야말로 존재의 근거를 지니지 않는다는 데서 구역질을 느낀다. 레비나스는 구역질을 통해, 주체에게 떠맡겨진 존재가 주체의 지배를 받지 않고 맹목적으로 날뛰는 괴물 같을 수 있다는 것을 깨닫는다.

뭔가 '긍정적인' 구역질은 없을까? 첫째, 아이를 가진 자의 구역질, 즉 입덧은 주체가 통제할 수 없는 존재를 증언한다. 그러나 이 구역질이 증언하는 그 존재는 괴물이 아니라 '미래'이다. 둘째, 미야자키 하야오宮崎駿의 〈센과 치히로의 행방불명〉에는 '강의 신'이 선물로 주고 간 구토를 유발하는 경단이 나온다. 그것은 가오나시의 과식으로 표현되는 모든 욕심

○●○ 미야자키 하야오의 〈센과 치히로의 행방불명〉에는 구토를 유발하는 경단이 나온다. 그것은 가오나시의 과식으로 표현되는 모든 욕심을 소멸하게 하고, 구토하는 자를 다시 제자리로 돌려놓는다.

을 소멸하게 하고, 구토하는 자를 다시 제자리로 돌려놓는다. 이 작품의 근본 화두는 끝 모를 근대인의 욕심에 종말을 선사하는 구토인 것이다.

무위의 철학

 사람들은 일하는 것보다 노는 것을 좋아한다. 일하는 이유 역시 궁극적으로는 놀기 위해서이다. 인간의 천직은 아무것도 하지 않고 노는 것인가?

 아이들은 어려서부터 놀이를 보상으로 받으며 공부해왔다. "이 숙제만 다 하면 실컷 놀게 해줄게." 아이들뿐인가? 어른들도 휴가를 기다리며 노동을 견뎌내고, 여행과 같은 휴식을 위해 열심히 일하며 돈을 모은다. 휴식, 아무 일도 하지 않는 것은 너무도 중요한 일이라 신神 역시 여섯 날 동안의 노동 뒤에 아무 일도 하지 않고 쉬는 시간을 보냈다.

 사람들이 일요일과 그 밖의 휴일들을 기다리며 산다는 사실은, 인간의 본성 안에는 아무 일도 하지 않는 것을 향한 강력한 욕망이 있다는 것을 알려준다. 인간은 아무것도 하지 않음을 천직으로 삼고자 열망한다. 이 아무것도 하지 않음을 일컫는 개념이 바로 '무위無爲'이다. 무위의 사전적 의미는 '아무것도 하는 일이 없음'이다. 세상사를 위해 인간이 수행하는 모든 노동의 끝에 인간이 진정 맛보고 싶어 하는 저 무위의 열매가 숨겨져 있는 것이다.

그런데 돌아보면 우리 삶은 실상 무위와는 아주 멀리 떨어져 있다. 근대는 산업화를 위해 인간에게서 노동력을 최대한 짜낼 수 있는 방법을 끊임없이 개발해왔다. 규칙적인 생활, 각종 건강관리 프로그램, 부지런함에 대해 부여한 도덕적 가치 등등. 이와 더불어 아무것도 하지 않는 것에는 늘 부정적인 평가를 해왔다. 게으름, 실업, 시간 낭비, 허송세월 등등이 이 부정적 평가의 항목들이다. '세월을 낚는다'처럼 허송세월에 긍정적 가치를 부여하는 표현은 근대에는 전혀 통용되지 못하는 것이다.

이런 근대적 과정의 결과로 사람들은 기업이나 학교나 다른 조직에 노동력을 제공하는 일에는 매우 익숙하다. 반면 무엇을 위한 기능으로서 사용되지 않는 것, 아무것도 하지 않는 것, 무위의 삶을 사는 것에는 몹시 어색해하거나 초보적이다. 놀 줄을 모르고, 어떻게 휴식을 취해야 하는지 모르며, 여유로운 시간이 주어지면 어떻게 보내야 할지 몰라 못 견뎌 한다.

아무것도 하지 않는 것, 무위란 무엇인가? 이런 무위를 우리 삶에 스며들게 하는 것은 도대체 어떤 의미가 있을까?

무위는 일찍이 동양에서 노장철학의 근본적인 관심 대상이었다. 장자莊子는 인위를 배제하는 것을 무위라 일컬었다. 인간적인 작위에서 사물이 놓여나 인간이 기획하는 일에 말려들지 않고 있는 것이 무위이다.

그런데 무위는 단지 노장철학 같은 동양사상만의 전유물이 아니다. 서구 정신의 역사 곳곳에서도, 동양과는 관점이 다르지만 무위에 대한 중요한 관심을 엿볼 수 있다. 이탈리아 철학자 아감벤이 《왕국과 영광》에서 추적하듯, 가령 서구 중세에는 다음과 같은 생각의 쟁점이 있었다. 인간을 구원하는 신의 사업이 종결된다면, 그때 신과 천사들은 무슨 일을 할 것인가?

구세사救世史가 계속될 때는 신과 천사들이 하는 일이란 분명하다. 바로 인간을 구원하는 일을 하는 것이다. 그런데 이 구세사는 마땅히 완성되어야 하며, 완성이라는 종결에 도달하면 신과 천사들은 더 이상 할 일이 없는 실업자 신세가 되리라는 것은 필연적인 논리적 결과이다. 구세사라는 노동의 목적을 잃었을 때 천사들은 무엇을 할 것인가? 과제의 완수와 더불어 퇴직자 또는 실업자가 되었기에 더는 '일을 하지 않고' 베짱이처럼 노래 부르며 신의 영광을 계속 찬미한다. 구원이 완성된 뒤에 아무런 일을 하지 않고 신에게 영광의 노래만을 영원히 부르는 것, 이것이 바로 서구에서 무위(일하지 않음)의 한 단면이었다.

이와 같은 장자 사상이나 기독교 구세사 사상의 한 측면을 보고서 알 수 있듯, 동양과 서양은 계획하고 노동하는 수준을 넘어 궁극적인 지점에 있는 무위의 근본적인 지위를 공통적으로 생각하고 있었던 것이다. 무위에 도달하는 문화적 맥락은 서로 다를지라도 말이다. 노동하는 천사들의 궁극적 지점에 무위가 있듯, 무위는 노동이라는 사과의 과육을 먹어 들어가면 마침내 만날 수밖에 없는 과일의 핵심 같은 것이다.

세상 만물의 존재함을 이해하는 근본적인 국면에서, 우리는 동양이 되었든 서양이 되었든 무위가 근본적인 화두였다는 것 역시 발견한다. 앞서 말한 대로 작위를 버리고 비인위적인 자연으로 가는 것이 보통 우리가 상식적으로 이해하는 노장철학의 무위이다.

인간은 자신의 관심에 따라 작위적으로 사물의 일면만을 바라본다. 책상 만드는 사람은 나무를 책상 만드는 데 적합한 재료인가의 관점에서 볼 것이며, 조경업자는 꾸미고 있는 정원에 어울리는가의 관점에서 나무를 볼 것이다. 이때 나무는 인간의 작위적인 일면적 관심에 따라 일면만을 보여줄 뿐이다. 무위는 인간이 부여한 이런 작위적인 요소(가치, 기능 등)에서 벗어나 사물이 그 자체로 출현할 수 있게 해준다.

서구 사상에서 '작위'란 '근대의 인간중심주의'라는 이름으로 주요하게 출현했다. 인간중심주의란 한마디로 사물들을 인간 주체의 지배력 아래 두는 것이다. 인간은 자신의 필요에 따라 사물들에 기능(용도)을 부여하고, 그 용도에 맞추어 사물들을 변형한다. 사물이 인간에게 봉사하는 기능을 충족하도록 변형하는 일을 떠맡은 것이 이른바 '근대의 과학기술'이다. 이런 근대의 과학기술이라는 작위 속에서 사물의 운명은 어떻게 되었는가? 사물은 자신의 본성 속에서 출현하지 못하고 인간의 관심에 맞추어 출현하게 된다. 이를테면 강은 이제 강 자체가 아니라 인간이 만든 수력발전소를 위한 수량水量이라는 작위적인 관점에서 출현한다.

그런데 사물이 자신의 본성에 맞추어 출현하지 않고 인간에게 맞추어 출현하면 안 되는 걸까? 사물은 인간의 욕구를 충족해주기 위해 인간의 관심과 계획 또는 작위에 맞추면 안 되는 것인가? 왜 모든 사물은 자신의 본성에 맞추어 출현하는 게 좋다는 것일까?

아마도 이 문제에 대한 가장 빠른 답을 줄 수 있는 것은 바로 우리가 당면하는 각종 환경 문제일 것이다. 환경 문제의 본질이자 원인은 사물들이 애초 자신의 본성대로 세상에 나타나는 것이 아니라, 자신의 본성을 잃어버린 채 출현한다는 데 있다. 하천은 인간의 필요에 따라 변형되는 동안 악취를 풍기는 죽은 물이 되고, 물고기는 기형을 겪는다. 산에 나무가 사라져 짐승들은 떠나가고, 계곡에서는 무서운 홍수가 일어난다. 환경 문제는 인간의 작위에 억지로 맞추어 사물을 출현시킨 근대 인간중심주의의 필연적 결과인 것이다.

인간의 이런 '작위'에 대항해 '무위'는 어떻게 표현되는가? 예컨대 그것은 하이데거 같은 철학자에게서는 '존재하게 내버려 둠 Seyn-lassen'이라는 말로 표현된다. 이 말은 인간의 관심사에 따라 사물을 존재하게 하는 것이 아니라 사물이 자신의 본성에 맞추어 출현하게끔 그냥 놓아두는 것을 뜻한다.

근본적으로 하이데거의 이런 생각은 서구 근대의 인간중심주의와 대조되는 고대 그리스 철학자들의 사유에 뿌리를 두고 있다. 근대인들의 질문은 "나는 무엇을 아는가"라는 몽테뉴의 문장으로 표현된다. 근대를 연 대표적인 철학자 데카르트 역시 같은 맥락에서 모든 확실한 진리의 척도를 '나 자신'에게서 찾았다. 그런데 소크라테스 이전으로 거슬러 올라가는 고대 그리스인들에게는 '나는 무엇을 아는가'와 같은 질문이 없다. '나'는 무엇을 '아는가'라는 질문은 진리(참된 앎)를 '나 자신 안에서' 확인하려는 의도를 보여준다. 그렇지 않다면 왜 '나를 기준으로' 앎에 관한 질문을 던지겠는가?

이와 달리 고대 그리스인들의 질문은 '만물의 원천은 무엇인가'였다. 이 물음 안에는 '나'라고 칭해질 수 있는 '인간'에 대한 관심은 조금도 표현되어 있지 않다. 오로지 이 질문은 인간과 상관없이 만물 그 자체가 어디서 왔는가에만 관심을 기울일 뿐이다. 이 질문에 대한 그리스인들의 답은 바로 만물의 원천으로서 '피시스φύσις'를 제시하는 것이었다. 그리스인들의 개념 '피시스'란 '스스로 펼쳐지는 자연'을 뜻한다. 즉 그것은 인간의 작위, 인간의 기술에 의해 만들어지고 펼쳐지는 자연이 아니라, 인간의 관심과 상관없이 자기 스스로 전개되는 자연이다.

장자라면 이것을 '무위자연'이라고 일컬었을 것이다. 바로 인간에 의해서 인위적인 용도가 부여되지 않은 자연, 인간이 부여한 기능에 따라 본성이 왜곡되지 않은 자연, 즉 인간을 위해서는 하는 일이 없고(무위) 그 자체 자신의 본성 속에서 존재하는 자연 말이다. 이 자연 속에서 만물은 비로소 인간을 위해 그 자신을 왜곡시키지 않고 자신의 모습대로 출현한다. '만물의 원천은 무엇인가'라는 그리스인들의 물음은 바로 이 무위의 자연을 발견해보려는 지혜를 표현하는 것이다.

당연한 이야기이지만, 인위 또는 작위는 사물들뿐만 아니라 사람들 역시 자신의 본성에 따라 나타나지 못하게 만든다. 우리가 공동체라고 부르는 것들에 대해 생각해보자. 회사도 좋고 학교도 좋고 군대도 좋다. 이런 집단들은 모두 다 구성원들이 집단의 특정한 목적에 맞추어 나타나도록 요구하지, 구성원 개인의 본성과 개성 속에 출현할 것을 요구하지는 않다. 회사의 구성원이 되기 위해서는 회사가 요구하는 기능을 다 해야 하며, 학교에 머무르기 위해서는 학교가 기준으로 삼은 바를 열심히 추구해서 낙제하지 않도록 해야 한다. 군인 역시 자신의 신념이 무엇이든 군대가 규칙으로 삼고 있는 바에 순응해야 한다. 이런 집단들은 모두 사람들의 본성이 아니라 집단의 본성에 맞추어 사람들이 변모해 나타나도록 강요하는 것이다.

이런 인위에 봉사하는 공동체가 아니라, '무위의 공동체'가 가능할 것인가? 이 무위의 공동체는 어떻게 표현될 수 있을까? 모리스 블랑쇼Maurice Blanchot는 무위를 근본으로 하는 이런 공동체에 관해 이렇게 말한다. "공동체는 어떤 생산적 가치도 목적으로 삼지 않는다. 그렇다면 공동체는 효용성의 측면에서 어떤 목적을 갖는가? 어떠한 목적도 갖지 않는다."¹

효용성이나 목적 달성의 관점에서 구성원을 판단하지 않는 공동체, 즉 어떤 작위적인 기준을 구성원에게 강요하지 않는 공동체란 그야말로 구성원을 자신의 본성대로 그대로 존재하게 내버려두는 공동체라 할 수 있을 것이다. 이렇게 사람들을 목적 달성의 용도가 있는 부속품처럼 여기지 않고 본성대로 있게 놔두는 공동체란 결국 무엇이겠는가? 그것은 바로 사람들의 '자유'를 구현하는 공동체이다.

아마도 우리는 노자老子의 다음과 같은 말 속에 표현된 '무위의 정치철학' 또한 같은 맥락에서 이해할 수 있을 것이다. 노자는 말한다. "무위를 하면 다스려지지 않음이 없다爲無爲,則無不治." 사람들은 언제 참다운 공동체를 이루겠는가? 자신의 본성에 위배되는 목적을 강제로 강요받고, 전체를 위한 부속품처럼 취급될 때가 아니다. 무엇을 위한 용도 속에서가 아니라, 아무것도 위하지 않은 채 무위 속에서 자신의 본성이 실현될 수 있을 때이다. 개개인 그리고 사물들이 자신의 본성을 희생하지 않은 채 본성대로 존재하는 공동체가 바로 정치의 이상으로서 무위의 공동체이다.

우리 주변에서 또는 바로 나 자신에게서 쉽게 확인할 수 있듯, 많은 사람들은 자신의 삶에 대한 불만 속에서 살아간다. 나 자신이 있는 대로 살지 못하고, 집단이 억지로 강요하는 기능을 수행하며 살아가기 때문이다. 현대의 그런 기능화된 집단 속에 무위의 공동체가 스며들 수 있는 길을 찾는 것, 용도의 관점에서 인간을 파악하는 시선을, 인간이 본성대로 존재하는 모습을 존중하는 시선으로 바꾸는 것, 그것이 바로 현대의 과제일 터이다.

'신의 법'을 어떻게 이해할까

신神의 법이 어떤 것인지, 그 법을 인간은 어떻게 받아들여야 하는지의 문제는 고대부터 사람들을 사로잡아왔다. 오늘날에도 많은 사람들은 신의 뜻, 즉 신의 법을 존중하고 따르려 한다. 도대체 신의 법의 정체는 무엇일까?

신이 알려준 가장 유명한 법 가운데 하나는 다음과 같다. "선과 악을 알게 하는 나무 열매만은 따 먹지 말아라. 그것을 따 먹는 날, 너는 반드시 죽는다"(《창세기》, 2:17, 공동번역). 이 법이 이 글에서 우리가 여러 관점에서 생각해볼 대상이다. 성서의 가장 유명한 장면이라 해도 좋을 이 '선악과' 이야기는 겉모습은 명료하고 단순하지만 속은 깊어서, 수많은 다양한 사색의 원천이 되었다.

키르케고르는 《불안의 개념》에서 과일을 먹지 말라는 이 금령禁令이 불안의 정서를 야기한다고 말한다.

> 금령은 아담에게서 불안을 일으킨다. 왜냐하면 금령은 아담에게서 자유의 가능성을 일깨워놓기 때문이다. (…) 그는 '자신이 무엇을 할 수 있는가'를 전혀 모르고 있다. (…) 다만 '할 수 있음'의 가능성만이 (…) 불안의 어떤 높은 표현으로 현전現前할 뿐이다.[1]

아담은 무엇이 불안한 걸까? 바로 자신이 자유롭다는 점이 불안하다. 아담은 자신이 자유로운 자라는 것을 몰랐다. 그런데 금지의 법이 그에게 자유를 알려줬다. 아니, 금지와 더불어 아담에게 자유가 탄생했다. 아담의 자유란 무엇인가? 금지의 명령은 아담이 그 명령을 거스를 수 있는 자유가 있는 자임을 알려온다. 아담이 자유로운 자가 아니었다면 금지 역시 필요하지 않았을 것이다. 법은 자유로운 자만을 금지할 수 있기 때문이다.

법과 함께 그 법을 어길 수도 있는 자유가 함께 탄생하며, 이 자유는 불안을 통해 드러난다는 것은 우리 일상에서도 쉽게 확인할 수 있다. 예를 들면 우리는 새해 첫날 같은 때 금연이나 금주 같은 법을 자신에 대해 세운다. 그러고는 금방 불안에 빠진다. 자신이 그 금령을 지키지 않을 수도 있기 때문이다. 불안이란 바로 법을 지키지 않을 수도 있는 자신의 자유에 대한 정서이다.

그렇기에 우리는 이 자유가 너무 무거워서 그것을 귀찮게 여기기도 한다. 자유의 무거움을 잘 알려주는 이야기가 있다. 사르트르의 《실존주의는 휴머니즘이다》는 키르케고르가 숙고했던 '아브라함의 불안'에 대해 이야기한다. 신의 명령(법)이 아브라함에게 주어지자 그는 불안에 휩싸인다.

> 키르케고르가 아브라함의 불안이라고 불렀던 것이 바로 이 불안입니다. 여러분은 이 이야기를 아실 것입니다. 한 천사가 아브라함에게 그의 아들을 제물로 바치라고 명령했습니다. 이때 그에게 와서 너는 아브라함이니 너의 아들을 제물로 바치라고 말한 것이 정말 천사라면 아무런 문제가 없습니다. 하지만 각자는 이렇게 자문해볼 수 있습니다. 우선 그것이 정말 천사일까? 내가 정말 아브라함일까? 무엇이 내게 이것을 증명할 것인가? (…) 결국 나는 나 자신을 납득시킬 만한 그 어떤 증거나 징표도 찾을 수가 없을 것입니다. 만약 어떤 음성이 나에게 전해진다면, 이때 그 음성이 천사의 목소리라고 결정할 사람은 언제나 나 자신입니다.[2]

아들을 제물로 바치라는 신의 법이 주어졌을 때 아브라함은 자신의 자유를 체험한다. 아들을 제물로 바치라는 명령은 정말 심각한 것이어서 그 명령을 숙고하고 또 숙고하게 되지 않겠는가? 그는 아들을 제물로 바칠 수도 있고 그러지 않을 수도 있다. 그 전에, 자신에게 찾아온 천사가 진짜 천사라고 생각할 수도 있고 가짜라고 여길 수도 있다. 그가 들은 명령이 진짜 아들을 죽이라는 명령이었다고 믿을 수도 있고, 나이가 너무 많아 환청을 들은 것으로 치부해버릴 수도 있다.

아브라함에게 이 모든 가능성은 열려 있다. 그러나 아브라함 자신 외에는 어느 누구도 이 가능성 가운데 하나를 선택하는 결정을 도와주지 못한다. 자신이 들은 것이 진짜 신의 명령이었는지 아니면 환청이었는지 조언해줄 사람은 아무도 없으며, 오로지 아브라함 스스로 결정해야 하는 것이다. 이런 결정의 자유는 얼마나 무거운 짐인가? 그러나 신의 법, 신의 명령은 저 무거운 자유와 더불어서만 인간에게 찾아온다. 자유가 있기에 명령을 어기는 것에 대한 책임, 죄에 대한 책임 또한 생기는 것이다. 이것이 신의 법 앞에 단독으로 서 있는 인간의 모습이다.

그러나 우리는 전혀 다른 관점에서도 생각해볼 필요가 있다. 신은 정말 군주처럼 명령하는 자일까? 스피노자 역시 과일을 따 먹지 말라는 신의 법에 대해 사색한 철학자이다. 스피노자는 한 편지에서 이렇게 쓰고 있다. "아담에게 명한 금지는 다음과 같은 의미입니다. 즉 아담이 과일을 먹으면 죽을 것이라는 신의 계시가 그 금지의 의미입니다. 이는 우리의 자연적인 이해력이 독(毒)은 치명적이라는 것을 알려주는 것과 같습니다."[3] 무슨 뜻인가? 들뢰즈는 스피노자를 다룬 책에서 이 구절을 다음과 같이 풀어 쓴다.

> 신은 아무것도 금지하지 않는다. 다만 신은, '그 열매는 그 구성 때문에 아담의 신체를 해체하게 될 것이라는 점'을 아담에게 인식시킨다. 열매는 비소(砒素)처럼 작용한다. (…) 나쁜 것은 중독, 소화불량으로 이해되어야 한다.[4]

과일을 먹지 말라는 신의 법은 금지의 명령처럼 들리지만, 실은 명령이 아니다. 그것은 과학적인 자연법칙에 관한 묘사이다. 열매가 풋과일이라서, 또는 아담에게 알레르기를 일으키는 독성이 있어서 아담의 신체에 해가 된다는 것을 신은 알려주고 있다. 요컨대 과일을 먹었을 때 아담이 판별하게 되는 선과 악이란 배앓이와 같은 신체적 증상인 것이다.

그런데 아담은 자연법칙과 동일한 이 신의 법을 도덕적 명령으로 오해한다. "신은 그에게 단지 과일의 섭취가 낳을 자연적 귀결을 드러냈을 뿐인데, 아담은 원인들을 모르기 때문에 신이 자신에게 어떤 것을 도덕적으로 금지한다고 믿는다."[5] 자연에 대한 이해가 부족할 때, 즉 자연법칙을 구성하는 원인과 결과를 잘 파악하지 못할 때 인간은 상상력을 동원해서 가공의 원인을 꾸며낸다.

예를 들어 어떤 사람이 벼락에 맞아서 죽었다고 해보자. 지성의 눈으로 냉정히 이해해볼 때 그 죽음의 원인은 자연법칙의 일종인 기상 현상이다. 그러나 상상력을 발동하기를 좋아하는 인간은, 벼락을 맞아 죽은 것은 신이 내린 벌 때문이었다고 믿는다. 벼락 맞아 죽은 사람은 신의 법에 어긋나는 나쁜 짓을 했기에 그 결과로 벌을 받은 것이라고 상상한다. 이렇게 자연적 사실을 묘사하는 '자연법칙'은 상상 속에서 일순간에 명령의 형태를 띤 '도덕법칙'으로 변모한다. '착하게 살아라. 그러지 않으면 벼락을 맞을 것이다'라는 식의 명령 말이다. 기상 현상이라는 자연적 원인의 자리를 군주처럼 처벌을 내리는 신이 차지하게 된 것이다.

약한 지성과 과한 상상력을 지닌 아담의 경우도 마찬가지이다. 단지 과일에 독성이 있으니, 신체가 파괴되지 않으려면 먹지 말아야 한다는 자연의 인과율에 대한 설명이 주어졌을 때 그는 그것을 온전히 이해하지 못했다. 대신에 그는 신의 의지에서 비롯된 금지의 명령을 상상해냈다.

사정이 그렇다면, 우리의 지성을 잘 사용해서 자연의 원인과 결과를 파악하는 것이 바로 신의 법 자체를 이해하는 길이 될 것이다. 이렇게 생각하는 것은 매우 자연스러운데, 신이 자연을 만들었다면 신의 법은 자연법칙 속에 구현되어 있을 것이기 때문이다.

이와 관련해 우리는 바울의 편지〈로마서〉의 다음 구절을 참조할 수도 있다. "하느님께서는 세상을 창조하신 때부터 창조물을 통해 당신의 영원하신 능력과 신성과 같은 보이지 않는 특성을 나타내 보이셔서 인간이 보고 깨달을 수 있게 하셨습니다"(〈로마서〉, 1:20, 공동번역). 스피노자는 이 구절을《신학정치론》에서 다음과 같이 풀이한다.《신학정치론》은 성서를 합리적인 방식으로 독해할 수 있는 길을 열어주면서, 종교가 인간을 예속적으로 만들 수 있는 위험을 차단하는 책이다.

> [바울의] 이 말은 모든 사람이 자연적 이성을 통해 선함과 신의 영원한 성질을 분명하게 이해할 수 있으며, 이로부터 무엇을 추구하고 무엇을 피해야 하는가를 숙고할 수 있다는 사실을 아주 분명히 지적한 것이라 하겠다.[6]

한마디로 신의 법은 신의 창조물인 자연 속에 있고, 우리는 이성을 통해 이 자연을 보면서 신의 법을 인식할 수 있다는 것이다. 그리고 이렇게 자연법칙을 이해하면서 우리가 추구해야 할 것과 회피해야 할 것 역시 추론해낼 수 있다. 어떻게 그럴 수 있는가? 당연하게도 우리가 자연법칙의 지배를 받는 자연의 일부이기 때문에 그렇다. 그래서 자연법칙의 생김새를 알면, 그 법칙을 거스르지 않고 그 법칙의 파도를 타고 어떻게 순항順航할 수 있는지에 대한 깨달음도 얻을 수 있는 것이다.

이렇게 보자면, 앞에서 우리가 본 것과 달리 신의 법은 그것을 따르거나 위반할 수 있는 우리의 선택의 자유에 호소하는 법이 아니리라. 오히려 우리 자신을 포함한 만물이 따르는 필연적 법칙이 신의 법이리라.

그리고 원인과 결과의 필연적 관계인 이 법 아래 있을 때 우리는 오히려 자유로워진다. 자기 마음대로 이것이나 저것을 선택하는 것은 자유라기보다는 임의성이라 해야 옳다. 자유는 임의적으로 어떤 행위든 할 수 있는 데 있지 않다. 스피노자가 《정치론》에서 말하듯 자유란 일종의 '덕'이다.

신체나 정신의 법칙 등 우리가 타고난 자연법칙에 순응할 때 우리는 비로소 삶이 갖추어야 하는 '덕으로서 자유'를 얻을 수 있다. 신체의 본성을 거스르는 과욕이나 정신의 법칙을 거스르는 비합리적인 생각이 우리를 얼마나 부자유스럽게 만

213

드는지 생각해본다면, 자연법칙에 순응함으로써 얻게 되는 저 덕으로서 자유의 의미를 이해할 수 있으리라. 그러니 신의 법은 무서운 명령도, 우리의 자유를 시험에 들게 하고 우리를 죄짓게 하는 어려운 시험도 아니다. 그것은 요람처럼 우리를 편안히 감싸고 있는 자연의 이치이다.

인문주의자의 비극

널리 알려져 있듯 인문주의人文主義, humanism란 14~15세기 이탈리에서 시작된 르네상스Renaissance의 결과물이다. 다시 태어난다는 뜻을 지닌 르네상스는 중세 동안 얼어붙어 있던 고대 그리스와 로마의 저술과 예술을 되살린 운동이다. 이는 단지 고대 문헌의 부활이 아니라, 이 고대 문헌을 부활시킨 르네상스인들 자신이 새롭게 깨닫고 새로 태어난 사건이다. 바로 중세 교회가 부과한 교조적 법칙에서 벗어난 인간의 탄생 말이다. 그러니 인문주의란 인간의 자유가 탄생한 요람이다.

오스트리아 작가 슈테판 츠바이크Stefan Zweig만큼 인문주의자의 본질과 그 운명에 관해 진지하게 생각한 사람도 없다. 츠바이크는 유럽 교양의 마지막 상속자로서 매우 우아한 시와 소설을 쓴 사람이다. 그런데 그에게 불멸의 영예를 안긴 것은 시와 소설보다도 유럽의 대표적인 지성들에 대한 전기일 것이다. 그가 쓴 전기를 읽게 되면 전기에서 중요한 것이란 외면적인 일대기의 고증이 아니라, 인물 영혼의 생김새와 시대정신을 파악하는 일이라는 것을 알게 된다.

그가 전기의 대상으로 삼은 많은 인물 가운데 에라스무스 Desiderius Erasmus, 몽테뉴, 카스텔리오 Sebastian Castellio가 있다. 이들을 연결하는 공통점은 모두 대표적인 '인문주의자'라는 점이다. 이들에 대한 전기들은 인문주의의 본성과 운명을 잘 알려준다.

인문주의자는 무엇보다도 '자유'를 본질로 하는 자이다. 츠바이크는 《위로하는 정신》(원제: 몽테뉴)에서 몽테뉴를 이렇게 표현한다. "나는 그를 지상의 모든 자유인의 조상이자 수호성인이며 친구라고 여긴다. (…) 그는 직업적인 세계 개혁가, 신학자, 신념 소비자를 영혼의 가장 깊은 밑바닥에서부터 싫어했다."[1] 몽테뉴는 자유인이며, 그 반대편에는 사람들의 자유를 희생시키는 개혁가와 신학자가 있다. 이 자유가 바로 몽테뉴의 본질이며, 몽테뉴의 작품 《에세》를 살아남게 했다. 모든 낡은 형식과 통념에서 벗어난 정신이 자유롭게 써본 이 작품은 시대를 뛰어넘어 여전히 대중 사이에서 살아 숨 쉰다.

우리는 에라스무스가 인문주의자답게 얼마나 자유로워지

고자 했는지 역시 츠바이크의 글에서 목격한다. 그는 전기 《에라스무스》에서 말한다. "조용한 방에서 좋은 책을 읽는 것, 그리고 자기 자신의 글을 쓰는 것, 어느 누구의 지배자도, 어느 누구의 하인도 되지 않는 것, 이것이 에라스무스 본래의 인생 목표였다."**2**

에라스무스의 이 자유로운 삶의 표현이자 르네상스의 대표적 성과가 《우신예찬》이다. 우리는 이 책에 대한 역사학자 하위징아Johan Huizinga의 평을 빼놓을 수 없다. 유명한 고전 《중세의 가을》을 쓴 뒤 하위징아는 《에라스뮈스》를 쓴다. 《중세의 가을》이 다룬 시대에서 30년 지난 시대를 다룬 작품이 이 전기인데, 여기서 그는 에라스무스를 이렇게 평가한다. "에라스뮈스의 재주는 모든 면에서 르네상스의 완벽한 대변자라고 할 만하다."**3** 어떤 점에서 그런지, 《우신예찬》에 대한 하위징아의 다음과 같은 묘사가 알려준다.

> 공상이 화려하게 펼쳐지는가 하면, 진지한 대사가 간간이 섞여들고, 또 가벼움과 진지함이 절묘하게 조화를 이루고 있어서 우리는 여기서 르네상스 표현의 진수를 본다. 다양한 주제와 생각이 다루어지지만 흘러넘치지는 않는다. (…) 《우신예찬》은 마키아벨리보다 더 과감하고 더 오싹하며, 몽테뉴보다 더 초연하다.**4**

가벼운 유머 속에서《군주론》의 저자 마키아벨리보다 더 위협적으로 전통적 권위를 허물어뜨리고, 그러면서도 세상사에 몽테뉴보다 더 초연하게 남기. 이것이 바로 자유인 에라스무스이며, 하위징아의 다음과 같은 예찬을 받을 만한 자이다. "총명한 정신에 유머가 깃듦으로써 아주 심오한 정신의 광채를 발할 수 있었다."[5]

에라스무스의 자유로운 합리주의는 단적으로 어린이들에 대한 교육사상에서도 잘 드러난다. 하위징아는 에라스무스의 교육사상에 대해 이렇게 말한다. "아이는 놀이하면서 배워야 하고, 아이의 마음에 쾌적한 것, 가령 그림들을 수단으로 해서 배워야 한다."[6] 여기서 우리는 18세기 루소가《에밀》에서 이룬 교육철학의 핵심이 이미 달성되어 있는 것을 본다.

그런데 이런 대단한 인문주의는 현실의 비극과 마주쳤을 때 어떻게 했을까? 에라스무스의 시대는 종교개혁과 더불어 유럽이 두 동강 난 시대였으며, 그 여파를 이어받은 몽테뉴의 시대는 구교와 신교 사이에 '위그노 전쟁'이 벌어진 시기이다. 종교적 대립 속에서 유럽이 쪼개지는 중대한 순간을 마주한 에라스무스의 처신은 몹시 아쉽다. 츠바이크는 그 정황에 대해 이렇게 쓰고 있다.

황제 카를 5세는 아우크스부르크에서 제국의회를 소집

한다. 아우크스부르크 제국의회는 독일 역사상 중요한 운명의 순간 중 하나이며, 그것을 넘어 인류의 진정한 운명의 순간이고, 다음에 올 여러 세기의 진행을 내포하는 취소할 수 없는 역사적 계기 중의 하나이다. (…) 여기에서 다루는 중요한 문제는 보름스 의회 때와 마찬가지로 서양의 정신적·종교적 통일 문제이다. (…) 그러나 앞을 내다보면서도 결코 과감하게 전진하지 않는 이 남자에게 주어진 성격, 어느 누구보다도 세계사적인 순간을 잘 인식하면서도 그 개인적인 연약성 때문에, 그리고 불치의 용기 부족 때문에 결정을 미루는 에라스무스의 그 운명이 또다시 비극적으로 되풀이된다. 말하자면 여기에서도 그의 역사적 과오가 되풀이되는 것이다. 보름스 제국회의 때와 마찬가지로 에라스무스는 아우크스부르크 제국의회에 출석하지 않는다.[7]

인문주의의 모든 권위를 지니고 모든 제후들의 존경을 받는 에라스무스는 자신이 유럽의 분열을 막을 수도 있는 자리에서 도피했다. 하위징아가 말하듯 이런 외면外面은 에라스무스의 성격 탓이기도 하다. "그것은 에라스뮈스 인품의 비극적 결함이었다. 그는 명확한 결론을 내리기를 거부하거나, 아니면 내리지 못하는 그런 성격이었다."[8]

그러나 당연히 타고난 성격은 변명거리가 되지 못한다. 성격 탓을 하는 것은 기만에 불과하다. 그토록 많은 교육과 자기 성찰은 우리에게, 성격을 비롯한 모든 타고난 것은 힘써 극복해야 할 대상이지 우리가 노예처럼 복종할 수밖에 없는 우리의 주인이 아니라는 것을 알려준다. 세상이 필요로 할 때 방구석에 숨어 똑똑하고 재치 있어봤자 아무 소용이 없다.

몽테뉴 역시 구교와 신교의 전쟁으로 비극이 된 자기 시대를 외면한다.

> 몽테뉴는 이 시대가 어느 한쪽 편을 들 것을 강요하는 시대임을 알아차렸다. 그는 그런 결정을 좋아하지 않았다. (…) 프랑스는 위그노 아니면 가톨릭 세상이 될 판이었다. 다가올 몇 해는 엄청난 책임을 불러올 것이고, 몽테뉴는 온갖 책임을 단호히 혐오했다. 그는 그런 결정에서 빠지려고 했다. 광신 시대의 현자로서 그는 은둔과 물러섬을 원했다.[9]

이제 다소 예외적인 인문주의자 카스텔리오를 주목해야 한다. 츠바이크의 《폭력에 대항한 양심: 칼뱅에 맞선 카스텔리오》라는 전기의 제목이 이 인물의 위상을 요약하고 있다. 냉엄한 신학적 원리로 무장한 자들에 의해 위대한 도시들이 자유와 웃음을 잃고 지배된 적이 역사상 적어도 두 번 있다. 사보나롤라Girolamo Savonarola에 의한 피렌체 통치, 그리고 칼뱅Jean Calvin에 의한 제네바 통치가 그것이다.

칼뱅의 냉혹한 통치는 그와 함께 잠시 학창 시절을 보내기도 했던 학자 세르베토(세르베투스Miguel Serveto)를 제네바에서 화형에 처한 사건에서 절정에 다다른다. 의사이자 자유사상가인 세르베토는 오늘날 서너 권밖에 전해지지 않는 《기독교 재건》을 출판했는데, 이 책 때문에 이단 혐의를 받게 된다. 세르베토는 또 무슨 일을 했는가? "정말 아무것도 아닌 일에서 극히 사소한 공박만 받아도 화가 솟구치는 칼뱅같이 권위적인 사람"[10]에게, 세르베토는 칼뱅의 유명한 책 《기독교 강요》에서 잘못된 부분을 일일이 그 책의 난외에 표시해 보내기도 했다. 세르베토는 이단으로 몰려 불에 타 죽었다. 그것은 한 학자가 이단이라는 이름으로 다른 학자를 죽인 사건이었다.

> 세르베토의 처형은—볼테르의 말을 인용하면—개신교에서 일어난 최초의 '종교적 살인'이었고, 따라서 개신교 원래의 이념을 분명하게 부정한 사건이다. '이단자'란 개념 자체가 개신교의 가르침에는 맞지 않다. 개신교는 모든 사람에게 성서 해석에 대한 자유로운 권리를 인정하고 있었다.[11]

어느 누구도 칼뱅의 권위 때문에 이 사건을 함부로 문제 삼지 못할 때 바로 인문학자 카스텔리오는 〈칼뱅의 글에 반대함〉을 써서 칼뱅의 살인을 고발했다. 여기에는 이런 문장이 있다. "한 인간을 죽이는 것은 절대로 교리를 옹호하는 것이 아니다. 그것은 그냥 한 인간을 죽이는 것을 뜻할 뿐이다. (…) 사도 바울이 요구한 것처럼 모든 사람에게 말하고 쓸 권리를 주시오."[12] 그러나 이 글은 칼뱅의 검열에 따라 인쇄조차 되지 못했다(거의 백 년 뒤에야 이 글은 세상에 나오게 된다). 그다음 카스텔리오는 무엇을 했는가? 그의 갑작스러운 죽음이 찾아오기도 했지만, 에라스무스처럼 더 이상 아무것도 하지 않았다. 이에 대해 츠바이크는 말한다.

인문주의 혹은 에라스무스적인 성향의 사람들은 지속적인 싸움꾼이 아니다. 편파적인 사람들의 광신적인 고집과 그들의 변절자 사냥은 정신적인 사람이 할 일이 아닌 것으로 여겼다. 그들은 자신의 진실을 한 번은 고백한다. 그러나 자신의 세계관을 알리고 난 다음에는 자신의 생각만이 유일하게 옳고 타당하다고 언제까지나 선전하듯이 세상을 설득하려고 애쓰는 일은 불필요하다고 여기는 것이다.[13]

그래서 집요한 천성을 지닌 광기 어린 권력자는 언제나 인문주의자를 이긴다.

정말 가슴 아프게도, 츠바이크는 자신이 전기를 쓴 인문주의자들의 정신뿐 아니라 그들의 비극마저 상속했다. 에라스무스, 몽테뉴, 카스텔리오는 사실 츠바이크 자신이었던 것이다. 《어제의 세계》는 츠바이크의 자서전이며 당대의 인물사일 뿐 아니라, 유럽이 어떻게 히틀러Adolf Hitler가 만든 지옥 속으로 빨려 들어갔는지를 슬픔 속에 서술한 비가悲歌인데, 여기에 이런 절망적인 문장이 있다. "40년 동안 내 확신의 모든 힘을 바쳐온, 나의 가장 소중한 목표인 유럽의 평화적인 통합이라는 과제는 수포로 돌아가고 말았"다.[14] 똑같은 비극을, 츠바이크는 에라스무스의 유럽에 대해서도 이렇게 말한 바 있다. "도덕적으로 통일된 세계 제국, 유럽 인문주의의 세계 제국이라는 고귀한 꿈, 그것은 끝났다."[15] 츠바이크는 히틀러의 광기가 유럽을 지배하던 1942년, 절망감을 이기지 못하고 망명지인 브라질에서 자살했다.

이것이 인문주의의 끝이어서는 안 된다. 애초에 인문주의자에게는 에라스무스의 조용한 방이 없다. 그에게는 끈질긴 싸움꾼이 되는 것 외에는 다른 길이 없다. 부정한 권력, 부정한 세계사와 맞서지 못한다면 진리에 대한 책임을 방기하는 것이다.

보드게임,
민주주의 연습

'가정'과 '국가', 이 두 공동체는 인간의 근본을 이루는 것으로 고대부터 학문적 성찰의 중심에 섰다. 그 성찰이 바로 집(오이코스οἶκος)을 연구하는 학문으로서 오이코노미아(집안 경영학)와 국가(폴리스πόλις)를 연구하는 학문으로서 폴리티카(정치학)이다. 근원적 의미에서는 꽤 멀어졌지만, 이 두 가지는 '경제'와 '정치'라는 개념으로 여전히 우리 공동체의 근본을 이룬다. 집안 살림을 잘하고 나라를 잘 꾸리는 것이 늘 인간이 가장 몰두하는 일인 것이다. 슈트라우스 Richard Strauss의 〈가정 교향곡〉이 묘사하는 가정사와 쇼스타코비치 Дмитрий Шостакович의 교향곡들이 그려내는 정치적 장면 사이에 인간이라는 음악이 울려 퍼진다.

민주주의 정치 연습은 여러 모습을 지닌다. 일단 비밀투표가 있다. '비밀'이라는 말이 알려주듯 이 정치적 실천은 침묵과 더불어 개인적인 고독 속에 이루어진다. 이는 장막 속에서 혼자 감내해야 하는 노고이다.

또 다른 민주주의 연습이 있으니, 투표의 비밀스러운 고독과 반대되는 것으로서, 집단을 이루고 나타난 국민이 노래와 축제 속에서 공개적으로 의사를 직접 관철하는 것이다. 바로 '촛불'이다. 촛불의 동기에 호응해 입법부와 사법부가 결과를 주었다는 사실은, 이 집단적이고 공개적인 의사 표현으로서 민주주의가 지니는 근본성과 중요성을 잘 알게 해준다.

민주주의의 이런 기원을 아감벤 같은 학자는 그리스도교 이전까지 올라가는 '환호송'에서 찾기도 한다. 고대 원형경기장에서 그랬듯, 집회의 노래 속에서 찬양하고 동의하고 승인하는 직접적 절차가 이루어진다. 그리고 결격사유 없는 절차의 완결성을 고심하는 현대인에게는, 저 공개된 집단적 민주주의의 끝에 개인적 고독의 민주주의가, 바로 엄밀한 절차로서 비밀투표가 자리 잡는 것이다.

그런데 이것이 민주주의의 전부일까? 민주주의는 집회 속에서 노래 부르며 이루어지는 동의라는 감격적인 형태를 띠기도 하지만, 이 스펙터클과 거리가 먼 지난한 논쟁의 과정을 끌어안고 있기도 하다. 지난한 논쟁은 인내, 설득, 용인과 같은 덕목들을 반드시 필요로 한다.

　이 덕목들은 어디서 연습할 수 있을까? 뜬금없지만, 아이들과 보드게임 한번 해보시라 권하고 싶다. 다운받은 앱을 통해 하는 게임 말고 몸과 몸을 직접 맞대고 하는 게임 말이다. 오늘날 디지털화된 게임은 사람과 사람 사이의 '더불어 있음'을 상실했다. 협업을 필요로 하는 온라인 게임을 떠올리는 사람은 이런 말을 의아스럽게 생각할 것이다.

　더불어 있음이란 무엇인가? 당연히 공동체에 주어진 규칙에 순응해서 함께 사는 것을 떠올리리라. 그러나 이보다 더 어렵고 중요한 것은 '더불어 있음의 규칙 자체를 갱신하고 새로 고안하는 삶'이다. 규칙의 고안과 갱신은 기존의 규칙에 따라서 할 수 없는, 진정한 창조를 요구하는 일이다.

　왜 굳이 보드게임을 해보라 하느냐고? 디지털화된 게임은 편리하고 즐겁지만, 규칙 자체를 정할 수가 없고 프로그램상 주어진 규칙을 따라야만 한다. 그러나 동네 장기판이나, 아니면 집 안에 하나쯤 굴러다닐 모든 아날로그 보드게임을 보라. 규칙이 주어져 있는 것 같지만 사실 그렇지 않다. 게임의 시작부터 끝까지 규칙에 관한 논쟁이 개입한다. 훈수 두면 무효니 아니니, 물러주지 왜 깐깐하게 그러느냐느니, 삼세판에서 졌지만 다섯 판까지 안 하면 비겁자라느니 등등. 그렇게 동네마다 집집마다 게임의 고유한 규칙이 실시간으로 생겨난다.

○●○ 아날로그 보드게임에는 규칙을 둘러싼 논쟁이 개입한다. 보드게임을 한다는 것은 규칙에 따르는 일이기보다는 상황에 맞는 규칙을 고안하는 일이다.

게임을 한다는 것은 규칙에 따르는 일이기보다는 이렇게 상황에 맞는 규칙을 고안하는 일이다. 참을성이 필요하고, 양보가 필요하며, 어리둥절한 비합리성에도 합리적으로 말을 거는 노고가 필요하고, 내일을 기약하는 지혜가 필요하다. 규칙에 자동기계처럼 복종하는 일이 게임이라면, 왜 보드게임 앞에서 종종 아이들끼리 울고불고 싸우겠는가? 그들은 규칙을 도출해내는 중대한 일에 몰입하는 중이다. 가정은 이렇게 '더불어 있음'이라는 대단한 민주주의를 가르치며, 오이코노미아는 폴리티카의 어머니가 된다.

라모의 조카,
비주류는 사회의 거울

18세기 프랑스의 계몽주의 철학자 디드로Denis Diderot가 쓴 소설 《라모의 조카》는 특이한 운명을 지닌 작품이다. 러시아의 계몽군주 예카테리나 2세Екатерина II는 디드로 생전에 그의 장서들을 모두 구매해주는 방식으로 가난에 허덕이던 이 철학자를 후원했다. 디드로는 이 군주가 구매한 장서들의 사서 자격으로 자신의 책들을 그대로 간직할 수 있었다.

1797년에 디드로가 세상을 떠나자, 그의 장서들은 구매자인 러시아의 예카테리나 2세에게로 모두 보내져 상트페테르부르크 도서관에 소장된다. 이 장서들 틈에 바로 디드로의 미발표 원고 《라모의 조카》가 숨어 있었다. 그 뒤 이 원고의 필사본이 모종의 경로를 통해 독일의 문호 괴테의 손에 들어가게 되고, 괴테의 독일어 번역으로 이 책은 1805년 처음으로 유럽 지성계에 소개되어 비상한 관심을 모은다.

첫 독자들 중에는 헤겔도 있었는데, 그는 2년 뒤 출간한 자신의 대표작《정신현상학》에서 대혁명 직전 시민사회의 정신적 초상화를 정확히 그려낸 작품으로서 이 소설에 대한 분석에 몰두한다. 이 18세기 소설에 대한 철학자의 관심은 20세기에 들어서도 그치지 않는데, 미셸 푸코Paul-Michel Foucault의《광기의 역사》에서 그 흔적을 찾아볼 수 있다.

이 소설은 왜 그토록 관심을 끌었을까?

《라모의 조카》의 주인공 장 프랑수아 라모는 실존 인물로, 작곡가 장 필리프 라모 Jean-Philippe Rameau의 조카이다. 이 조카 역시 음악가였지만 그 활동은 별 볼 일 없었고, 진짜 정체는 여기저기서 얻어먹고 다니며 말썽만 일으키는 '건달'이다. 소설은 철학자 디드로가 어느 날 이 건달을 만나 당시의 여러 실존 인물들과 사건들을 놓고 이야기를 나누는 일종의 대화록이다. 소설은 빌어먹는 처지의 라모의 조카가, 성직자 등 동시대의 지배계층에 대해 쏟아내는 울분과 조소로 가득 차 있다.

라모의 조카가 보여주는 중요한 면모가 있는데, 한마디로 '분열된 인격'을 지녔다는 점이다. 헤겔의 관심을 끈 것도 바로 이 점이었다. 라모의 조카의 외관이 이미, 분열적인 그의

229

내면을 드러내 보인다.

> 오늘은, 더러운 속옷에, 찢어진 바지에, 누더기를 걸치고 거의 신도 신지 않은 채, 고개를 숙이고 가며 사람들의 눈을 피하는 꼴이 그를 불러 동냥을 주고 싶을 지경이다. 내일은, 머리에 분칠하고, 구두 신고, 머리를 컬하고, 옷을 잘 입고, 고개를 높이 들고 보란 듯이 걷는 것을 보면, 누구라도 그를 어김없는 신사로 여기게 되리라.[1]

한마디로 "그는 고매함과 비천함, 양식良識과 무분별의 혼합물이다."[2] 이런 양면성은 디드로가 라모의 조카와 대화를 이어갈수록 점점 더 선명하게 드러난다. "이 총명함과 이 저열함, 차례를 바꿔 이토록 올바르고 이토록 그릇된 생각들, 이 전반적인 감정의 퇴폐, 이 완벽한 비열, 이 유례없는 솔직함에 나는 아연해졌다."[3]

한 인간 안에 서로 상반되는 이런 면모들이 공존한다는 것은 무엇을 의미할까?

라모의 조카는 헤겔이 '고귀한 의식'이라고 일컬은 것의 반대편에 있는 사람이다. '고귀한 의식'이란 무엇인가? 우리는 《정신현상학》에 등장하는 몇몇 독특한 표현들에 익숙해져야 한다. "국가권력과 부를 자기와 동등시하며 이와 관계하는 의식은 '고귀한' 의식이다."⁴ 한마디로 고귀한 의식은 권력과 부 자체가 자기 자신이라고 생각하는 '귀족'의 의식이다. 반면 권력과 부를 자신과 동일시하지 못하는 의식은 '비천한 의식'이라 불린다. 평민들이 귀족들의 자선을 원하면서도 귀족들을 증오하듯, 비천한 의식은 언제든 반란으로 치달을 수 있다.

그런데 한 사회 전체의 진리는 고귀한 의식 쪽이 아니라 비천한 의식을 통해서 드러난다. 고귀한 의식이 자기 자신과 동일시하는 부富를 빈자貧者들에게 '시혜'할 경우 일어나는 일을 예로 삼아보면 이 점을 이해할 수 있다. 헤겔은 말한다.

> [부자가] 교만한 생각을 안고 한 끼니의 식사를 베풀 때마다 이를 받아들이는 상대방의 자아 그 자체를 휘어잡고 그의 마음속까지도 임의로 다룰 수 있을 것으로 생각하는 나머지 부자는 상대방의 내면에 일고 있는 분노를 간과하고 만다. (…) [부자는] 시혜자로서 그가 생각할 수 있는 이러저러한 소견이나 의향이 가차없이 배반당한다는 사실을 간과하고 만다. (…) 결국 부자의 정신은 세상의 표면을 훑고 다니는 망상과 같은 것이다.⁵

교만한 부자가 한 끼 식사를 베풀며 그 자선으로 수혜자를 자기 마음대로 다룰 수 있다고 생각할 때, 부자는 자신의 그런 생각이 상대방의 마음에서 일어나는 분노 속에 가차 없이 배신당한다는 것을 모른다. 한마디로 부자는 한 사회 전체 안에서 무슨 일이 일어나고 있는지 모르는 것이다. 그러므로 사회 전체 안에서 부와 부자가 어떤 취급을 당하는지, 부자의 정체성이 무엇인지 드러내주는 것은 수혜자의 의식 쪽이다.

이러한 상황은 라모의 조카에게서 목격되는 분열된 의식에서 분명해진다. 그는 어느 날은 부자처럼, 어느 날은 거지처럼 보인다. 그는 부를 동경하면서도 그것과 일체가 되지 못한 채 부자를 증오한다. 고매함과 비천함이 서로 맞지 않는 퍼즐 조각들처럼 그의 의식 속에 공존한다. 이런 분열적인 의식 속에서 분열된 사회, 혁명을 앞둔 사회 전체가 모습을 드러내는 것이다. 헤겔은 쓰고 있다.

> 스스로 분열되어 있음을 의식하는 가운데 이 분열상相을 언어로 발설하는 의식은 세계의 전체적인 양상과 그의 혼란함을 조소하고 나아가서는 자기 자신마저도 조소하지만, 여기서는 동시에 온 세상의 혼란스러움에서 풍겨오는 반향을 엿들을 수가 있다.[6]

《광기의 역사》의 저자로서 푸코는 라모의 조카가 보여주는 미친 듯한 행태에서, 이성과 뒤섞이며 모습을 드러낸 '비이성'의 얼굴을 본다.《라모의 조카》는 18세기가 "서커스에서 망설임과 암암리의 불안이 없지는 않지만 그래도 즐거워하면서 '동물 조련사'의 노릇을"[7] 하듯 비이성의 말을 들어주는 시대였음을 알려준다. 이 비이성은 데카르트가 탐색했던 것 같은 이성의 진리를 찾기 위해 배제되는 것이 아니라, 이성과 뒤섞여 세계 자체의 본질을 드러내주는 것이다. 푸코는 말한다.

> 사람들이 이성에 관해 자문할 수 있는 것은 바로 비이성의 밑바닥에서이고, 그래서 세계의 본질을 재파악할 가능성은 현실의 존재와 비존재를 진실과 대등한 환각 속에 하나의 전체로 모으는 정신착란의 소용돌이 속에서 다시 열린다.[8]

진실을 드러내기 위해 환각이 배제되어야 하는 것이 아니다. 존재와 비존재가, 진실과 환각이 서로 대등하게 하나의 전체를 이루면서 비로소 '세계의 본질'이 드러난다. 그리고 그런 전체를 이루면서 세계의 본질을 파악할 수 있게 해주는 '정신착란의 소용돌이'가 바로 라모의 행태이다.

푸코가 "라모의 조카가 내보이는 정신착란"[9]이라며 언급하는 소설의 장면은 다음과 같다. "[그는] 미치광이처럼 날뛰며, 혼자 무동이요, 무희요, 남자 가수, 여자 가수, 오케스트라 전체, 가극단 전체가 되어, 자신을 스무 개 다른 역으로 나누고, 달리고, 멈추고, 귀신 들린 사람인가 싶게 눈을 희번덕이고, 입에 거품을 물었다."[10] 이런 식의 '팬터마임'을 하는 라모의 조카는 문자 그대로 미친 사람 같다.

　이런 미친 팬터마임을 어떻게 이해해야 할까? 푸코는 말한다. "비이성은 무언극[팬터마임]의 얇은 표면에 의해 자기로부터 분리된 세계 자체이자 동시에 동일한 세계이다."[11] 비이성은 이성에서 배제되지 않고 이성과 섞여 한 세계의 본질을 드러내준다는 점을 이 말만큼 잘 표현하는 것은 없을 듯하다. 라모의 조카의 광기 어린 팬터마임 속에서 비이성은 하나의 연기, 즉 팬터마임 속에 들어 있는 허구로서 이성적 세계와 분리된다. 동시에 그것은 이성적 세계의 일부로서 라모의 조카가 실제 수행하고 있는 것이다. 즉 광기는 라모의 조카가 떠맡는 배역인 동시에 그의 실제 삶 자체이다.

　결국 헤겔과 푸코는, 그들 철학 사이에 놓인 거대한 간격에도 불구하고, 《라모의 조카》를 통해 서로 상당히 근접하는 이야기를 하고 싶어 한다. 분명한 비주류인 라모의 조카가 권력과 부를 지닌 사회의 주류에게 반감을 품는 의식으로 나타나건, 가난으로 나타나건, 비호감의 비이성으로 나타나건, 우리가 몸담은 세계의 진실은 이 비주류의 거울에 비추어보지 않으면 모습을 드러내지 않는다는 것이다.

출산의 의미와
그림자 없는 여인

그림자 없는 여인의 이야기를 해드리려 한다. 한 편의 판타지라 생각해도 무방하다.

전능한 카이코바트가 지배하는 천계天界가 있다. 이 신적인 지위의 카이코바트와 인간 사이에 태어난 딸이 있다. 그녀는 그리스신화의 흔해 빠진 인물들처럼, 또는 기독교의 신처럼 하늘의 지배자와 인간 사이에 태어났기에 신적인 면모와 인간적인 면모를 모두 지니고 있다. 그녀는 아버지가 가르쳐준 초인적인 변신술을 즐기며, 인간 어머니의 피가 이끄는 대로 인간적인 삶에 대한 동경과 애정을 품고 살아간다(초인적 인물이 인간 어머니의 피 때문에, 매우 보잘것없는 존재임에도 인간에게 애정을 품고 모험에 뛰어든다는 설정은 요즘에는 게임 속 캐릭터가 이어받아 잘 쓰고 있다. 예를 들면 〈데빌메이크라이〉의 단테가 그렇다).

어느 날 그녀는 영양으로 변신해서 뛰어다니다가 마침 사냥을 나온 황제에게 잡혀 황후가 된다. 둘은 사이가 좋은 것 같은데, 아버지 카이코바트는 딸을 데려간 황제에게 일종의 저주를 내리기 위해 마술을 건다. 일정 기간에 황후에게 '그림자'가 생기지 않으면 황후는 황제를 떠나 아버지 곁으로 가야 하고, 황제는 돌로 변하게 된다. 그런데 남은 기일이 단 사흘이 될 때까지 그림자는 생길 기미가 보이지 않는다. 황후의 몸은 유리 같아서 빛이 투과해버릴 뿐 그림자를 만들지 못한다.

여기서 '그림자'는 바로 '출산을 기다리는 아이'를 상징한다. 그림자 진 인생은 곧 아이가 딸려 등이 휘게 고생하는 삶이 아니겠는가? 그림자는 또한 자기 자신은 아니면서 자기 자신의 몸을 복제한 것, 곧 '자식'이 아니겠는가? 어쨌거나 이 이야기는, 아이 없는 부부는 완전한 가정을 이루지 못한다고 말하듯 황제와 황후의 깨어질 것만 같은 위기의 부부 관계를 설정한다. 결국 황후는 그림자를 사러(또는 아이를 사러?) 유모와 함께 인간세계로 간다.

인간세계란 어떤 곳인가? 천상의 존재에게 그곳은 악취 나고 혐오스러운 곳이다. 당연히 거기에서는 인간의 냄새가 진동하는데, 그 냄새란 '죽음'을 뜻한다. 그러니까 천상의 존재가 인간세계로 간다는 것은 죽음이 지배하는 필멸의 세계, 짧은 삶을 사는 유한자의 세계로 간다는 뜻이다. 역설적이지 않은가? 그림자 없는 황후가 죽음의 세계로 가서 찾고자 하는 것이 바로 새 생명, 아이를 가질 수 있는 능력이니 말이다.

황후와 유모가 인간세계에서 찾아가는 곳은 상징적이게도 염색업자 바라크의 집이다. 그림자조차 생기지 않을 만큼 아무런 색깔이 없는 투명한 황후와, 색깔로 가득 찬 염색업자의 집은 서로 극명한 대조를 이루지 않는가? 그 집에 들어서자마자 황후와 유모가 마주한 것은 바라크의 아내가 세 명이나 되는 시동생들과 거칠게 몸싸움을 하는 광경이다. 바라크의 아내는 부부 생활에 진저리가 날 대로 나 남편과 잠자리도 함께 하지 않는 여자이다. 한마디로 그녀는 가정이 싫다. 바로 이 여자에게 황후와 유모는 그림자를 팔라고 제안한다. 그 대가로 이들은 바라크 아내의 하녀 노릇을 자청하며, 그녀가 가정을 등지고 세상에서 누릴 수 있는 쾌락을 약속한다.

약속은 거의 성사되었다. 그림자 따위는 남에게 내주어도 될 정도로 아무것도 아니기에. 황후와 유모는 바라크의 집에서 열심히 하녀 노릇을 하고, 바라크의 아내는 남편 모르게 세상의 쾌락을 차츰 알아간다. 그러나 결국 황후는 아내의 그림자를 빼앗지 않는다. 바라크의 집에서 하녀 노릇을 하는 동안 바로 필멸하는 인간 종족에게 아이를 갖는 일이 얼마나 중요한지 깨달은 까닭이다. 인간에 대한 애정과 동경이 있는 황후는 선량한 남자 바라크에게 공감했고, 그에게서 아이를 빼앗는 죄를 결코 저지를 수 없었다.

이미 최후의 사흘은 지나가버렸고, 그림자 없는 여인의 남편, 황제는 돌로 변해가는 중이다. 그럼에도 황후는 자신의 행복을 위해 남의 행복을 희생할 수 없기에 바라크 아내의 그림자를 단념한다. 그러나 카이코바트의 은혜는 바로 황후가 이런 희생을 감내하는 순간에 내린다. 황후에게는 그림자가 생기고, 바라크의 아내는 그림자를 잃지 않으며, 황제도 돌로 변하지 않는다. 마침내 황제 부부와 바라크 부부는 모두 아이를 가질 수 있게 되고, 자궁 안의 아이들은 노래한다.

이 괴상한 이야기가 리하르트 슈트라우스의 오페라 〈그림자 없는 여인〉이다. 슈트라우스는 유대 왕녀와 그리스 왕녀 각각의 끔찍한 살인을 다룬 피비린내 나는 오페라 〈살로메〉와 〈엘렉트라〉를 쓴 뒤, 유머로 충만한 자신의 성격에 맞는 작품, 즉 모차르트 Wolfgang Amadeus Mozart의 〈피가로의 결혼〉 같은 오페라 〈장미의 기사〉를 쓴다. 노벨문학상 후보로도 여러 번 거론된 유대계 오스트리아 작가 호프만스탈 Hugo von Hofmannsthal이 쓴 우아하고도 익살스러운 대본 위에 곡을 얹은 이 고급 오락물의 엄청난 성공 뒤에, 슈트라우스는 역시 호프만스탈과 함께 이번엔 모차르트의 〈마술피리〉 같은 이국적이고도

○●○ 2023년 베를린 필하모닉이 상연한 리하르트 슈트라우스의 오페라 〈그림자 없는 여인〉. '그림자 없는' 황후는 바라크 아내의 '그림자'를 사려 했지만, 필멸하는 인간에게 아이가 어떤 의미인지 깨닫고 단념한다.

동화 같은 오페라를 쓴다. 그것이 슈트라우스의 모든 재능이 집약된 최고 작품이라 할 만한 저 〈그림자 없는 여인〉이다.

출산의 의미를 탐구하는 이 작품은, 인간이 자신의 슬픈 결함을 넘어서기 위해, 불사조처럼 새로워지기 위해, 죽음에서 나와 영생을 얻기 위해 끊임없이 자신의 종족을 키운다고 말한다. 한마디로, 인간은 유한하며 필멸하지만 아이를 얻음으로써 불멸한다는 것이다.

아마도 인간은 세 가지 방식으로 자신의 유한성을 달랠 것이다. 두 가지는 그리스적이고 한 가지는 유대적이다. 그리스인 에피쿠로스는 인간의 유한성, 즉 죽는다는 사실 자체를 즐거운 것으로 받아들임으로써 유한성의 공포에서 벗어난다. 이와 반대편에 있는 그리스인 소크라테스는 유한한 신체의 죽음 뒤에 남는 영혼의 불멸을 논증한다. 마지막으로 유대인 아브라함은 가문의 신에게 별처럼, 모래알처럼 많은 자손을 얻게 해주겠다는 약속을 받는다.

〈그림자 없는 여인〉이 그려내는 출산의 의미는 세 번째에 해당한다. 생각의 뿌리를《구약》에 두고 있는 유대 사상가 레비나스는《전체성과 무한》에서 출산의 의미에 대해 이렇게 말한다. "나는 내 아이다. 아버지 됨은 타인이면서 나이기도 한 낯선 이와 맺는 관계다."[1] 이것만큼 〈그림자 없는 여인〉 속 출산의 의미를 잘 드러내는 구절도 없으리라. 자궁 속을 헤매는 미래의 아이들은 곧 그 아이들의 부모가 인간적 유한성을 극복하는 방식, 아이라는 타자 속에서 계속 살아나가는 방식이다.

그런데 출산의 이런 의의에는 뭔가 불편한 것이 스며든다. 보수적인 부부 윤리로 색칠된 〈그림자 없는 여인〉에서, 남편과의 잠자리를 싫어하던 바라크의 아내는 회개하며 남편에게 말한다. 당신 앞에 무릎 꿇고 당신 뜻에 따르겠다고. 당신에게 아이를 안겨주고 싶다고. 출산의 의미가 가정의 보수성 또는 여성의 종속성과 혼동되고 있는 것이다. 이때 출산 자체는 극복해야 할 장애물이 된다.

출산의 의미는 또 다르게 변질될 수 있다. 아이가 가정 또는 부부에게 주는 중요한 의미를 강조하는 국가의 수많은 광고가 있다. 이 의미는 인구 소멸 문제와 상관없이 언제나 중요하리라. 즉 인구가 제로가 되건 폭증하건 상관없이 가정에서 아이는 중요할 것이다. 그러나 인구 상황이 바뀌면 국가는 언제 그랬느냐는 듯 가정에서 아이가 지니는 중요성에 대한 관심을 철회하고, 지원도 철회할 것이다. 국가의 관심은 무차별적인 수치의 증감이지 가정마다 부모마다 대면하는 아이라는 한 인격이 아닌 까닭이다. 출산을 통해 가정은 무엇과도 바꿀 수 없는 한 영혼과 만나지만, 국가는 익명적인 숫자 하나의 증가를 계산한다. 그때 가정은 국가를 신뢰하지 않으며, 태어나지 않은 아이들은 침묵할 것이다.

플라톤은《국가》에서 국가는 국민의 아이들을 공유해야 한다고 말했는데, 오랫동안 나는 플라톤이 심하게 말한다고 생각했다. 그러나 플라톤이 옳다. 국가에 그토록 출산이 절실하다면, 국가는 익명적 인구의 증감을 목적으로 삼는 일과 상관없이, 가정 안에서 출산 자체에 담긴 의미와 특정한 한 영혼의 출현을 늘 일관되게 지원할 것이다. 그것이 국가가 아이들을 공유한다는 말의 현대적 의미이다.

부분과 전체

이론물리학자 베르너 하이젠베르크Werner Heisenberg는 학생 시절 플라톤이 쓴 우주론《티마이오스》에 빠져 있었다. 지붕 위에 혼자 올라가 별을 쬐며 이 책을 읽곤 했다. 책에서 그를 매료한 대목은 물질의 가장 작은 부분이 어떻게 합쳐져 좀 더 큰 단위를 이루는가에 대한 플라톤의 이해하기 어려운 설명이었다.

하이젠베르크의 지적 편력을 기록한 자서전이자 현대 과학이 고전과 대화하며 어떻게 스스로 깊어지는지 보여주는 책인《부분과 전체》는 플라톤 앞에서의 이런 당혹감에 관한 기록으로 시작한다. 젊은 날의 이 일화가 그의 평생의 학문적 관심을 방향 짓는다. 이 양자역학의 거장은《부분과 전체》의 마지막에서, 플라톤이 말한 전체를 구성하는 가장 작은 단위가 바로 양자역학의 소립자임을 깨닫는다. 양자택일의 방식으로 끊임없이 서로 결합해나가는 소립자들.

플라톤에서 하이젠베르크에 이르기까지, 철학과 과학 그리고 그 밖의 많은 영역에서 사람들의 호기심을 불러일으켜 학문적 통찰에 몰두하게 한 두 개념이 바로 '부분'과 '전체'이다. 부분과 전체의 관계를 어떻게 이해해야 할까? 물리학은 접어 두고, 일단 우리가 가장 쉽게 떠올릴 수 있는 것은 '유기체'라는 개념이다. 신체의 부분들은 몸 전체의 생존을 위해 기능적으로 통일되어 있다는 개념 말이다. 우리는 흔히 이렇게 말한다. 엽록소는 식물의 광합성을 '위해서' 있다. 동물의 털은 그 동물을 추위에서 보호하기 '위해서' 있다. 이런 말들이 뜻하는 바는, 신체의 작은 부분들이 전체 신체의 생존을 '목적'으로 삼는다는 것이다.

이런 것을 목적론적 사고방식이라고 일컫는다. 그리고 신체의 부분들, 즉 기관들이 무슨 소명을 부여받은 듯 전체를 '위하여' 존재한다는 것은 마침내 자연은 특정한 목적을 향해 움직인다는 생각으로 귀결된다. 이런 생각은 과학적이기보다는 '신학적'이다. 부분이 전체를 목적으로 삼아 거기에 부역한다는 생각을 확대하면, 가지각색의 피조물들은 인간 종의 풍요를 위해 있으며 인간들은 신이 역사의 최종 지점에 설정한 목적을 위해 있다는 등의 생각으로 귀결된다.

작게는 신체의 부분들이 유기적인 전체로서의 신체의 생존을 목적으로 한다는 생각, 크게는 자연의 다양한 부분들을 하나의 전체로 수렴케 하는 목적이 있다는 생각을 현대 사상은 배격한다. 예컨대 들뢰즈의 유명한 개념 '기관들 없는 신체'는, 기관들이란 결코 전체로서 유기체의 삶을 목적으로 부역하는 부분들이 아니라는 뜻을 담고 있다.

목적론을 버린다면, 이제 부분과 전체의 관계를 어떻게 생각할 것인가?

부분과 전체에 관한 흥미로운 보르헤스의 텍스트가 있는데, 푸코의 잘 알려진 책《말과 사물》은 보르헤스의 이 작품을 읽는 것으로 시작한다.

> 보르헤스의 텍스트에 인용된 '어떤 중국 백과사전'에는 '동물이 a) 황제에게 속하는 것, b) 향기로운 것, c) 길들여진 것, d) 식용 젖먹이 돼지, e) 인어人魚, f) 신화에 나오는 것, g) 풀려나 싸대는 개, h) 지금의 분류에 포함된 것…'으로 분류되어 있다는 것이다.[1]

우리에게 결코 익숙지 않은 이 분류에서 가장 특이한 것은 "지금의 분류에 포함된 것"이라는 h 항목이다. 그 항목은 앞서 언급된 모든 동물을 포함하며, 또 그 동물들에 관한 a부터 g까지의 분류 방식들 역시 포함한다. 즉 h는 a부터 g까지의 모든 '부분들'을 자신 아래 두고 있는 '전체'이다. 그런데 동시에 h는 a부터 g까지의 분류와 '동등한 차원'에 나란히 놓이는 또 하나의 분류, 또 하나의 부분이기도 하다.

이런 것이 사유 가능할까? h가 a부터 g까지의 분류를 포함할 때 h는 다른 분류들과 나란히 놓일 수 없다. h가 a부터 g까지 각 항목과 동등한 차원의 한 분류일 때, h는 하위 분류들을 포함하는 상위의 전체일 수 없다. 한마디로 보르헤스가 소개한 저 중국의 백과사전은 사유될 수 없다.

푸코는 말한다. "보르헤스의 열거에 감도는 기괴성은 항목들을 서로 연결할 공통의 바탕 자체가 무너져 있다는 점에서 비롯한다."[2] 즉 항목들을 안정되게 연결해줄 합리적 질서라는 근거가 없는 것이다. 이런 기괴한 백과사전을 통해 푸코는 우리가 사물을 인식하고 분류할 수 있게 해주는 기존의 합리적 질서란 유일무이한 진리가 아니라는 것, 전혀 다른 방식의 사유가 등장할 수 있고, 우리가 익숙해 있던 합리적 질서는 다른 것으로 대체될 수도 있다는 통찰을 얻는다.

저 중국의 백과사전이 보여주는 것과 같은, 부분과 전체의 관계가 가능할까? 부분과 전체의 저 이상한 관계는 단지 우리의 합리성이 넘볼 수 없는 미지의 사유가 가능하며, 그것에 의해 우리의 합리성이 언젠가 와해될 수도 있음을 알려주는 무서운 고지자告知者에 불과한 것일까?

현대 철학은 바로 저 중국의 백과사전에 나타난 부분과 전체의 관계를 더욱 적극적으로 사유하려 한다. 들뢰즈가 보여주듯이 말이다. 들뢰즈는 《프루스트와 기호들》, 《안티 오이디푸스》 등에서, 부분들의 전체이긴 하지만 부분들을 통일하지 않고, 지금까지 있어온 부분들 곁에 '하나의 새로운 부분으로서 첨가되는 전체'에 관해 이야기한다. 즉 부분들을 지배하는 상위 원리로서의 전체가 아니라 부분들 곁에 나란히 놓이는 전체, 또는 부분들의 효과로서의 전체 말이다.

이런 전체가 무엇인지 떠올리기 어려울지 모르겠다. 그러니 한 가지 예를 찾아보자. 들뢰즈는 《프루스트와 기호들》에서, 프루스트가 발자크Honoré de Balzac의 작품 세계에 관해 쓴 한 구절을 해설하며 이렇게 말한다. 중간에 인용된 긴 문장은 프루스트의 《잃어버린 시간을 찾아서》에서 온 것이다.

> 발자크의 천재성에 대한 오해와 몰이해로 인해 우리는 그가 [총서] '인간희극La comédie humaine'을 쓰기 전부터 이 작품의 통일성에 대한 논리적 관념을 막연히 가지고 있었다거나 작품이 진행되어 나감에 따라 이 통일성이 유기적으로 형성되었다고 생각한다. 실제로는 통일성은

(처음부터 있었던 것이 아니라 나중에) 생겨난다. 발자크에 의해 통일성은 그의 책들의 '효과'로서 발견된다. (⋯) "발자크는 자기가 예전에 쓴 작품들을 돌이켜 보다가 갑자기 그 작품들을 연작 형태로 결합해 동일한 인물들을 다른 작품에서 다시 등장하게 한다면 더욱 멋질 거라고 생각하게 되었다. 그래서 발자크는 예전의 작품들과 이어 맞추기 위해서 펜을 들어 자기 작품에 한 번 더 손을 대었다. 그것은 작품에 마지막으로 펜을 대는 것이었지만 그중 가장 탁월한 것이었다. 나중에 온 통일성은 작위적인 것도 아니고 허구적이지도 않다. (⋯) 아마도 나중에 생겨났기에 더 실재적일 수 있을 것이다." (⋯) 이 일자나 전체는 (⋯) 그 자체가 다른 부분들과 함께 나란히 있는 한 부분, 다른 부분들 옆에 나란히 인접한 한 부분으로서 가치를 지닌다.[3]

이 구절은 프루스트가 발자크의 '인간희극'의 본성을 어떻게 이해하는지 잘 보여준다.

'인간희극'은 발자크가 자신이 평생 발표했던 약 90편의 소설들 전체에 붙인 이름이다. '인간희극'이라는 전체 기획은 창작의 원리로서 모든 작품들의 생산에 앞서서 있지 않았다. 발자크는 애초에 하나의 통일된 전체 그림을 염두에 두고 작품들을 써나가지 않았다. 이미 쓴 소설에 나오는 주변적인 인물을 다른 작품을 쓸 때 주인공으로 등장시키는 방식으로, 부분들(소설들) 사이의 연관관계를 만들 수 있다는 착상은 뒤늦게야 온 것이다.

그리하여 전체성은 나중에야 출현한다. 이 전체성은 결코 모든 부분들을 지배하는 원리가 아니다. 그것은 부분들이 출현한 뒤에 부분들 옆에 나란히 오게 된 전체성이다. 발자크의 소설들(부분들)은 모두 제각기 독립성을 띤다. 나중에 오게 된 전체성, 마지막에 붙여진 전체의 이름 '인간희극'은 각 소설의 독립성을 해치지 않은 채 이 부분들 옆에 놓인다. 즉 전체이지만 부분들보다 우월하지 않고, 부분들과 지위가 동등한 것이다.

이런 부분과 전체의 관계는 그야말로 보르헤스가 이야기해 준 중국의 백과사전의 사유 방식을 현실화하고 있지 않은가? 부분들의 전체이면서도, 부분들 옆에 놓여 있는 또 하나의 부분으로서 전체.

고대 이래 부분과 전체의 관계를 사유하는 것은 어느 학문 영역에서나 근본적이었다. 그런데 우리 시대의 방식으로, 모든 것을 통일하는 원리로서 맨 앞에 오는 전체가 아니라, 부분들 옆에 또 다른 한 부분으로 있는 전체를 사유하는 것이 왜 중요한가? 이 사유에는 단지 추상적 사변의 차원에 머물지 않는 현실적인 절실함이 있다. 바로 이 사유로부터 민주주의적인 정치제도, 자치적인 지방들과 중앙정부의 관계, 시민들과 통치의 관계 등의 본질이 무엇인지에 대한 이해를 얻을 수 있다. 중앙정부가 전체이고 통일성이라면, 모든 것을 일방적으로 주관하는 원리로서의 전체가 아닐 것이다. 오히려 그것은 국가의 모든 부분들 옆에 나란히 놓이는 또 다른 한 부분으로서의 전체, '전체주의적이지 않은 전체'일 것이다. 부분들이 어떻게 연관 맺느냐에 따라 유연성 있게 다른 모습으로 생산되는 전체 말이다.

공중전

비행 물체들이 살육을 위해 날아다닌다. 어제, 오늘, 내일, 언제나.

공중전은 수많은 관점의 이야기들을 만들어낸다. 공중전은 신화적이고, SF적이고, 역사적이고, 끔찍하다. 한마디로 인류의 초상화는 공중에 그려진다.

공중전은 그 끔찍함에도 불구하고 영화 〈탑건 매버릭〉이나 〈태양의 제국〉이 보여주듯 화려한 아름다움을 지니며, 그렇기에 늘 필름과 음악 예술의 눈에 띄지 않을 수 없었다. 공중전이 아름답기에 그 아름다움을 극대화하는 '에어쇼'도 있는 것이다. 영화사상 가장 유명한 공중전이라면 〈지옥의 묵시록〉의 한 장면을 생각하지 않을 수 없다. 광기에 젖은 킬고어 중령의 헬리콥터 부대가 바그너의 음악 〈발퀴레의 기행〉을 틀어놓고 베트남의 한 마을을 초토화하는 장면 말이다.

〈발퀴레의 기행〉 자체가 공중전의 아름다움을 일깨우는 음악이다. 〈지옥의 묵시록〉에 훨씬 앞서, 〈발퀴레의 기행〉에서 현대 전투기의 화려한 비행을 먼저 발견한 작가는 프루스트이다. 《잃어버린 시간을 찾아서》의 마지막 편 〈되찾은 시간〉은 1차 세계대전을 배경으로 하는데, 한 인물(생루)은 파리를 침공한 독일 전투기에서 발퀴레를 목격한다.

> "사이렌 소리는 꽤 바그너적이지 않아? 게다가 독일인의 도착을 경배하기 위해서는 지극히 자연스러운 일이지. (…) 하늘로 올라가는 것이 발퀴레들이 아니라 정말 비행사인지 물어볼 뻔했다고." 그는 비행사들과 발퀴레들을 동일시하는 데서 기쁨을 느끼는 듯했으며, 게다가 그 동일시를 순전히 음악적인 이유로 설명했다. "정말이지, 사이렌 음악은 〈발퀴레의 기행騎行〉이었어. 파리에서 바그너를 듣기 위해서는 결국 독일군의 도착이 필요했던 거야." (…) 편대에서 편대로 각각의 비행사가 이제 하늘 속으로 이동한 도시에서 발퀴레처럼 돌진했다.[1]

소설의 주인공은 이를 "하늘 속에서 벌어지는 묵시록의 장

○●○ 영화 〈지옥의 묵시록〉에서 광기에 젖은 킬고어 중령의 헬리콥터 부대가 바그너의 〈발퀴레의 기행〉을 틀어놓고 베트남의 마을을 초토화하는 모습은 영화사상 가장 유명한 공중전 장면으로 꼽힌다.

면"[2]이라 일컫는다.

발퀴레는 최근까지도 놀라운 아름다움을 지닌 비행체의 모습으로 다양하게 가시화되었다. 1980년대 초에 나온 애니메이션이자 후에 슈팅 게임으로도 만들어지는 〈마크로스〉의 발키리(로봇 변신 전투기의 시초격), 북구의 신화를 다루는 게임 〈갓오브워 4〉에 등장하는 멋진 날개를 지닌 발키리들.

발퀴레 자체가 이미 고대 전설에서부터 공중전을 주도하는 비행체이다. 바그너가 악극 〈발퀴레〉 3막을 시작하며 〈발퀴레의 기행〉과 더불어 묘사하는 것은, 천마天馬를 타고 전쟁 중에 죽은 영웅들을 신들의 성 발할로 운반하는 발퀴레들의 모습이다.

이처럼 문명의 신화적 열정은 비행체에 사로잡혔으며, 비행기 제작보다 훨씬 나이가 많은 비행의 역사가 생겨났다. 인류는 공학을 통해서 날 준비를 하기 전, 신화 속에서 먼저 수없이 많은 비행체를 날려 보냈다. 새의 깃털로 만든 날개로 날아오른 이카루스, 북유럽 전쟁의 여신 발퀴레, 아라비아의 날아다니는 양탄자, 십만 팔천 리를 나는 손오공의 근두운. 이런 날아다니는 전사들을 담은 신화가 과학으로 하여금 현대 공중전에 가닿을 수 있게 했다. 레오나르도 다빈치Leonardo da Vinci의 비행기 스케치는 이런 신화적인 비행과 공학적인 비행기의 중간쯤에 있을 것 같다.

1차 세계대전 때 독일 전투기의 비행에서 발퀴레의 모습을 목격한 프루스트처럼, 예술가들은 현대에 이르기까지 비행기나 공중전에서 아름다움을, 또는 인간의 근원적 심성을 발견해왔다. 20세기로 진입한 1911년, 메이지 시대의 시인 이시카와 다쿠보쿠石川啄木는 〈비행기〉라는 시를 쓴다.

보라, 오늘도 저 파란 하늘에
비행기 높이 나는 것을

급사 일 하는 소년이

이따금 쉬는 일요일,
폐병 앓는 엄마와 단둘이 사는 집에 틀어박혀
혼자서 열심히 영어를 공부하는 지친 눈동자…

보라, 오늘도 저 파란 하늘에
비행기 높이 나는 것을³

시인에게 비행기는 고달픈 삶의 탈출구처럼 하늘에 떠 있다. 김수영은 1955년에 쓴 시 〈헬리콥터〉에서 전쟁과 함께 본격적으로 한국에 들어선 이 비행체에 정서를 투영한다. "헬리콥터여 너는 설운 동물이다." 예이츠 William Butler Yeats가 1918년에 쓴 〈어느 아일랜드 비행사가 자기 죽음을 예견하다〉 역시 인간의 복잡한 심경과 운명을 전투비행에 투영하고 있다. 이 시는 독일 폭격을 다룬 영화 〈멤피스 벨〉에 인용되기도 했다.

하늘은 자신이 얼마나 높은지, 얼마나 자유로운 곳인지 비행기를 통해 인간에게 보여준다. 바로 그렇기에 현대 공학의 최첨단에 자리한 이 복잡한 기계는 인간의 예술 속에 아름다움과 장엄함을 품고서 받아들여져온 것이다. 같은 맥락에서 예술과 무관하지 않은 게임 역시 비행기와 공중전에 늘 빠져들었는데, 1984년에 캡콤이 출시한 〈1942〉가 상징적인 예가 될 것이다.

그러나 예술이 공중전에 아무리 빠져들더라도 공중전은 고통스러운 전쟁의 한 얼굴일 뿐이다. 그 추악한 얼굴을 고발하는 고전적인 세 작품을 이야기하고 싶다. 커트 보니것Kurt Vonnegut의 《제5도살장》, 토머스 핀천Thomas Pynchon의 《중력의 무지개》, W. G. 제발트W. G. Sebald의 《공중전과 문학》이 그것이다. 모두 20세기의 거장들이 썼지만, 서로 성격이 매우 다른 이 작품들은 2차 세계대전 중의 공중전 또는 폭격이라는 주제를 실 삼아 연결된다.

"바깥에는 불이 폭풍처럼 번지고 있었다. 드레스덴은 하나의 거대한 화염이었다. 이 하나의 화염이 유기적인 모든 것, 탈 수 있는 모든 것을 삼켰다. (…) 드레스덴은 이제 달 표면 같았다."[4] 《제5도살장》의 한 구절이다. 이 소설은 독일 드레스덴의 제5도살장(포로수용소로 개조된 도살장)에 수용된 미군 포로의 눈으로 본 드레스덴 폭격을 고발하고 있다. 드레스덴으로 이송되는 미군 포로들은 안도한다. "우리는 오늘 드레스덴으로 떠나고 있어. 걱정 마. 그곳은 절대 폭격을 당하지 않을 거야. 그곳은 비무장도시야."[5] 그러나 그곳은 폭격으로 초토화되었고, 엄청나게 많은 민간인이 희생당했다.

제발트의 강연록 《공중전과 문학》은 미국 작가 커트 보니것이 문제 삼은 끔찍한 독일 폭격을 독일인 스스로 본격적으로 다룬 작품이다. 이런 문제 제기는 오랜 시간이 걸릴 수밖에 없었다. "수용소에서 수백만의 사람을 학살하고 죽도록 착취했던 민족이, 승전국에게 자국 도시의 파괴를 명령한 군사정치적인 논리가 무엇이었는지 밝히라고 요구하기가 어려웠던 것이 그 이유일지 모른다."[6] 그런데 생각할 수밖에 없는 상황, 잊어서는 안 되는 상황은 이런 것이다.

> 우리[독일인]가 쾰른과 함부르크와 드레스덴에서 겪었던 화염의 밤들을 생각할 때면 다음의 사실도 떠올려야 한다. (…) 훗날의 드레스덴처럼 당시 난민들의 물결로 넘쳐나던 스탈린그라드시는 1,200대의 전투기로 폭격을 당하고 있었으며, 공중폭격이 진행되는 동안 볼가강 건너편에 주둔해 있던 독일군들 사이에서는 그 공습으로 4만 명에 이르는 러시아인들이 희생되었다는 소식에 환희의 감정이 퍼져나가고 있었다는 사실을.[7]

보니것이 《제5도살장》에서 전하는, 2차 세계대전의 승전을 확인하는 미국 트루먼 Harry S. Truman 대통령의 성명서에는 이런 내용이 있다. "우리는 독일인이 V1과 V2를 늦게 얻어냈고, 그것도 제한된 양만 얻어냈다는 것을 신에게 감사해야 할지도 모릅니다."[8] 이 두 로켓은 독일이 영국에 보복하기 위해 만든 무기이다.

그리고 《제5도살장》의 이 대목에서 잠깐 언급된 이 V2를 둘러싼 장대한 서사가 바로 핀천의 《중력의 무지개》이다. 핀천은 대륙에서 런던을 향해 날아오는 독일의 로켓 V2(또는 A4)의 무서움을 이렇게 기록한다. "떨어지는 소리는 들리지 않을 것이다. 그것은 음속보다 빠르게 움직이기 때문에. 도착 소식은 먼저 폭발로 전해진다. 그리고도 네가 만약 살아 있다면, 그때야 날아오는 소리가 들린다."[9] 이 소설은 V2 로켓이 발사되면 신체가 반응해 발기하게 되는 미군 슬로스롭을 통해 V2의 궤적을 추적하는 다소 익살스러운 발상을 보여준다. "본체보다 미리 나타나는 어떤 환영들, 또 하나의 로켓이 슬로스롭에게 존재한다."[10]

그러나 이런 설정 배후에서 이 소설이 주요하게 드러내는 것 가운데 하나는 군수산업을 담당한 독일 기업과 미국 기업의 감춰진 연계이다. "제너럴 일렉트릭이 여기 나와 뭐 하는 거야? (…) 이제 GE가 여기 지멘스와도 관계를 갖고 있어. 그들은 V2 유도 쪽 일을 했지."[11] 어쩌면 겉으로만 적대국이 있다. 공중전은 기술의 문제이고, 기술을 얻기 위해 적대국의 기업들은 전쟁의 배후에서 서로 연결된다. 그리고 우리가 다 알듯, 더 큰 공중전이 미래를 위한 유산처럼 보증된다.

지상을 걸어 다니는 동물인 인간이 주제넘게 하늘을 탐내고 공중전을 만들었다. 날아다닌다는 것은 발퀴레의 모습에

○○● 토머스 핀천의 《중력의 무지개》는 런던을 향해 날아오는 독일 로켓 V2의 무서움을 이렇게 기록한다. "도착 소식은 먼저 폭발로 전해진다. 그러고도 네가 만약 살아 있다면, 그때야 날아오는 소리가 들린다."

서 보듯 장엄하고 성스러운 것이기도 하지만, 공중전의 학살이 보여주듯 인간의 어두움을 뿌려 세상을 슬픔에 잠기게 하는 것이기도 하다. 이렇게 공중전에는 역설이 있다. 그것은 놀라운 기술과 아름다움이며, 동시에 악마 그 자체라 할 재앙이다. 핀천은 《중력의 무지개》에서 로켓의 두 얼굴에 관해 이렇게 쓴다.

> 두 개의 로켓을 보는 마니교도들, 그들에겐 선한 로켓과 악한 로켓이 있어, '태초의 쌍둥이'가 지어낸 성스런 말들을 써서 함께 말하니 (…) 선한 로켓은 우리를 별들에게 데려다주고, 악한 로켓은 세계의 자살로 우리를 이끄니, 그들은 영원한 투쟁을 반복한다.[12]

그런데 이제 로켓에 몸을 실은 인간은 달과 화성으로, 그 너머로 날아갈 텐데, 여전히 그의 우려스러운 습성, 정복과 자유의 실현을 구별하지 못하는 습성, 부동산의 유혹을 위해서라면 뭐라도 갖다 바치는 습성을 함께 가져가려는 듯 보인다. 제2의 대항해시대 또는 제2의 거대한 폭력이 도래한 듯. 이 습성이 다시 그에 대한 저항과 만나게 된다면….

4차 산업혁명은
판단력의 문제이다

4차 산업혁명은 인공지능 등을 기반으로 삶에서 이루어지는 급격한 변화를 일컫는다. 이 변화는 충격과 호기심의 대상에서 출발해, 일상사의 일부로 우리 삶과 빠르게 일치하고 있다. 저 4차 산업혁명의 핵심에 '판단력'이 있다. 4차 산업혁명은 결국 판단력을 발명하는 문제인 것이다. 예컨대 자율주행 자동차는 어떤 판단을 해서 어디서 멈추어 설 것인가?

일상에서 사람들은 흔히 '결정' 장애를 호소한다. 이는 판단을 내리는 일만큼 어렵고 중요한 것이 없음을 단적으로 말해준다. 판단력은 흥미로운 탐구 대상이다. 구구단이나 역사적 사실이나 영문법은 가르칠 수 있지만 판단력은 가르칠 수 없다. 재벌 2세는 자수성가한 재벌 1세보다 경영학의 원리를 많이 학습하지만, 종종 회사를 말아먹는 경우가 있다. 원리는 학습할 수 있지만 판단력은 학습되지 않을뿐더러, 판단력의 관건은 원리 학습이 아니라 원리를 사례에 적용하는 것 또는 사례에서 원리를 발견하는 것인 까닭이다. 인간은 다른 인간의 판단력을 훔치지 못한다. 그래서《판단력비판》의 저자 칸트는 판단력을 '천부의 자질'이라 했다.

판단력은 그것을 지도하는 상위의 교본이 없으며, 그 자체로 근본 지위에 있는 것이다. 예를 들어 의학상의 규칙, 치료요법 전체를 잘 공부한 의사를 생각해보자. 그 의학지식과는 별도로 환자에게 어떤 의학지식, 어떤 치료 규칙을 적용해야 하는지는 전적으로 그의 능력에 달렸다. 그 능력을 판단력이라 일컫는다. 개별적으로 주어진 사례에 어떤 보편적 규칙을 적용하는 것이 합당한지 결정하는 능력 말이다. 의료 사고를 내는 의사와 명의가 갈리는 지점은 바로 저런 판단력의 유무이다.

판단력의 문제는 좀 더 심각하다. 히틀러의 법학자인 카를 슈미트Carl Schmitt가 몰두했던 것 역시 내가 보기엔 '판단력의 문제'이다.《정치신학》에서 '독재'를 옹호한 이 법학자는 규칙이란 완벽히 합리적으로 구성되지 못한다고 생각했다. 가령 국가에 예산법이 없는데 예산을 집행해야 한다면 어쩔 것인가? 이런 예외상태에 대해 법은 답하지 못한다. "그저 국법은 여기서 끝나는 것이다."¹ 그렇다면 법적 절차가 진행되지 못할 때 누가 법 대신 결정하는가? 바로 법 위에 있는 통치자의 판단력이 결정한다.

인류는 오래도록 법이 예외상태와 맞닥뜨려 무용지물이 되지 않도록, 완벽히 합리적이도록 법을 다듬어나갔다. 슈미트의 주장은, 그래봤자 법은 본질적으로 예외상태와 마주쳐 어쩔 줄 모르며, 법이 무용지물이 된 이 예외상태는 법 위에 있는 통치자의 결정, 재량, 바로 독창적인 판단력에 따라 타개해 나갈 수 있다는 것이다. 그리고 그보다 앞서 통치자는, 현 상황이 법이 무력해진 예외상태인지 자체부터 독자적으로 판단한다.

그러므로 보편적이고 합리적인 법 위에, 한 인격의 천부적 재능인 판단력, 결정하는 능력이 놓인다. "모든 질서와 마찬가지로 법질서는 규범이 아니라 결정에 기초해 있는 것이다."² 법의 절차보다 위에 놓인 저 결정을 하는 것이 통치자의 판단력이다. 이렇게 규칙 위에 통치자의 판단력을 위치 짓는 이 사상은 히틀러 같은 독재자를 위한 법철학이다.

규칙이 아무리 합리적으로 마련되더라도 규칙은 그 자체로 영위될 수 없으며 결국 인격의 천부 재능인 판단력에 의존할 수밖에 없다는 생각은, 어떤 의미에서는 인간이 걸어온 합리주의에 대한 의심이다. 인류는 한 인격(또는 공모적인 몇몇 인격)의 판단력이 인간 사회를 좌지우지할 수 없도록 인격에 의존하지 않는, 누구에게나 언제나 예외 없이 작동하는 익명의 규칙을 만들려고 노력했다. 민주주의 자체가 이 예외 없는 익명적 규칙을 존중하며, 여기에 예외를 두고 끼어드는 한 인격의 판단력(독재자가 '결정'하는 유신이나 긴급권)을 못 참아한다.

4차 산업혁명의 의의는 바로 인공지능이 인간 고유 능력인 판단력의 자리를 넘본다는 데 있다. 예외로 인해 무너질 수 있는 합리적인 규칙을 실시간 보완하며, 개개 사례에 완벽하게 적용하는 혁명으로서 의의 말이다. 예컨대 알파고는 돌이 놓일 가장 좋은 자리를 판단한다. 그 판단이 실수를 저질렀을 때 사람들은 신기해하고 즐거워하지만, 인공지능은 곧 그 예외를 합리성으로 만회한다. '딥러닝', 바로 기계학습을 하는 까닭이다. 예외상태(적용되어야 할 규칙이 무용해지는 상태)가 발생하는 치욕은 점점 더 사라지며, 합리성의 자리를 한 인격의 판단력(총기를 잃었을 때는 변덕, 객기, 우유부단)에 내주는 일은 없어진다.

사람들은 인공지능이 인간이 원하는 바를 거스르며 판단하는 사태(인간에 대한 공격)를 우려한다. 그것은 어쩌면 궁극적으로는 인간의 재앙이 아니라 인공지능의 재앙이라 해야 할지 모른다. 인공지능 스스로 다시 한 인간의 판단력에, 존 오코너 같은 원시적 영웅의 결단에 자기 자리를 양보하게 될지 모른다는 점에서 말이다. 그렇다고 해서 인간이 다시 인간으로 돌아갈 의향이 있는 것도 아니다. 그는 자신의 은퇴를 앞당기기 위해, 인공지능을 다독이며 끊임없이 합리성을 향한 길로 나아가 차세대 판단력 혁명을 준비할 것이다.

신은 죽었다
그리고 인간도 죽었다

다소 유치해 보이는, 다소 치기 어려 보이는, 한마디로 중2병적으로 보이는, 그리고 무엇보다 썰렁하게 코믹해 보이는 이 제목을 나름대로 근현대사상사를 요약하는 것이라 평가하며, 여러분께 음미해보시라 권해본다.

"신은 죽었다"는 말은 니체를 통해 유명해졌다. 그러나 신이 니체의 선언과 더불어 처음으로 죽음을 맞이하진 않았다. 급진적인 철학자마다 신의 해골을 목에 걸고 있으므로 신은 게임의 주인공처럼 여러 번 죽는다.

적어도 근대사상에서 니체 이전에 신을 죽인 중요한 철학자는 칸트이다. 로베스피에르 Maximilien de Robespierre를 통해 현신한 프랑스의 급진적인 정치사상이 프랑스혁명을 통해 왕의 목을 잘랐다면, 코페르니쿠스적 혁명이라 일컬어지는 독일의 새로운 철학적 기풍은 칸트로 하여금 신의 목을 자르게 했다. 이 두 도살자의 이야기를 독일 시인 하이네Heinrich Heine는 《독일의 종교와 철학의 역사에 대하여》에서 이렇게 쓰고 있다.

> 사유의 제국의 위대한 파괴자인 이마누엘 칸트는 테러리즘이라는 면에서 로베스피에르를 훨씬 능가했지만, 이 두 사람을 비교할 때면 몇 가지 비슷한 점을 거론하지 않을 수 없다. 우선 두 사람은 칼로 자르는 듯한 엄격하고 감상이 없는 냉정한 정직함을 공유했다. 그리고 불신이라는 동일한 재능을 소유했다. 한 사람은 그것을 사유에 적용해서 비판이라 명명했고, 다른 한 사람은 그것을 인간에게 적용해 공화주의적 덕성이라 칭했다. (…) 한 사람은 왕을, 다른 한 사람은 신을 저울 위에 올려놓았다. (…) 그리고 그들은 정확한 무게를 달았다!¹

불신의 재능을 바탕으로 로베스피에르는 왕정 시대 구제도를 의심에 붙였고, 칸트는 중세 철학 이래 신이 존재한다는 확신을 의심에 붙였다. 왕과 신은 모두 무자비한 저울 위에 올려졌고, 신뢰의 함량이 모자란다고 판결 난 이들의 목은 잘

려나갔다. 하나는 단두대 위에서, 다른 하나는 전통적인 신존 재증명에 대한 비판 속에서.

칸트의 결론은, 신이 존재한다는 것은 인간 마음에 만연한 '환영幻影'이라는 것이다. 하이네는 쓴다. "신은 자연스러운 환영의 산물이다. (…) '희망을 포기하라!'는 단테의 말을 우리는 《순수이성비판》의 이 장 위에 써야 한다."[2] "희망을 포기하라!"는 문구는 단테Dante Alighieri의 《신곡》에 나오는, 지옥의 입구에 쓰여 있는 문구이다. 이제 신과 그의 천국은 실존하지 않는다. "자비도 아버지의 은혜도 이승의 단념에 대한 저승의 보상도 더 이상 존재하지 않는다. 영혼의 불멸성은 숨을 거두기 직전이다."[3]

하이네는 칸트를 로베스피에르와 비교함으로써, 실존하는 신의 죽음에 대한 칸트 견해의 혁명성을 성공적으로 부각하고 있다. 신을 죽인 자로서 칸트에 관한 하이네의 저런 묘사를 전제하고서만, 미셸 푸코가 《말과 사물》에서 결론적으로 드러내는 '인간의 죽음'에 대해서도 이해할 수 있다.

그러나 그 전에 니체를 경유해야만 한다. 니체는 《즐거운 지식》의 125절 〈미친 사람〉에서 신의 죽음에 관해 이야기한다. 밝은 대낮에 등불을 들고 거리를 쏘다니며 "나는 신을 찾는다"라고 외치는 광인이 있다. 그는 사람들을 쏘아보며 외친다. 너희들과 내가, 우리가 신을 죽였다! 신을 매장하는 인부들의 소리를 듣지 못하는가? 신이 썩어들어가는 저 냄새를 아직 맡지 못했는가? 미친 사람은 대낮에도 등불을 켜야 하지 않는지 묻는다. 밤은 점점 짙어가고 있다.

신은 죽었고, 세상에는 밤이 왔다. 신이 죽었다는 것은, 니체가 염증을 내던 기독교적 신의 죽음만을 뜻하지 않는다. 고대인들의 이데아를 중심으로, 중세인들의 신을 중심으로 오랜 세월 짜인 세상의 다양한 가치들의 직조물 자체가 누더기가 되었다는 뜻이다.

예컨대 기독교적 신의 죽음 뒤에 그 신의 자리가 '아버지'에게 상속되었다면, 진정한 신의 죽음은 '신의 자리'의 파괴 속에서 완성될 것이다. 이런 맥락에서 볼 때 신의 자리를 상속받은 부성적父性的 원리, 즉 오이디푸스를 개인과 사회 모든 차원에서 욕망에 대한 억압자로 보고 파괴하려 한 들뢰즈와 가타리의 《안티 오이디푸스》는 신의 죽음을 사유한 가장 최근의 형태일 것이다.

그런데 중요한 것은, 전통적 가치의 와해가 단지 신의 죽음 속에서만 사유되는 것이 아니라는 점이다. 궁극적으로 그것은 '신의 죽음'과 긴밀히 연관된 '인간의 죽음'을 통해서도 사유되어야 한다.

우리가 읽은 하이네의 저 구절이 알려주듯 신을 죽인 자는 니체 이전에 칸트이다. 칸트에게서 신의 죽음이란, 신의 실존

여부를 결코 알 수 없는 인간의 무능력에서 기인한다. 이 무능력을 인간의 '유한성'이라는 말로 바꾸어 써도 좋을 것이다. 요컨대 칸트에게서 신의 죽음과 인간의 유한성은 맞물려 있다. 이 점에 관해 미셸 푸코는 《말과 사물》 마지막 부분에서 적절히 쓰고 있다.

> 신의 죽음과 최후의 인간이 이해관계를 같이한다는 것은 명백해진다. (…) 신을 죽인 자로 자처하고 이 살해의 자유와 결정을 삶으로 구현하는 것은 최후의 인간이 아닐까? (…) 신을 죽였으므로 자기 자신의 유한성에 대한 책임을 져야 하지만, 최후의 인간이 말하고 사유하고 살아가는 것은 바로 신의 죽음 속에서이므로 (…) 인간은 곧 사라질 것이다.[4]

신을 죽인 뒤 남겨진 최후의 인간은 바로 이 살해의 추억 속에서 살아간다. 달리 말해, 신의 생존을 확인하지 못하는 인간에게 남겨진 사유의 과제란 이제 자신의 유한성을 이해하는 일이다. 유한성의 형식 속에서 인간이 자기 자신을 사유하는 학문을 '인간학'이라고 한다. 칸트는 신이 세계에 부여했던 가치들을 어떻게 유한한 인간이 대신 떠맡을 수 있을지 고심했던 것이다. 《순수이성비판》으로 대표되는 '비판철학'과

20여 년 동안 강의 주제로 다루었던 '인간학'을 통해서 말이다. 이를테면 신이 더 이상 주관하지 못하는 '세계가 향하는 목적'을 이제 인간 이성이 대신 주관할 수 있을까와 같은 문제에 대한 고심.

그러나 인간학은 인간을 그의 당면한 죽음에서 영구히 구해주지는 못한다. 인간학이 탄생시킨 근대의 인간은 결국 니체를 통해 죽음을 맞이할 운명이다.

신의 죽음이 곧 인간의 죽음으로 귀결되리라는 것을 하이데거는 니체에 관한 글 〈'신은 죽었다'는 니체의 말〉에서 이렇게 쓰고 있다.

> 현실적인 모든 것이 추구하는 근원적 목적으로서의 신이, 즉 초감성적인 근본 바탕으로서의 신이 죽었다고 한다면, 이념들의 초감성적 세계가 자신의 구속력(지배능력)을 상실할 뿐만 아니라 특히 무엇보다도 자신의 고무적인 힘과 건설적인 힘을 상실했다고 한다면, 인간이 의지하고 따를 수 있는 것은 아무것도 남아 있지 않을 것이다.[5]

즉 신이 죽었다면, 피조물인 인간 저 혼자서는 인간이 의지하고 있던 가치를 지켜낼 수 없는 것이다. 그리고 인간이 의

지했던 가치의 몰락(허무주의)과 함께 그 가치가 피와 살을 이루었던 인간 역시 사라지는 것이다.

하이데거의 이러한 생각은 인간의 죽음을 기록하는, 푸코의 《말과 사물》에 나오는 다음과 같은 구절에도 그대로 투영되고 있다.

> 오늘날의 사유가 필시 인간학의 근절을 위해 기울일 최초의 노력은 아마 니체의 경험에서 찾아보아야 할 것이다. (…) 니체는 인간과 신이 서로에게 속하고 신의 죽음이 인간의 사라짐과 같은 뜻을 지니고 약속된 초인의 출현이 무엇보다도 먼저 인간의 임박한 죽음을 온전히 의미하는 지점을 발견했다.[6]

신의 죽음과 인간의 죽음이 별개로 있는 것이 아니다. 신의 죽음의 완성이 곧 인간의 죽음이다. 각종 '인간학'은 신이 죽으면서 남긴 가치의 상속자로 인간의 이성을 지목하려 할지라도, 철학의 시선이 이제 가닿는 사업은 목적론 같은 전통적인 가치를 상속받는 일이 아니다. 오히려 그것은 인간 이성이 지닐 수 있는 덕목 저편에, 지금까지와는 전혀 다른 새로운 삶이 펼쳐질 수 있는지 살피는 일이다.

푸코는 말한다. "철학의 영역에서 '인간이란 무엇인가Was is

der Mensch?'라는 질문의 도정은 그 질문을 거부하고 무력하게 만드는 초인der Übermensch이라는 답변을 통해 완성된다."[7] 인간의 죽음이 인간을 넘어서는 삶, 초인의 개념을 살피게끔 우리를 부추긴다.

4

우리가 사는 방식

유사성,
게가 된 사무라이

사람의 얼굴을 한 게가 있다.

12세기 일본에서는 다이라平 가문과 미나모토源 가문 사이에 권력 싸움이 일어난다. 미나모토 가문이 최종적으로 승리하면서 다이라 가문은 멸망하고, 겐지源氏는 일본의 주인이 되어 가마쿠라鎌倉 막부를 세운다. 두 가문의 최후 전투는 시모노세키下關 단노우라壇浦에서 벌어진 해전이었다. 이 해전에서 다이라 가문이 세운 천황 안토쿠安德뿐 아니라 수많은 가신이 바다에 몸을 던져 죽음으로써 전쟁은 끝난다. 두 가문의 전쟁을 노래한 13세기의 《헤이케 이야기》는 여덟 살밖에 되지 않은 천황의 애달픈 죽음을 다음과 같이 기록한다.

놀란 얼굴로 "나를 어디로 데려가려는 게냐?" 하고 묻자 이위 마님[천황의 할머니]은 어린 주상을 쳐다보며 눈물을 참고서 "마마께서는 아직 모르고 계셨나이까? 전생에 십선의 계행을 하신 공덕으로 현세에 만승천자로 태어나셨으나 악연으로 인해 이제 운이 다하신 거랍니다. 우선 동쪽을 향해 이세의 대신령께 작별 인사를 드린 다음, 서방 정토에서 맞아주시도록 서쪽을 향해 염불을 올리도록 하십시오. 이 나라는 변방소국이어서 귀찮고 어지러운 일이 많았기에 극락정토라는 좋은 곳으로 모시고 가려 합니다" 하고 울며 아뢰었다. 그러자 푸른빛이 도는 황의를 입고 각발을 한 얼굴이 눈물로 범벅이 된 주상이 작고 여린 두 손을 모아 합장하더니 먼저 동쪽을 향해 이세 대신령께 작별 인사를 올리고, 그다음 서쪽을 향해 염불을 올렸다. 그러자 이위 마님은 바로 주상을 품에 안더니 "바다 밑에도 황궁이 있답니다" 하고 달래면서 천길 바닷속으로 몸을 던졌다.[1]

이《헤이케 이야기》는 또 다른 전쟁 이야기 《일리아스》가 맹인 시인 호메로스의 노래를 통해 퍼졌듯, 비파 연주를 하는 맹인 승려(비파법사) 집단의 노래로 일본 전국에 퍼져 나간다. 저 맹인 비파법사와 관련된 일본 설화가 〈귀 없는 호이치〉이다. 이 이야기는 라프카디오 헌Lafcadio Hearn이 채집한 1904년의 설화집《괴담》에 수록되어 있다. 다이라 가문의 죽은 원혼들은《헤이케 이야기》를 비파 연주와 함께 읊는 명인인 맹인 승려 호이치에게 날마다 이 이야기를 청한다. 그러나 호이치는 결국 원혼들에게 죽을 운명이다. 이를 알게 된 절의 주지 스님이 그의 온몸에 불경을 써넣게 해 호이치는 귀신의 화를 면하게 된다.

고바야시 마사키小林正樹의 1964년 영화 〈괴담〉이 이 설화를 탁월하게 형상화하고 있는데, 영화에서 사무라이의 원혼을 피하기 위해 승려의 얼굴 가득 붓으로 불경을 적은 인상적인 장면은 2024년 한국 영화 〈파묘〉에서도 반복된다. 여담으로, 〈괴담〉에서 '허공을 부유하는 불로 연출된 혼령'은 세월이 흐른 뒤 고전 명작 게임 〈귀무자〉가 그대로 계승한다.

○●● 영화 〈괴담〉에서 다이라 가문의 죽은 원혼들은 날마다 맹인 승려 호이치에게 〈헤이케 이야기〉를 청한다. 결국 원혼들에게 죽을 호이치의 운명을 알게 된 절의 주지 스님은 그의 온몸에 불경을 써넣어 화를 면하게 한다.

흥미로운 것은 천황과 다이라 가문의 사무라이들이 몸을 던진 바다에는 특별한 게들이 나타난다는 점이다. 바로 다이라 가문의 이름을 가진 '헤이케게平家蟹'로, 한국에서는 '조개치레', '도깨비게' 등으로 불린다. 이 게의 등에는 무서운 표정을 한 사무라이의 얼굴이 새겨져 있다.

영국 생물학자 줄리언 헉슬리Julian Huxley는 1952년에 이 특별한 헤이케게를 '인위선택artificial selection'의 소산으로 설명했는데, 칼 세이건도 《코스모스》 같은 유명한 과학 서적에서 이 설명을 다음과 같이 반복한다.

> 어부들 사이에 구전되는 전설에 따르면 헤이케의 사무라이들은 게가 되어 지금도 일본 내해 단노우라의 바닥을 헤매고 있다고 한다. 그런데 이곳에서 발견되는 게의 등딱지에는 기이한 무늬가 잡혀 있는데 그 무늬는 섬뜩하리만큼 사무라이의 얼굴을 빼어 닮았다. 어부들은 이런 게가 잡히면 단노우라 해전의 비극을 기리는 뜻에서 먹지 않고 다시 바다로 놓아준다고 한다. (…) 어떻게 무사의 얼굴이 게의 등딱지에 새겨질 수 있었을까? 답은 아마도 '인간이 게의 등딱지에 그 얼굴을 새겨놓았다'일 것이다.[2]

○●○ 천황과 다이라 가문의 사무라이들이 몸을 던진 단노우라 바다에는 등에 무서운 표정의 사무라이 얼굴을 새긴 '헤이케게'가 나타난다. 한국에서는 조개치레, 도깨비게 등으로 불린다.

헤이케 사무라이들이 몰살된 단노우라 해전 이후 어부들은 사무라이 닮은 게들을 먹길 꺼린다. 반면 등딱지가 평범한 게들은 모두 식용의 대상이 된다. 그러면서 사무라이의 모습을 더 많이 닮은 게들의 생존 확률이 높아졌고, 게들은 등딱지에 사무라이 얼굴이 점점 또렷이 나타나는 쪽으로 진화한 것이다. 그야말로 자연선택이 아니라 인위선택에 의한 진화이다.

그런데 헤이케게에 관한 이 인위선택의 가설은 1993년 마틴Joel W. Martin이 발표한 논문 〈사무라이게〉[3]를 통해 이렇게 반박당한다. 헤이케게의 사무라이 얼굴 같은 등 모양은 껍질 내부에서 근육을 고정하기 위해 그 종種에게 필수적으로 생길 수밖에 없는 것이지 (우연적인) 장식이 아니라는 점, 이 게는 일본뿐 아니라 동아시아 여러 지역에 서식한다는 점, 화석에서 알 수 있듯 지구상에 인류가 출현하기 전부터 존재했다는 점, 이 게의 최대 크기가 31밀리미터였기에, 즉 먹을 게 못 되었기에 단노우라 어부들은 그물에 걸린 게들을 그냥 버렸고, 따라서 게들을 관찰하며 사무라이를 닮았는지 아닌지 분류할 일도 없었다는 점 등등.

그렇다면 헤이케게에 관한 인위선택설은 과학적 근거가 없는 것인데, 무엇을 근거로 생겨났을까? 이 과학적 가설은 놀랍게도 민간설화에 뿌리를 두고 있는 듯하다. 바다에 빠져 죽은 다이라의 사무라이들이 그들의 얼굴을 등에 새긴 게가 되었다는 전설은 라프카디오 헌이 일본 설화를 채집한 《골동》에도 나오지만, 더 멀리 거슬러 올라간다. 19세기 우키요에浮世繪 화가 우타가와 구니요시歌川国芳는 죽은 사무라이가 헤이케게가 된 전설을 바탕으로 여러 작품을 남겼는데(마틴의 논문에서도 찾아볼 수 있다), 이는 이 전설이 오래전부터 일본인의 정신세계의 일부를 이루었음을 알려준다.

'유사성'이 이 전설을 만들어낸 일본인의 정신적 핵심을 구성하고 있다. 게 등의 무늬와 사무라이 얼굴의 유사성 말이다. 이제 우리는 '삶의 양식'과 '과학적 진리'가 갈라지는 지점에 서 있다. 전설이나 설화로 풍부하게 채워진 일상적 삶의 세계를 지키는 외벽 가운데 하나가 바로 유사성이다. 제주도의 용

○●○ 19세기 우키요에 화가 우타가와 구니요시가 그린 〈바다에서 게가 된 사무라이들〉은 헤이케게가 된 죽은 사무라이의 전설에 바탕을 둔 작품이다.

두암龍頭岩이나 우도牛島는 바로 지형지물과 동물 형태의 유사성에서 얻어진 명칭이다. 행동이 느린 이에게 붙는 '거북이'처럼 짓궂게 지어진 별명도 마찬가지이다.

고대 중국 무술 역시 얼마간 그렇지 않을까? 성룡成龍의 초기 작품 〈사형도수〉는 비슷한 시기의 히트작 〈취권〉보다 개인적으로 낫다고 생각하는 명작인데, 뱀이나 고양이, 독수리가 공격하는 모습과 유사한 권법을 쓰는 문파들의 이야기이다. 영화 〈똥개〉에서도 잠깐 언급된 '당랑권'은 사마귀와 비슷한 몸짓을 하는 무술이다. 유사성은 자연이 무술가들의 스승이 되게끔 이끈다. 삶은 온통 유사성으로 가득 차 있다. 유사성은 우리가 살아나가는 방식 자체인 것이다.

미셸 푸코가 《말과 사물》에서 보여주듯 르네상스 시대에는 이 유사성이 학문적 지식의 자리에까지 올랐다. 예를 들어 16세기 독일의 연금술사 크롤리우스Crollius는 날씨와 인체의 유사성을 사유했는데, 푸코는 그의 생각을 이렇게 전한다.

> 구름이 뭉게뭉게 일어나면 복부가 부풀어 오르고, 천둥이 치면 방광이 찢어진다. 또한 번개가 번쩍이는 사이에는 안광眼光이 끔찍하게 번뜩이고, 비가 쏟아지는 동안에는 입에 거품이 일며, 벼락이 떨어질 때에는 살갗이 정기精氣로 인해 파열된다. 그러나 마침내 날씨가 다시

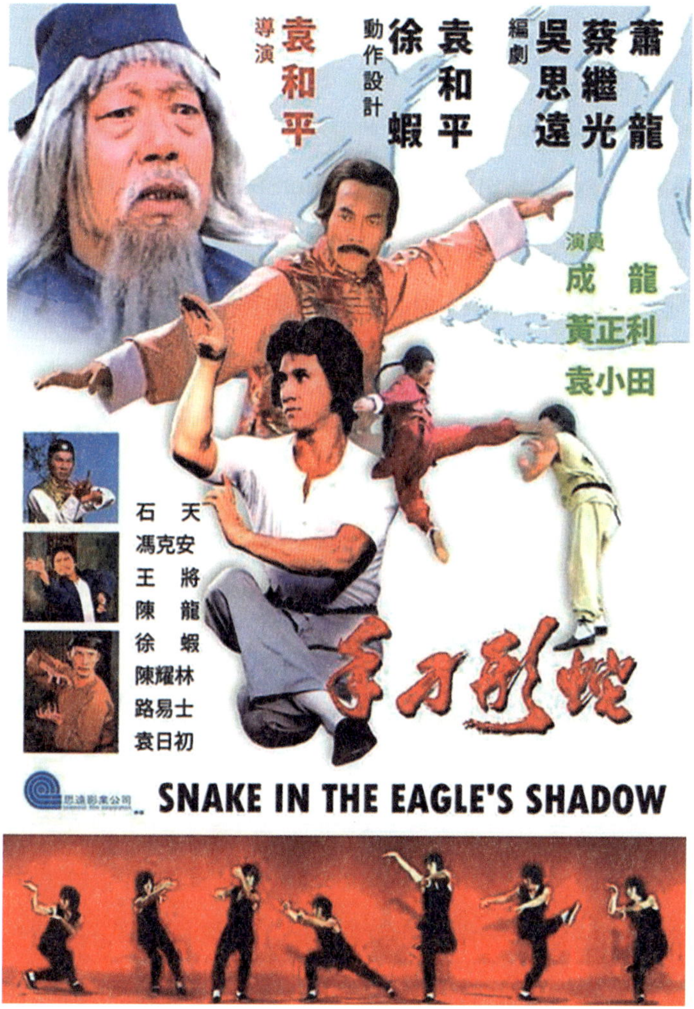

○●○ 성룡의 초기 영화 〈사형도수〉는 뱀이나 고양이, 독수리가 공격하는 모습과 유사한 권법을 쓰는 문파들의 이야기이다. 유사성은 자연이 무술가들의 스승이 되게끔 이끈다.

맑게 갤 때면 환자에게 이성이 다시 깃든다.[4]

사실 현대인도 유사성에 입각한 이런 식의 생각에 유혹받는다. "날씨가 흐리니 마음도 찌푸렸어." 그러나 유사성은 결코 과학적 지식이 될 수 없다. 르네상스를 마감한 17세기인들, 베이컨이나 데카르트 같은 철학자들은 입을 모아 유사성을 오류의 원천으로 고발한다. 예를 들어 베이컨은 《신기관》에서, 자연 안에는 예외와 차이가 가득한데 사람들은 서로 상관없는 것들의 유사성을 발견하려 한다고 비판한다.

그러나 유사성을, 진리에서 멀어지는 유치한 사고방식이라는 죄명을 달아 쫓아낼 수는 없을 것이다. 유사성은 우리가 사는 세계를 구성하는 동시에 진리에서는 밀려난다. 그것은 학문적 진리는 아니지만, 인간 마음 깊은 곳에 자리하고서 인간의 삶 자체를 만들어왔다. 유사성에 뿌리를 둔 은유나 직유 같은 수사의 역사가 알려주듯, 이런 수사를 의미 있게 만드는 척도가 진리가 아닌 것처럼, 삶 자체와 구별할 수 없는 문학의 척도는 진리가 아닌 것이다.

단노우라 바다에는 게로 변한 사무라이들이 있다. 누구든 이 게를 보고 이 게의 전설을 들으면 원혼의 슬픔에 공감하게 된다. 유사성은 사라진 세계의 사람들을 현세의 사람들과 이어주는 끈이 된다. 세상을 유사하게 보는 정신이 없었다면, 애통한 인간들의 삶은 현세에서 사라지고 과학이 지키는 앙상한 진리만이 우리 삶에 남겨졌을 것이다. 게임 〈데빌메이크라이〉의 단테처럼 죽은 어머니를 닮은 여자를 구원해주는 일도 없을 것이다.

모방

인간은 모든 존재 가운데 가장 모방을 잘한다. 재능 있는 인물이나 재주 없는 인물이나 늘 모방을 한다. 이를테면 모두 술과 담배는 잘 따라 한다. 또 모두 나름의 롤모델을 모방하면서 무섭고 불투명한 앞날을 향해 나아간다.

모방은 도덕상의 또는 가치 평가상의 기준이 되기도 하는데, 매우 반대되는 두 측면에서 그렇다. 한편에서 최악으로 변질된 모방을 도덕적으로 비난할 때 그것은 '표절'이라는 이름으로 불린다. 한 사회의 모든 도덕적 규범을 낡은 것으로 여기고 그 사슬을 끊어버리려는 급진적인 예술가도 표절이라는 금줄에 걸리는 것만은 도덕적 수치로 여긴다.

이와 완전히 반대되는 편에서 모방은 가치 기준의 표식이 되기도 한다. 예를 들면 스포츠와 무술의 기본이 무엇인가? 선생이 알려주는 모범적 자세를 그대로 모방하는 것이다. 특히 '운전' 같은 실생활에 필요한 기술을 배울 때는 반드시 선생이 알려주는 동작을 모방해야 하며, 무모하게 창의성을 발휘하려고 시도해서는 절대 안 된다. 그런 시도는 큰 사고를 초래할 수 있으리라. 제사나 식사법처럼 몸으로 익혀야 하는 형식적인 예절도 모방의 대상이다. 학생이 제대로 모방했을 때 '제대로 된 인간이다', '훌륭하다' 등 가치에 대한 평가가 들려온다.

이렇게 모방은 한 부족의 중심에 들어앉은 신처럼 한편으로는 비난을, 다른 한편으로는 칭찬을 쏟아내며 인간 삶을 주관한다. 요컨대 모방은 인간이 사는 방식 자체이다.

모방을 둘러싼 논의의 기원에는 예술이 있다. 플라톤과 아리스토텔레스는 예술이 바로 모방, '미메시스'에서 생겨난다는 것을 세련된 이론을 통해 확인한 최초의 사람들이다. 아리스토텔레스는 그의 예술론을 담은 《시학》에서 모방이란 인간의 본성에서 기인한 행위이며, 예술은 색채나 형태·율동·소리 등을 모방하는 데서 성립한다고 말한다. 무엇보다 인간은 실물이 아니라 모방된 것에서 '쾌감'을 느끼기에, 모방이 예술 작품을 만들어낼 수 있는 것이다. "아주 보기 흉한 동물이나 시신의 모습처럼 실물을 볼 때면 불쾌감만 주는 대상이라

도 매우 정확하게 그려놓았을 때에는 우리는 그것을 보고 쾌감을 느낀다."¹

플라톤도 예술의 기원을 모방에서 찾지만, 아리스토텔레스와 달리 바로 이 모방 때문에 예술을 비난한다. 플라톤의《국가》의 한 구절이다. "화가는 구두 만드는 사람과 목수 그리고 다른 장인들을 우리에게 그려는 주지만, 이 기술들 가운데 어느 하나에 대해서도 정통하지 못하다고 우리는 말하네."² 예술가는 장인들의 외관은 훌륭하게 모방하지만, 본질에 해당하는 그들의 기술에 관해서는 전혀 알지 못한다.

본질이 아닌 외관만 흉내 낸다는 점에서 예술은 비난받을 수 있다. 예를 들어 어떤 정치가를 선전하는 그림이나 광고의 경우를 생각해보자. 그 작품들은 정치가로서 한 사람의 그럴듯한 외관을 잘 흉내 낼 수는 있지만, 정치가로서 그의 실제 능력은 전혀 알려주지 못한다. 그 결과 시민들로 하여금 가짜 외관에 속아 무능한 이를 중요 직책에 선출하게끔 유도할 수 있다. 반대로, 예술은 흑색선전의 도구가 되어 공동체에 가장 필요한 현자를 위해한 인물로 둔갑시켜버릴 수도 있다(희극작가 아리스토파네스가 궤변가로 희화해버린 소크라테스가 이에 해당한다). 이런 맥락에서 예술적 모방에 대한 플라톤의 비난은 도덕적 비난이다.

현대에 와서 사르트르는 '공식 초상화'를, 별 볼 일 없는 그

초상화 주인(권력자)의 외모에 있는 단점을 숨겨 그를 괜찮은 사람으로 둔갑시키는 일종의 사기술로서 분석하는데, 이때 사르트르는 예술을 도덕적으로 비난하는 플라톤의 전통에 서 있다.

그러나 앞서 말했듯 모방은 예술의 영역에 국한되지 않고, 오히려 인간이 사는 방식 그 자체이다. 이런 관점에서 가장 먼저 주목해야 하는 사상가가 스피노자이다. 《에티카》에서 스피노자는 사람들이 정서적 차원에서 서로 모방 관계를 형성한다는 점을 간파했다.

인간은 타인의 정서를 모방한다. 그래서 동감하는 마음을 품게 된다. 또 타인이 자신의 정서를 모방하기를, 즉 자신과 같은 기쁨이나 슬픔을 느끼기를 요구한다. 연인이나 부모 자식 사이에서도 그러한데, 자기에게 즐거움을 준 음식이나 놀이를 상대방에게 집요하게 강요하는 경우에서 이를 찾아볼 수 있다. 이러한 사실이 알려주는 것은 인간은 이성적 의사 결정의 공동체이기에 앞서 정서 모방의 공동체라는 점이다.

스피노자처럼 하이데거 역시 통상적으로 인간이 타인을 모방하면서 살아나간다는 점을 잘 알고 있었다. 그는 《존재와 시간》에서 말한다.

> 우리는 남들이 즐기는 것처럼 즐기며 좋아한다. 우리는 '남들'이 보고 판단하는 것처럼 읽고 보며 문학과 예술

에 대해서 판단한다. (…) '남들'이 격분하는 것에는 우리도 '격분한다.'³

　한마디로 우리에게는 애초부터 주어진 독창성 같은 것이 없다. 우리는 늘 타인의 마음을 베끼고 있는 것이다. 남들이 좋아하는 책을 우리도 좋아하며, 남들이 줄 서서 보는 예술품 앞에서 우리도 남들처럼 감동한다. 단지 좋아함이나 싫어함 같은 정서가 아니라, 그런 정서를 만들어내는 '판단 자체'를 남들에게서 모방하는 것이다. 우리는 남들처럼 '좋다'고 판단하고 남들처럼 '싫다'고 판단한다. 특히 예술 작품을 판단할 때 그런 경우를 많이 보지 않는가? 이미 남들이 만들어놓은, 유명한 고전 작품에 대한 평가를 바탕으로 그 작품을 대하는 일이 적다고 할 수 없다.

　잠깐 지나가면서 지적하자. 칸트는 인간의 능력 가운데 판단력은 '타고난' 고유의 능력이며, 따라서 학습할 수 있는 능력이 아니라고 한 바 있다. 그런데 우리가 보았듯 모방이 무엇보다도 '타인의 판단에 대한 모방'이라면, 칸트의 저 생각은 수정해야 할지도 모르겠다.

　이렇게 우리는 인간의 삶 전반이 모방 행위에 광범위하게 빚지고 있음을 보았다. 《미니마 모랄리아》에서 아도르노의 다음과 같은 문장은 우리가 모방과 관련해 탐색해온 바를 요약해주는 글로 받아들일 수 있다. "인간적인 것은 '모방'과 긴밀하게 연결되어 있다. 인간은 다른 인간 존재를 모방함으로써 인간적이 되는 것이다."[4]

이야기했듯, 모방의 많은 부분은 정서의 차원 등 의식적인 이성적 활동 이전에 이루어진다고 할 수 있다. 달리 말하자면, 모방은 이성적 계산이 개입하는 것보다 빨리 인간의 삶을 만들어나간다. 이성 이전의, 삶의 가장 원초적인 차원의 모방이라 할 만한 것이 여기에 있으니 바로 '잠을 자는 행위'이다. 이 행위에 대한 성찰은 우리를 모방의 좀 더 깊은 차원으로 이끌 것이다. 메를로퐁티는 《지각의 현상학》에서 이 잠자는 일의 모방에 대해 다음과 같이 쓰고 있다.

> 나는 나의 침대 위에서 왼쪽으로 모로 누워 무릎을 굽히고 눈을 감고 있으며 숨을 천천히 쉬면서 나의 계획들로부터 풀려난다. (…) 디오니소스의 종교의식에서 신자들이 신의 삶의 장면들을 흉내 냄으로써 신에게 구원을 비는 것처럼, 나는 잠자는 사람의 호흡과 그 자세를 모방함으로써 잠이 오기를 청한다. (…) 잠이 '오는' 순간이 있고, 잠은 내가 제의하고 있었던 잠의 모방에 의거해서 과해지며, 나는 내가 그런 존재인 체하고 있었던 그런 존재가 되는 데 성공한다.[5]

디오니소스 종교의 신자만 자신의 신을 흉내 내는 것이 아니다. 현대 종교의 사제도 최후의 만찬에 자리한 예수의 행동을 따라 한다. 신자들 역시 성체를 영한 예수의 제자들을 따라 함으로써 그 제자들과 마찬가지로 신과의 관계에 들어간다. 같은 맥락에서, 잠자기를 원하는 자가 잠들기 위해서는 잠자는 자의 자세를 모방해야 한다. 눕거나 기대고, 호흡을 느리게 하며, 무엇보다 눈을 감아야 한다. 그렇게 해서 잠이 찾아오면 자려는 자는 자기가 그 모습을 흉내 낸 자, 곧 잠에 빠져든 자의 '존재와 일치'한다.

이것이 알려주는 바는 무엇인가? 가장 심오한 차원에서, 모방은 '둔갑'의 문제 또는 존재론적 문제라는 것이다. 저 모방의 기원은 모든 인간의 뿌리가 자리 잡은 아득한 옛날로 거슬러 올라간다. 토템 신앙의 사제가 부족이 모시는 토템의 성격과 모습을 흉내 낼 때, 사제는 바로 그 토템의 현현 자체가 된다. 공동체 전체를 위해 토템의 힘이 출현하는 것이다. 그럼 신화를 모두 잃어버린 우리 현대인은? 불만의 하루를 마치고 어지러운 잠을 자는 밤, 설치류의 동굴 같은 각자의 꿈속에서야 비로소 자기가 되고 싶은 것을 모방한다. 둔갑은 오타쿠들이 상징적으로 보여주듯 깊고 깊은 자신의 방 안에서만 이루어지며, 꿈은 방을 꽉 채우지만 방 문턱 바깥으로 나올 힘은 없다.

웨이터의
세계

 원하면 늘 기분 좋게 외식을 할 수 있었던 것은 아니다. 밖에서 괜찮은 식사를 할 수 있는 곳, '원기를 회복시켜주는(레스토레restaurer)' 곳, 바로 레스토랑restaurant은 18세기에야 프랑스에서 태어났다. 레스토랑은 근대의 산물인 것이다. 우리는 근대를 '계획적인 전문적 사업'의 시대로 이해한다. 그러면 근대의 산물로서 레스토랑 역시 이 근대의 전문성을 비추어주는 거울이 아닐까? 근대성을 이해하려면 레스토랑의 본질을 사유해야 하지 않을까? 특히 매뉴얼에 따라 한 치의 오차도 없는 완벽한 절도를 갖춘 웨이터들은 근대 직업의 상징이다.
 레스토랑은 근대의 시계나 공장 톱니바퀴처럼 정확히 돌아간다. 바로 레스토랑이 자랑하는 완벽하게 전문적인 웨이터들 덕분이다. 마르셀 프루스트는 웨이터들이 톱니바퀴를 돌리는 레스토랑이라는 이 경이로운 천체의 질서를《잃어버린 시간을 찾아서》에서 이렇게 기록하고 있다. 20세기 초의 풍경이다.

틀림없이 그들 중 한 명은 전채 요리를 나르거나 포도주를 바꾸거나, 잔을 더 갖다 놓기 위해 달렸을 것이다. 그러나 이런 특별한 이유들에도 불구하고 둥근 식탁 사이로 끊임없이 이어지는 경주는 마침내 현기증이 날 정도로 규칙적인 순환 법칙을 산출해내기에 이르렀다. 수많은 꽃 더미 뒤에 앉아 끝없이 계산에 몰두하던 두 명의 끔찍한 계산대 아가씨들은, 마치 중세 과학에 따라 구상된 천구天球에서 때때로 발생할 수 있는 혼란을 점성학적인 산술로 예측하는 일에 전념하는 구 마법사와도 같았다.[1]

웨이터들은 복잡한 식탁들 사이로 규칙적으로 움직이는 천체들이다. 그리고 계산대의 아가씨들은 천체의 오차를 바로잡는 마법사나 과학자처럼 계산하고, 손님들에게 계산의 결과를 정확히 알려준다. 분업·전문성·규칙성… 근대가 자랑하는 모든 것이 레스토랑에 집약되어 있다.《수호지》같은 고전에도 호걸들이 술집에서 술을 주문하는 수많은 장면이 나오지만, 이런 과학적이고 정교한 종업원의 동작은 없다. 무엇보다 근대는 눈이 돌아가는 빠른 속도의 세계이다. 프루스트는 경탄하며 쓴다. "음식을 나르는 종업원 몇 명이 쭉 펴 올린 손바닥에 접시를 올려놓고 식탁 사이로 잠시 풀려났다가 전속력으로 달려가는 모습이, 마치 접시를 떨어뜨리지 않고 하는 달리기 시합처럼 보였다."[2]

웨이터의 업무는 반도체나 자율주행 자동차의 기술만큼 전문적이며 그만큼 탄복할 만하다. 호텔과 레스토랑을 다루는 소설들은 놀라운 웨이터들에 관한 증언자들이다. 체코 작가 보후밀 흐라발의 《영국 왕을 모셨지》는 호텔 레스토랑 웨이터의 생생한 삶을 유쾌하고도 과장되게 기록한 작품이다. 그의 소설은 프루스트가 기록한 웨이터의 모습 자체를 더욱 세밀히 관찰하고 있다. 소설에서 한 웨이터는 경이로울 만큼 전문적인 기술을 보여준다.

> 사실 아무도 카렐처럼—그 웨이터 이름이다—그렇게 많은 접시를 들고 갈 생각은 엄두조차 내지 못했다. 그는 스무 개나 되는 접시를 한 쟁반에 가지런히 담아 팔을 뻗어 그 쟁반을 손에 얹고 뻗은 팔이 좁은 테이블이라도 되듯 그 위에 접시 여덟 개를 더 올렸다. 거기다가

부채꼴 모양으로 쫙 벌린 손가락에 두 개를 더 얹은 다음 다른 팔로 접시 세 개를 들었다. 거의 곡예 수준의 숫자였다.[3]

 이 웨이터는 자신의 직업 자체의 전문성에 몰입하고 있다. 그가 혹시 접시를 떨어뜨리는 실수를 한다면? 그렇다. 어떤 손님과 부딪치며 그는 접시 두 개를 떨어뜨린다. 그러자 그는 나머지 접시 열 개를 모두 내던져버린다. 그러고는 화를 참지 못해 주방과 레스토랑 자체를 난장판으로 만든다. 모든 유리잔이 들어 있는 큰 찬장을 넘어뜨리려 하고, 세면대를 발로 차고 수도 파이프까지 잡아뗀다. 왜 그럴까?
 "이 방면의 전문가인 사람은 누구나 그 접시 두 개와 같은 상황이 벌어진다면 자신들도 나머지 접시 열 개를 똑같이 만들어버릴 거라고 했다. 웨이터에게는 자신을 대표하는 서빙 기술만이 자존심이며 명예이기 때문이었다."[4] 완벽함이 아니라면 파멸이 낫다. 그것이 전문성을 획득한 자의 정체성이자 자존심이다.
 웨이터의 전문성이 곡예사의 정교함으로만 나타나는 것은 아니다. 정교함은 기술뿐 아니라 우아함으로도 표현된다. 에이모 토울스의 《모스크바의 신사》는 러시아 혁명 이후 모스크바의 메트로폴 호텔에 연금된 채 살아가는 매력적인 귀족의 이야기인데, 1920년대 이 호텔의 고급 레스토랑 웨이터를 이렇게 묘사한다.

> 자리에 앉으면 손님은 하얀 연미복을 입은 웨이터에게서 나무랄 데 없는 시중을 받을 것이다. (…) 그 여자가 와인 목록을 들고 추천해달라고 했을 때 그는 적어도 게르만식으로 딱딱하게 1900년산 보르도를 가리키지는 않았다. 그는 시스티나 성당 천장에 그려진, 조물주가 생명의 불꽃을 보내려는 찰나의 그 손짓을 연상시키는 태도로 집게손가락을 천천히 폈다.[5]

미켈란젤로Michelangelo Buonarroti가 그림으로 메워야 했던 시스티나 성당 천장에서, 아담에게 닿을 듯 말 듯 우아하게 뻗치고 있는 손가락은 현실 세계에서는 누구의 것인가? 하느님의 것인가? 바로 우아한 웨이터의 것이다. 레스토랑의 전문성은 웨이터의 우아함을 반드시 필요로 한다.

그런데 근대적 직업은 농부나 기사, 사도, 순교자, 신내림 받은 점쟁이 같은 천직이 아니다. 직업은 결국 연기演技의 문제이다. 출근과 퇴근은 무대에 오르고 내려오는 시간이며, 모든 말은 대사臺詞이다. 무대에서 내려온 뒤에도 연기할 것을 강요해서는 안 되기에 퇴근 후 전화 호출이나 톡은 금물이다.

이런 '배역으로서의 직업'을 가장 잘 표현하는 것이 바로 웨이터이다.

사르트르는《존재와 무》에서 그 점을 다음과 같이 잘 간파하고 있다. 카페에 앉아 글 쓰는 것을 좋아했던 사르트르의 작품에는 카페와 관련된 장면이 종종 나온다.

> 카페의 종업원을 두고 생각해보자. (…) 그는 조금 지나치게 민첩한 걸음으로 손님 앞으로 다가온다. 그는 조금 지나칠 정도로 정중하게 절을 한다. (…) 그는 그 걸음걸이 속에서 어딘지 모르게 로봇과 같은 딱딱하고 빈틈없는 태도를 보이려고 애쓰면서 곡예사같이 경쾌하게 접시를 가져온다. 접시는 끊임없이 불안정하고 균형을 잃은 상태가 되지만, 종업원은 그때마다 팔과 손을 가볍게 움직여서 접시의 균형을 회복한다. 그의 모든 행위가 우리에게는 하나의 놀이처럼 보인다. (…) 그는 카페의 '종업원이라는' 연기를 하고 있다.[6]

레스토랑을 단지 서사의 배경이 아니라, 그 자체 삶의 비밀을 드러내는 의미 있는 성찰의 대상으로 바라보는 작가들이 있다. 우리가 읽은 작가들 말이다. 프루스트, 흐라발 그리고 지금 읽고 있는 사르트르의 구절까지, 작가들은 마치 베낀

듯이 똑같은 웨이터의 초상화를 그려낸다. 절도 있고, 걸음이 빠르고, 예의 바르며, 배려심 깊고, 그러면서도 무심하며 마음을 열지 않는 인물(당연하다. 웨이터가 왜 당신에게 마음을 열겠는가!). 한마디로 작위적으로 고안된 인물, 하나의 '배역'을 그려내고 있다.

그리고 이 배역과 이 배역을 연기하는 자는 근본적으로 일치하지 않는다. 사르트르는 저 웨이터라는 주체에 관해 이렇게 쓰고 있다.

> 내가 그것으로 '있어야' 함에도 내가 결코 그것으로 있지 않은 것이 바로 이 주체이다. (…) 나는 이 '주체로 있음을 연기演技할' 수밖에 없다. (…) 내가 아무리 카페 종업원의 직분을 완수하려고 해도 헛일이다. 나는 배우가 햄릿인 것과 마찬가지로 (…) 카페 종업원일 수 있다.[7]

아니면 이렇게 말해도 좋으리라. "내가 카페 종업원으로 있는 것은, 즉자존재의 존재 방식으로 그럴 수는 없는 것이다. 나는 '내가 그것으로 있지 않은 것으로 있는' 존재 방식으로 카페 종업원으로 있는 것이다."[8] 한 사람은 그 자체로 웨이터로 있는 것이 아니다. 웨이터라는 배역 자체와 일치할 수 없는 한 사람으로서만 웨이터인 것이다.

그리고 이것이 바로 우리의 직업 자체의 특성이다. 우리가 웨이터이다! 우리는 우리와 일치하지 않는 삶을 사는 것이다. 그게 나쁜가? 오히려 반대이리라. 누구를 위한 것인지 모를 열정과 더불어 직업 속으로 융해되어 들어가려는 우리 자신을 이성의 끈이 붙잡아준다. 너의 배역은 너가 아니라고. 배역을 위해 너를 내버리지 말라고. 그러나 아마도 우리에게 불안한 것이 있다면, 평생 이 배역에서 저 배역으로 건너가는 끊임없는 방황을 종결해줄 나의 얼굴이란 어디에도 없을 것이라는 의혹이리라.

순수 예술, 참여 예술, 추한 예술

 오늘날 예술은 곳곳에 있다. 예술은 여전히 전문 예술가를 통해 성취되기도 하지만, 또한 다른 여러 맥락 속에 널리 퍼져 있다. 무대의 배경에서, 유튜버의 연출에서, 블로거가 만드는 한 페이지의 디자인 속에서 예술적인 것은 빛난다. 그러므로 지금 예술에 대해 생각한다는 것은 우리가 담겨 있는 환경에 대해 생각한다는 뜻이다.
 우리 환경에 깊이 스며들어 있는, 그렇게 우리 운명에 개입하는 예술이란 무엇인가?
 예술은 '테크닉'이다. 대뜸 이런 거친 정의를 내놓는 데 대해 의아해할 것이다. 그러나 생각해보라. 기술 없이 이루어지는 예술이란 없다. 예술은 테크닉 없이 기발한 아이디어만으로 이루어지지 않는다. 그러나 그것은 조립식 책상을 만들 듯 이미 정해져 있는 제작법에 따라 널빤지에 책상다리를 붙이는 일과는 다르다.

예술의 테크닉은 무엇인가를 만들어내지만, 지금껏 없었던 새로운 것이 등장하게 한다는 점에서 '창조'라는 이름을 얻을 만하다. 이 테크닉이라는 말은 고대 그리스인들의 말 '테크네 τέχνη'에서 유래한다. 하이데거는 이 그리스 말 테크네를 '밖으로 끌어내어 앞에 내어놓음'이라고 풀이한다. 없던 것을 있게끔, 보이지 않던 것을 보이게끔 밖으로 끌어내는 것이 테크네이다.

보이지 않던 것이 예술 속에서 비로소 보이게 된다는 것은 무슨 뜻일까? 우리는 청동과 석재를 건축을 위한 실용적인 목적에 사용한다. 건물의 실용성을 위해 석재는 계단의 재료가 되며, 청동은 대문의 재료가 될 수 있다. 색깔 역시 실용적인 목적에 동원된다. 아이들 방의 벽은 정서적 안정을 위해 따뜻한 색깔로 칠해진다. 색들은 정서의 안정이라는 실용적 목적에 맞게 선택되고 또 버려진다. 이때는 건물의 실용성에 기여할 수 있는 재료가 있는 것이지, 청동과 석재와 색깔이 그 자체로 출현하는 것은 아니다.

이와 달리 예술 작품 속에서 그것들은 비로소 그 자체로 출현한다. 조각품은 청동과 석재를 '사용'하지 않고 그것이 비로소 청동으로 그리고 돌 자체로 나타나게 해준다. 회화 속에서 색깔들은 비로소 어떤 실용적 용도에도 기여하지 않은 채 그 자체로 출현할 수 있게 된다.

말[言]도 마찬가지이다. 말만큼 실용성에 철저히 지배받는 것도 없다. 말은 의미의 전달이라는 실용적 목적을 위해 동원된다. 청중이나 학생 앞에서 의미를 분명하게 전달하지 못하는 연설가나 교사는 비난받는다. 같은 내용을 길게 반복하며 강의 시간을 낭비하는 교수 역시 비난받는다. 말한다는 것은 철저히 경제적인 논리의 지배를 받는 것이다. 우회 없이, 시간의 낭비 없이 명료하게 의미를 전달할 것.

그러나 예술 속에서 빛나는 말, 즉 시와 노래의 언어는 사정이 다르다. 시와 노래에서 말은 의미 전달이라는 실용적 기능의 지배를 받지 않는다. 시와 노래는 전달하려는 어떤 정보로 요약되지 않는다. 시와 노래는 후렴구가 그렇듯 말의 반복을 특징으로 하는데, 말의 반복은 낭비로 비난받는 것이 아니라 필연적인 것으로 존중받는다. 요컨대 시와 노래의 말은 의미 전달이라는 기능에 종사하지 않고, 말 자체로서 빛날 뿐이다. 사르트르처럼 표현하자면, 시와 노래의 말은 사용되는 것이 아니라 물신숭배의 대상이 된다.

음악의 경우도 화음과 선율은 정보 전달이라는 기능을 수행하지 않는다. 작곡가가 정보 전달을 의도해 잡다하게 표제를 붙이더라도 그렇다. 예컨대 1941년 나치가 침공한 레닌그라드를 배경으로 하는 쇼스타코비치의 7번 교향곡 〈레닌그라드〉의 1악장 주제들은 파시스트 군대의 행진을 표현하는가, 이에 맞선 소비에트 군대를 의미하는가? 우리는 정확히 확정지을 수 없다. 말러Gustav Mahler의 가장 유명한 작품 가운데 하나인 교향곡 5번 4악장은 부인 알마Alma Mahler를 향한 연애편지이지만, 번스타인Leonard Bernstein은 이 곡을 일종의 레퀴엠으로 생각해 로버트 케네디Robert F. Kennedy 상원의원의 장례식에서 연주했다. 음악이 정해진 어떤 의미를 전달하는 데 사용되지 않는 까닭이다. 요컨대 선율은 정보 전달의 기능을 하지 않고 그 자체로 빛날 뿐이다.

이렇게 예술 작품은 사물(우리가 예로 든 청동이나 석재나 말이나 음향 등)이 그 자체로 출현하게 해준다. 의미 전달을 위한 도구로서가 아니라 글씨 그 자체로 출현하는 서예 작품, 물을 담는 기능에서 벗어나 그 자체 어떤 용도 없이 빛나는 예술 작품으로서의 항아리 등도 마찬가지이다. 예술은 사물을 용도에서 해방시켜 그 자체로 나타나게 한다.

이처럼 어떤 용도에도 종속되지 않기에 예술을 '자율적'이라 할 수 있겠다. 이런 자율성에 대한 강조가 어떤 시대에는 '예술을 위한 예술'이라는 극단적인 형태로 나타나기도 했다. 또 '순수 예술'이라는 이름으로 불리기도 했다. 그러나 뒤에

보겠지만, 예술의 자율성은 실은 '예술의 사회성'이다. 예술은 자율적이기에 비로소 사회적 또는 정치적일 수 있다.

예술의 자율성에 대한 의미 있는 강조는 아도르노의 '문화산업 비판'에서 찾아볼 수 있다. '문화산업'이란 기존 체제에 예술을 종속시키는 방식이다. 일상적 삶에서 우리는 예술에 실용성을 부여하는 여러 방식을 알고 있다. 단적인 예로 사람들은, 수험생들에게 음악을 들으며 머리를 좀 식히라고 권하기도 한다. 또 작업장에 음악을 틀어놓으면 일의 능률이 더 잘 오를 것이라고 말한다. 이는 예술에 실용적 기능을 부여하는 것인데, 그 기능이란 바로 기존 체제의 질서에 순응해 생산성을 향상하는 것이다. 예술을 기존 체제의 질서에 종속된 '기능'으로서 관리하는 일을 통칭해 '문화산업'이라 일컫는다.

예술이 기존 체제에 의해 관리되고 체제의 한 기능이 되지 않는 길은 바로 우리가 앞서 본 예술 고유의 '자율성'을 획득하는 일이다. 이 자율성이 바로 예술이 기존 질서와 부딪힐 수 있는 힘, 예술의 사회적 힘을 만들어낸다. 그러니 이런 예술 고유의 자율성을 예술의 순수성이라 칭한다면, 겉보기에 상반되는 듯한 순수 예술과 사회적 예술은 결국 서로 연결되는 통로를 지니는 셈이다.

아도르노는 《미학이론》에서 말한다. "진정으로 새로운 예술, 모두가 원하는 형식의 해방 속에는 무엇보다도 사회적인 해방이 감추어져 있다. (…) 해방된 형식은 기존 상황에 대해 역겨운 것으로 여겨진다."[1] 예술은 기존의 체제와 스스로 단절함으로써 자율성을 획득했다. 따라서 기존 체제의 관점에서 보자면 예술은 낯선 것이며, '낯설게 만들기'라는 예술가의 기본적 소명이 생겨난다. 저 문장에서 흥미로운 것은 예술이 기존 질서에 대해 낯설어지는 구체적인 방식이 '역겨움', 즉 추醜함이라는 점이다.

'미의 한 범주로서 추함'이란 무엇인가? '미'와 '추'를 한데 묶어도 되는가? 전통적으로 두 종류의 미적 체험이 이야기되어 왔다. 고대의 롱기누스Λογγίνος부터 근대의 버크Edmund Burke, 칸트에 이르기까지 미적 체험은 '아름다움'과 '숭고함'이었다.

아름다움은 조화로운 형식으로부터 체험된다. 네 잎이 균형 잡힌 클로버(자연)나 황금비를 지닌 조각상(예술)이 아름다움을 느끼게 해주는 대상의 예일 것이다. '숭고함'은 우리 능력을 초과해 우리가 그 전체를 파악할 수 없는 대상, 즉 조화로운 형식이 아니라 형식이 없는 것으로부터 체험된다. 폭풍우 치는 바다, 전쟁터, 거대한 산맥 등에서 말이다. 예술에서는 무형의 안개 바다 앞에 선 방랑자를 그린 프리드리히Caspar David Friedrich의 그림이나, 난파선들이 흩어진 무서운 바다를 그린 터너William Turner의 그림들이 여기 속할 것이다. 한눈에 다 들어오지 않는 웅장한 장면을 연출하는 데 몰두하는 블록버

○●○ 카스파르 다비트 프리드리히의 〈운해 위의 방랑자〉는 '숭고함'이 우리 능력을 초과해 우리가 그 전체를 파악할 수 없는 대상, 즉 조화로운 형식이 아니라 형식이 없는 것으로부터 체험된다는 점을 보여준다.

○●○ 난파선들이 흩어진 무서운 바다를 그려 숭고미를 보여주는 윌리엄 터너의 〈난파선〉. 한 눈에 다 들어오지 않는 웅장한 장면을 연출하는 데 몰두하는 블록버스터 영화는 이러한 숭고미의 현대적 계승자이다.

스타 영화는 바로 이 숭고미의 현대적 계승자이다.

'추함'이란 '아름다움도 아니고 숭고함도 아닌' 독특한 미적 자리를 차지하고 있다. 추함을 의도적으로 작품 안에 끌어들이는 것은 그야말로 현대 예술의 두드러진 특징이다. 현대 예술은 프레데터 같은 추한 외계인의 얼굴을 정성 들여 만들어내는 일에 골몰한다. 고야Francisco Goya나 엔소르James Ensor 같은 화가들의 그림들 거의 전부, 머리가 떨어져 나간 채 피를 쏟는 여인의 시체를 묘사하는 보들레르의 시(〈순교의 여인〉), 불협화음 없이는 만들어지지 않는 음악들, 악녀의 속임수와

잭 더 리퍼Jack the Ripper의 엽기 살해로 이루어진 오페라(알반 베르크Alban Berg의 〈룰루〉) 등등.

추함이란 과거에는 조잡한 작품, 즉 예술 작품의 완성을 향한 도정에서 실패한 부산물의 성질에 지나지 않았다. 그러나 이제 추함은 예술이 기존 체제와 단절하고 자율적이 되는 근본적인 방식이다. 들뢰즈는 추한 것(악마, 괴물)의 의의에 관해 이렇게 말한다. "동물-되기가 (…) 악마에 의해 상상 속에서 야기된 괴물들의 형태를 띠는 이유는, 동물-되기가 (…) 확립되었거나 확립되길 원하는 중앙 제도들과의 단절을 동반하기 때문이다."² 예술이 이루려는 것 역시 추한 것을 동원해 고유의 자율성을 획득하고 '중심 제도들과 단절'하는 것이다.

마지막으로, 예술 고유의 이런 추함이 기존 제도에 맞서 정치적인 힘으로 표현되는 좋은 예 하나를 살펴보고 싶다. 랭보Jean Nicolas Arthur Rimbaud의 시 〈대장장이〉는 프랑스대혁명의 민중을 이렇게 그리고 있다.

> 그날, 인민들은 왕을 둘러싸고 버릇없이 몸을 뒤틀면서, 금박으로 장식한 궁전 이곳저곳으로, 더러워진 웃옷을 끌며 돌아다녔다. (…) 악질적인 졸개놈들은 아주 경멸적으로 우리들을 바라보며, "저런 천치바보 같으니라구" 하고 낮은 목소리로 혼잣말로 중얼거렸다.³

더러운 옷과 천치바보, '이 추한 것들'은 등장하는 것만으로도 기존의 제도와 왕궁의 시대를 가볍게 무너뜨린다. 예술의 개성이 사회 한복판에서 폭발하는 순간이다.

올림피아의
황금빛 경기마차를 찾아서

인간이 오랜 역사를 통해 얻게 된 가장 큰 축제 가운데 하나인 올림픽의 의미를 한 번쯤 생각해볼 필요가 있다.

지구의 물리법칙 아래 있는 사물 가운데 아주 독특한 사물인 인간의 신체가 자신의 지배자인 물리를 뛰어넘으려고 시도하는 장엄한 광경이 운동경기에는 있다. 올림픽도 그렇다.

나에게 올림픽이라면, 그것은 무엇보다 고대 그리스의 올림픽이다. 마라톤 평원을 달려 승전보를 전한 병사의 고독한 발걸음에서 마라톤이라는 스포츠가 태어난 것처럼, 올림픽은 고대 그리스인들의 삶과 떼어서 생각할 수 없다.

고대 올림픽은 모든 시대 운동경기의 이상理想을 간직하고 있는데, 그를 통해 우리는 운동이란 무엇이고 시합이란 무엇인지, 나아가 인간의 위대함이란 어떤 것인지 해답을 얻을 수 있다.

최초의 역사학자라 일컬어지는 헤로도토스는 《역사》에서 올림픽에 관한 인상 깊은 이야기를 전한다. 그리스 정벌에 나선 페르시아인들은 몇몇 그리스 탈영병에게서 올림픽에 관한 이야기를 듣는다.

> 페르시아인 한 명이 그들 모두를 위해 물었다. 아르카디아인들은 헬라스인들이 올림피아 축제를 개최하고는 육상경기와 경마를 구경하고 있다고 대답했다. 그래서 페르시아인이 어떤 상을 타려고 경기를 하느냐고 묻자, 아르카디아인들이 올리브 가지로 엮은 관(冠)을 타기 위해서라고 대답했다. 그러자 아르타바노스의 아들 트리탄타이크메스가 멋진 말을 했으나, 왕은 오히려 이 말 때문에 그를 겁쟁이로 여겼다. 왜냐하면 트리탄타이크메스는 헬라스인들이 돈이 아니라 관을 걸고 경기를 한다는 말을 듣고 침묵을 지킬 수가 없어 다들 모인 앞에서 다음과 같이 큰 소리로 말했기 때문이다. "아아 마르도니오스여, 그대는 어찌하여 돈이 아니라 명예를 위해 경기를 하는 이런 종류의 인간들과 싸우도록 우리를 이끌고 왔소이까!"[1]

여기 나오는 마르도니오스는 그리스 원정군을 이끈 페르시아의 장군이다. 그리고 우리가 잘 알듯 페르시아는 그리스를 굴복시킬 수 없었다. 그리스군은 금전을 위해 싸우는 자들이 아니라 명예를 위해 올림피아에서 겨루었던 운동선수들이었기 때문이다.

이 짧은 일화만큼 올림픽이 무엇인지 선명하게 보여주는 것도 없다. 그것은 신체라는 보이는 사물을 통해 명예라는 보이지 않는 덕을 드러내는 일이다. 미인 대회처럼 신체 자체의 아름다움을 드러내는 행사도 있지만, 아름다운 덕이 보이게끔 신체를 사용하는 이들도 있는 것이다. 정치, 사업, 학문, 연예… 세상 어떤 직종도 덕의 현시를 위해 이토록 신체를 알뜰히 활용하지는 못한다. 오로지 스포츠밖에는!

많은 올림픽 종목의 기원에는 전쟁이 있다. 활을 쏘고 창을 던지고 마라톤의 승전보를 전하고. 그럼에도 올림픽이 전쟁 연습 같은 것이 아닌 까닭은 바로 저렇게 신체를 통해 보이지 않는 덕을 보이게 만드는 것이 스포츠이기 때문이다.

올림픽은 개인의 덕뿐 아니라 공동체의 덕도 요구한다. 올림픽 기간에 도시국가들은 전쟁을 멈추었다. 쉽지 않은 일이다. 전쟁의 중단은 격한 분노 속에서 살육하던 이들의 내면에 날뛰는 학살자를 단번에 죽이는 일이다. 모든 민족의 태초 신화는 인간이 겪은 최초의 사건으로 전쟁과 살해(예를 들면 오시리스의 살해, 아벨의 살해)를 이야기하지만, 스포츠에 관해서는 말하지 않는다. 그런데 자제심이라는 덕 없이는 개최가 불가능한 고대 올림픽은, 스포츠가 인간의 타고난 살육 본성에 제동을 걸 수 있다고 증언하는 것이다. 요컨대 스포츠라는 인간의 문화적 고안물이 인간의 타고난 본성을 제도濟度하겠다는 도전의 표현이다.

올림픽은 또한 인간에게 운동이란 무엇인지에 대한 깨달음을 준다. 플라톤은 《국가》에서 영혼의 덕은 타고난 것이 아니라 습관이나 운동을 통해 체득할 수 있는 것이라고 말한다. 사람들은 덕이 무엇인지 알기 위해 교실에 앉아 선생님의 수업을 들어야 한다고 생각할지 모른다. 그런데 플라톤은 운동을 통해 덕에 대한 깨달음을 얻을 수 있다고 말하는 것이다.

우리가 지녀야 하는 정직, 인내, 절제, 용기, 협조 같은 덕은 책상에 앉아 배울 수 있는 것이 아니다. 저 덕목의 의미는 머릿속으로 외우는 것이 아니라 몸으로 체득하는 것이 관건이기 때문이다. 덕의 체득은 몸을 움직이는 노력, 연습, 바로 스포츠를 통해 가능하다. 인내와 절제 없이는 달성할 수 없는 체력, 너그러움과 협조 없이는 생각할 수 없는 팀워크를 보라. 스포츠는 신체와 동시에 영혼을 성장시키는 연습인 것이다.

오래전 올림피아의 부서진 옛 경기장에 서서 마치 이 폐허를 상속받은 자처럼 횔덜린 Friedrich Hölderlin의 시구를 되뇐 적이 있다.

테베도 아테네도 시들고 올림피아에는
무기도 황금빛 경기마차도 소리 내지 않는다.

휠덜린은 고대 그리스의 상실을 비가悲歌〈빵과 포도주〉에서 이렇게 탄식했다. 현대인들의 운동 시합이란 바로 저 황금빛 마차가 우레와 같은 소리를 내던 옛 올림픽을 고대인들보다 더 훌륭하게 복원하려는 시도 아닌가? 책략이나 선전이나 장사의 노예가 아닌 진정한 덕의 올림픽.

그런데 우리가 줄곧 사용한 이 '덕'이라는 말의 참뜻은 무엇인가? 덕을 그리스인들은 아레테ἀρετή라고 일컬었다. 아레테는 '탁월함' 또는 '우수함'이라고도 번역된다. 가령 이성이 탁월하게 발현됐을 때 그 이성은 덕을 갖춘 것이라 할 수 있다. 운동경기만큼 신체 능력이나 정신 능력의 탁월함 자체의 구현만을 목적으로 삼는 것이 있는가? 달리는 능력이 되었건 인내심의 능력이 되었건 경기 상대방에 대한 예의의 능력이 되었건 말이다. 운동경기는 인간을 탁월하게, 즉 우수하게, 덕스럽게 만든다. 올리브 가지로 만든 관이 승리자의 우수함을 명예롭게 할 때, 그 명예는 누군가를 이긴 것에 대한 명예라기보다는 성취한 덕을 드높이 가리켜 보이는 명예이다.

음악의
철학

일상에서 음악만큼 우리에게 가까운 예술이 있을까? 지하철과 버스에서 눈 감고 졸며 이어폰을 귀에 꽂고 있는 사람은 직접적으로 그가 사랑하는 음악과 연결되어 있다. 그가 잠을 자고 있건 다른 생각을 하고 있건 예술은 그의 정신에 스며든다. 잠과 잡념조차 뛰어넘어 우리와 연결되는 이런 직접성을 회화나 연극 같은 다른 예술에서는 기대하기 어렵다.

물론 우리와 직접적으로 연결되는 또 다른 예술이 있다. 춤이 그렇다. 마음이 움직이면 언제 어디서든 우리는 손과 발을 움직여 춤을 출 수 있다. 길을 가다 말고 갑자기 다른 사람들을 놀래키며 멋진 춤동작을 시작할 수도 있다. 일하는 동안 책상 밑에 숨겨진 발이 의식하지 못한 사이 저 혼자 춤출 수도 있다. 그러나 춤을 추게 하는 것은 무엇인가? 바로 음악이다. 때로는 물리적인 소리 없이 우리 내면에서만 틀어놓을 수도 있는 음악. 음악은 우리 마음이 물고 있는 진주와도 같이 마음을 움직인다. 이 '이질적인' 진주 때문에 마음에서 마음 자신으로 움직임이 일어난다. 이렇듯 음악이 우리 마음을 움직일 때 우리는 춤을 추게 된다. 춤의 경우 역시 근본에는 음악이 있는 것이다.

플라톤은 음악에 관해 《법률》에서 이렇게 표현한 바 있다. "우리에게는 우리가 말한 그 신들이 가무의 동반자들로서 내려졌으며, 이들이 또한 리듬과 선법에 대한 즐거움이 동반된 감각(지각)을 우리에게 준 이들이기도 하다는 겁니다."[1] 신들이 우리와 함께 음악 속에서 춤춘다. 우리 마음에 근본적으로 깃들어 있는 음악과 춤을 플라톤은 바로 '신들이 우리에게 준 것'이라 말하고 있다. 신들의 선물보다 앞서는 것이 어디 있는가? 신들이 애초부터 우리 마음에 심어놓은 것이 바로 음악과의 연결성인 것이다. 이렇듯 음악이 우리와 근본적으로 연결되어 있는 우리 마음의 비밀이라는 사실을 어떻게 설명해볼 수 있을까?

그런데 우리가 계속 얘기해온 우리 마음의 본성이란 무엇인가? 예컨대 아리스토텔레스가 얘기했듯 '이성理性'일까? 생각해보자. 이를테면 학생 또는 정치가의 본질을 어떻게 얘기할 수 있을까? 그것은 학생을 학생이게끔 만드는 것, 또는 정치가를 정치가이게끔 만드는 것이다. 학생을 학생이게끔 하는 것은 바로 학생 됨을 열망하는 '의지' 또는 '욕망'이다. 마찬가지로 누가 정치가가 되는가? 바로 정치를 욕망하고 의지하는 자일 것이다.

즉 모든 것의 배후에는 바로 욕망이나 의지라 불리는 것이 있다. 선생은 왜 선생이 되었는가? 기업인은 왜 기업인이 되었는가? 바로 선생이 되는 것을 의지했기 때문일 것이며, 기업인이 되는 것을 의지했기 때문일 것이다. 그러므로 우리를 현재의 우리로 있게끔 하는 본질은 바로 '의지Wille'라 할 수 있을 것이다. 라이프니츠 등의 철학자가 '욕구appetitus', '충동nisus' 등으로도 일컬은 "의지적 본성"이 우리에게 있다.[2]

쇼펜하우어Arthur Schopenhauer의 철학은 이 '의지'를 탐구하는데, 의지와 직접적으로 연결되어 있는 음악의 비밀을 알아내는 데 중요한 역할을 한다. 의지를 본격적으로 다루는 쇼펜하우어의 대표작《의지와 표상으로서의 세계》는, 의지나 충동의 강렬한 표현인 사랑의 문제를 다루는 리하르트 바그너의 악극〈트리스탄과 이졸데〉에 지대한 영향을 주기도 했다. 우리의 본성인 의지와 음악은 어떤 직접적인 연관이 있는 것일까? 그리고 어떤 점에서 음악은 우리의 본성과 관련해 다른 예술보다 우월한 측면을 지닌 것일까? 쇼펜하우어는《의지와 표상으로서의 세계》에서 음악의 탁월성에 관해 이렇게 말한다.

> 음악은 다른 모든 예술과는 완전히 다르다. 우리는 음악이 세계 속에 있는 존재의 어떠한 이념을 모사하거나 재현한 것으로 인식하지 않는다. 그럼에도 음악은 아주 위대하고 대단히 근사한 예술이며, 인간의 마음 깊은 곳에 참으로 커다란 영향을 미쳐, 거기서 전적으로 보편적인 하나의 언어로서 인간에 의해 너무나 완전하고 심오하게 이해된다.[3]

음악에 대한 이러한 최대의 찬사는 어떻게 가능한가?

인용된 구절에 있는 "이념을 모사하거나 재현하지 않는다"는 말에서 시작해보자. 여기에서 쇼펜하우어는 음악이 이념, 즉 플라톤적인 '이데아' 같은 것을 모사하지 않는다고 말하려 한다. 그렇다면 다른 예술은 어떨까? 예를 들어 그림을 생각해보자. 어떤 그림 속에 하나의 사과가 등장하고, 한 그루의 나무가 등장하며, 한 명의 인물이 등장한다. 그림을 통해 화가가 가닿고자 하는 것은 무엇인가? 화가의 욕망은 사과의 아름다움을 나타내는 데, 나무 한 그루 또는 한 인간의 아름다움을 나타내는 데 가닿는다.

이 욕망은 무엇을 매개로 실현되는 것일까? 바로 사과의 가장 이상적인 형태, 즉 사과의 이데아에 근접하려는 소망 속에서 실현된다. 하나의 사과를 그릴 때 사실 화가는 사과의 이데아를 그리고자 한다. 한 인물을 그릴 때, 예를 들면 소크라테스나 플라톤의 모습을 그릴 때 화가는 한 개별적 인간을 그리는 데서 멈추려 하지 않는다. 그가 그리는 것은 바로, 소크라테스를 통해서 또는 플라톤을 통해서 내보이는 '이상적인 철학자'의 '보편적인 모습'이다. 즉 화가의 시선은 인물을 경유해 바로 그 인물의 이상적인 모범, 이데아를 그려내고자 하는 것이다. 이렇게 예술의 초점은 하나의 이념을 모사하고 재현하는 데 맞춰져 있다.

그러나 음악은 도대체 무엇을 모사하는가? 음악은 사과를 사과이게끔 하는 하나의 모범적인 형상에, 즉 이데아에 가닿으려 하지 않는다. 음악은 모사와는 거리가 멀다. 음악은 세계의 질서를 모사한다고도 여겨졌지만, 세계가 정념에 물들어 있거나 오차덩어리라면 그런 생각은 견지되기 어렵다. 음악이 나타내는 것은 하나의 대상, 예컨대 사과가 되었건 다른 무엇이 되었건 어떤 사물 또는 그러한 사물 배후에 있는 '이상적인 형상 또는 규칙'이 아니다.

음악이 나타내는 것은 우리의 의지와 욕망이다. 음악은 우리의 의지와 욕망을 직접적으로 표현할 뿐, 그 무엇도 모사하지 않는다. 모사하는 예술은 늘 이데아를 매개로 할 수밖에 없다. 즉 모사하려는 욕망은 늘 이데아를 매개로 자신을 표현한다. 이와 달리 음악 속에서 매개 없이 직접적으로 표현되는 것은 우리의 의지이며 욕망이다.

한번 생각해보라. 우리가 깊은 슬픔 또는 넘치는 기쁨을 느낄 때, 우리는 신음하고 울부짖는 듯한 소리 또는 너무도 흥에 겨워 비명을 지르는 듯한 소리를 낸다. 그러한 소리가 바로 음악의 기원적인 모습일 것이다. 울부짖는 소리와 기뻐서 웃는 소리는 직접적으로 우리의 욕망을 표현한다. 음악은 바로 우리 욕망을 '형상의 매개 없이' 직접적으로 나타내는 이러한 소리에 뿌리를 두고 있다.

다시 〈트리스탄과 이졸데〉로 돌아가보자. 이 악극에는 정념에 빠진 두 남녀의 애욕과 비탄 같은 의지의 직접적 표현이 있을 뿐, 사랑의 이데아를 조형적造形的으로 모방하는 일 따위는 일어나지 않는다. 애욕과 비탄은 사랑과 욕망의 변형이고, 그것들은 요동치는 음들로 표현될 뿐이지 결코 어떤 모방할 만한 조형적 형태를 갖추려 하지는 않는다. 즉 '고정되어 있는' 조형적 모범이라는 매개 없이, '변화하는' 음을 통해 의지가 직접적으로 모습을 나타내는 것이다.

또 다른 예를 보자. 알반 베르크의 위대한 오페라 〈룰루〉의 마지막 장면에서 여주인공은 처참하게 살해당하며 비명을 지른다. 거기에는 오로지 마지막으로 삶을 희구하는 의지, 공포,

절망 등이 어떤 질서도 갖추지 않은 무시무시한 음을 통해 표현될 뿐이지, 절망의 모범적인 이데아 또는 절망의 원형이 조형적으로 묘사되는 일 같은 것은 없다. 음은 늘 우리의 감정, 욕망, 의지를 직접적으로 나타내 보이는 것이다.

그렇다면 우리가 지하철이나 버스에서 졸며 또는 걸으며 이어폰을 통해 음악을 가장 친숙한 예술로 접하는 것은 당연한 일이 아닐까? 음악을 들을 때 일어나는 일은 무엇일까? 바로 우리 자신의 본성과 마주하는 일이다. 우리는 마음이 어떻게 활동하는지를 음악에 비추어보고서 안다. 흥겨운 음악은 우리 본성의 즐거운 모습을 나타내며, 애조 띤 음악은 우리 본성이 슬픔에 젖어 있음을 드러낸다. 색깔 없는 우리의 마음은, 음악 속에서 활동하며 비로소 자신이 누구인지 나타내 보이는 선명한 색깔을 얻는 것이다. 그렇게 우리는 우리가 누구인지 속삭이는 음악과 함께 한평생을 살아간다.

예술
감상자

때로 두뇌는 오로지 음악을 재생하는 데 바쳐진 기계인 듯 우리 내면에 소리를 울려 퍼지게 한다. 그렇게 해서 우리는 마음에 깊이 파고든 어떤 음악을 쉼 없이 머릿속에서 되풀이하며 감동한다. 또 우리는 마음을 끄는 연주회에 직접 가서 음악이 꽃물처럼 우리 자신을 적시며 물들어오는 체험을 하고 싶어 한다. 시즌마다 쏟아지는 영화에 관심을 기울이고, 옛 영화를 찾아 유튜브를 검색하기도 한다. 새로운 전시회를 챙기면서 미술관 표를 예매하는 일도 설레고 즐겁다. 물론 밤이 깊어갈 때 놀라운 문장들로 이루어진 책에 몰입하는 일도 우리를 기쁘게 한다. 요컨대 우리 삶은 늘 예술 곁에 머물고 있다. 우리는 '예술 감상자'이다.

예술은 세 가지 요소로 이루어진다. 예술 작품, 예술가 그리고 감상자이다. 이 가운데 궁극적으로 예술을 완성하는 요소를 꼽으라면 바로 '감상자'이다. 그런데 우리가 예술을 생각할 때는 보통 감상자는 제쳐두고 예술가와 예술 작품을 먼저 떠올리는 듯하다. 예술가에게 찾아오는 특별한 영감, 작품에 스며 있는 놀라운 테크닉, 이런 것 말이다.

창작 활동과 그 결과인 작품은 놀라운 것이지만, 예술에 관심 있는 사람이 모두 창작자의 위치에 서는 것은 아니다. 그러나 모두 반드시 감상자의 위치에는 서야 한다. 예술가든 아니든 간에 모든 사람은 감상자로서 예술과의 만남을 시작한다. 바로 우리 자신이기도 한, 이 '감상자'란 누구인가?

예술을 대하는 사람들의 생각이 흘러들 때마다 저수지처럼 그것을 모아온 예술철학은 언뜻언뜻 감상자에 관한 사유를 내비쳐왔다. 하이데거가 그의 대표적인 예술론 〈예술 작품의 근원〉에서 쓰고 있는 구절과 더불어 감상자에 대한 생각을 시작해보자. "작품의 창작된 존재에는 본질적으로 창작하는 자만이 아니라 보존하는 자 또한 속해 있다."[1] 여기서 '보존하는 자'라 일컬어진 것이 바로 감상자이다. 창작된 작품을 존재하게 하는 자는 예술가뿐 아니라 감상자라는 것이다.

작품을 하나의 작품으로 존재하게 함, 바로 이런 태도

를 우리는 작품의 보존이라고 말한다. (…) 창작됨이 없이는, 어떤 작품도 존재할 수 없듯이 (…) 보존하는 자가 없다면 창작된 것 자체도 존재하게 될 수는 없을 것이다. (…) 작품이 진정 하나의 작품으로 존재하는 한, 그 작품은 언제나 보존하는 자와 관련된 채 머무르기 마련이다.[2]

어떻게 감상자는 예술 작품을 진정으로 존재하게 만드는 것일까? 하이데거는 말한다. "우리가 이미 우리에게 익숙한 것으로부터 우리 자신을 탈취해 '작품에 의해 열려진 곳' 속으로 우리 자신을 밀어 넣는 한에서만 (…) 작품은 하나의 작품으로서 현실적으로 존재한다."[3] 우리, 즉 감상자를 우리가 익숙해 있던 세계에서 떼어내 예술 작품을 통해 열린 세계 속으로 들어서게 하는 것, 이는 예술 작품이 하는 일인 동시에 예술 작품이 작품으로서 존재하는 길이다.

익숙했던 것을 떠나 예술 작품이 열어준 세계로 들어간다는 것은 구체적으로 무엇일까? 프루스트가 《잃어버린 시간을 찾아서》에 쓴 다음 구절에서 해답을 구할 수 있을 것이다.

> 세상은(단 한 번만 창조되는 게 아니라 독창적인 예술가의 수만큼 창조되는 세상은) 우리 눈에 과거 세상과는 아주 다

르게, 그렇지만 전적으로 투명하게 보인다. 여인들이 거리를 지나간다. 르누아르가 그린 여인들이므로 예전과는 다르다. 우리가 예전에 여인으로 보기를 거부했던 그 르누아르가 그린 여인들이다. 마차 또한 르누아르가 그린 것이며, 물이나 하늘도 마찬가지다.[4]

　르누아르Pierre-Auguste Renoir의 그림이 그것을 본 감상자를 감상자의 세계에서 탈취해 그림의 세계로 들어서게 한 것이다. 이제 사람들이 보통 누렸던 일상적인 세계는 사라지고 그림의 세계가 등장한다. 예전에는 볼 수 없었던, 르누아르풍의 여인들이 눈앞에 등장한다. 이렇게 르누아르의 그림에 감동한 감상자를 통해 그 그림은 현실적으로 존재하게 된다. 감상자를 통해 그림은 삶 속에 현존하는 세계가 된 것이다.

　사르트르의 문학론에서도 우리는 감상자, 즉 '독자'의 의미에 관한 중요한 통찰을 발견한다. 사르트르에게서 독자는 바로 작품을 완성하는 자이다. 사르트르의 문학론에서 독자가 갖는 중대한 지위는《문학이란 무엇인가》의 다음 문장에 잘 드러나 있다. "문학이라는 사물은 야릇한 팽이 같은 것이어서, 오직 움직임을 통해서만 존재하는 것이다. 그것을 출현出現시키기 위해서는 읽기라고 부르는 구체적 행위가 필요하고, 그것은 읽기의 행위가 계속되는 동안에만 존재할 따름이다."[5]

○●○ 르누아르의 〈물랭 드 라 갈레트의 무도회〉 같은 그림은 감상자를 감상자의 세계에서 탈취해 그림의 세계로 들어서게 한다. 감상자를 통해 그림은 삶 속에 현존하는 세계가 되는 것이다.

이 문장은 문학뿐 아니라 모든 예술의 핵심이 무엇인지를 매우 잘 알려준다. 예술은 고정된 어떤 것이 아니다. 예술 작품은 금고에 모셔둔 금덩이처럼 도서관 어딘가에 숨은 채 영구히 잠들어 있는 책도 아니고, 보관창고에 아무도 못 보게 감춰둔 그림도 아니다. 그런 것들은 엄밀히 말해 예술 작품이 아니라고까지 할 수 있으리라. 예술 작품은 팽이처럼 움직이는 것이고, 움직이는 한에서만 예술 작품으로서 존재하는 것이다. 누가 팽이채를 들고 팽이를 움직이는가? 바로 감상자 또는 독자이다.

예를 들어 우리는 셰익스피어의 〈햄릿〉이 훌륭하다고 말한다. 우리 삶에 많은 시사점을 준다고 평가하기도 한다. 이런 가치와 평가는 이 작품이 애초에 지니는 불변하는 속성 같은 것일까? 그렇다기보다 이 작품의 관람이나 독서를 통해 감상자가 창조한 것이다. 전혀 예측할 수 없는 먼 미래의 감상자는 이 작품의 가치를 지금과는 전혀 다르게 판단할 수 있을 것이고, 그런 판단과 더불어 작품이 열어주는 세계 역시 달라지거나 사라질 것이다. 한마디로 작품은 감상자와 더불어 팽이처럼 운동한다.

감상자가 사라진다면? 당연히 작품도 사라진다. 감상할 사람이 없다면 작품을 출판할 필요도 공연할 이유도 없을 것이며, 그것은 곧 작품의 소멸을 뜻한다. 이것이 뜻하는 바는 감상자를 염두에 두지 않는 창작 행위란 있을 수 없다는 것이다. 사르트르가 말하듯 "예술은 타인을 위해서만, 그리고 타인에 의해서만 존재하는 것이다."[6] 결국 감상자란 예술가의 동업자로서 작품을 창조하는 자이다.

구체적으로 예술가는 감상자의 무엇으로부터 도움을 받는 것일까? 바로 '자유'이다. "작가는 독자의 자유에 호소해 그의 작품의 산출에 협력하기를 바라는 것이다."[7] 예술가만 자유로운 영혼을 지닌 것이 아니다. 예술 작품에 가치를 부여하는 행위, 작품을 평가하는 행위는 온전히 감상자의 자유에서 나온다. 예술가는 결코 강제로 자기 작품에 대한 평가를 감상자에게서 얻어낼 수 없으며, 설령 강제로 얻어낸다고 한들 그것은 완전히 무의미한 평가가 될 것이다.

그렇기에 예술가에게는 그 자신 다음으로 감상자가 가장 두려운 자이리라. 그 자신이 두려운 까닭은 언제 자신도 모르는 사이 창작의 힘이 소진될지 모르는 까닭이고, 감상자가 두려운 까닭은 창작된 작품을 감상자의 자유가 냉혹하게 무無로 만들어버릴 수 있기 때문이다.

무엇보다 중요한 것은 이것이다. 예술 작품의 창조가 예술가와 감상자의 자유에 달려 있다면, 즉 예술이 온전히 자유인들에 의해 영위된다면, 예술은 자유인들의 공동체가 존재한다는 증표라는 것이다. 정치적으로 또는 종교적으로 억압적인 사회에서 예술은 독재자나 신에게 봉사하는 수단으로 전락하거나, 반대로 독재자나 신의 이름으로 파괴된다. 진정한 자유인들만이 예술을 누릴 수 있다. 그리고 작품의 존재 여부를 좌지우지하는 '책임'을 지는 만큼 감상자의 자유는 무거운 자유일 수밖에 없다.

진정한 예술을 향유했던 자유인들, 바로 고대 그리스인들은 '작품'을 '에르곤$_{ἔργον}$'이라 일컬었다. 이 말은 작품을 뜻할 뿐 아니라 '일' 또는 '기능'을 가리키기도 한다. 그리고 이 에르곤과 상관적인 말이 현실태, 즉 '에네르게이아$_{ἐνέργεια}$'이다.

이러한 사실은 의미심장하다. 현실태, 즉 에네르게이아는 에르곤ergon이 안에en 들어서 있다는 것, 다시 말해 '기능한다'라는 뜻이다. 요컨대 현실적으로 있는 것은 '지금' 실제로 기능하는 것이다. 바로 이렇게 예술 작품이란 창고에서 잠들어 있는 것이 아니라 현실적으로 움직이고 있는 것, 기능하는 것을 뜻한다.

누가 잠든 예술 작품을 깨워 기능하게 할 수 있는가? 누가 극장의 불을 켜고 햄릿 왕자가 말을 시작하게 할 수 있는가? 바로 감상자이다. 팽이를 치는 아이처럼 감상자가 작품이 쉬지 않고 계속 돌아가게(기능하게) 만들며, 그렇게 살아 움직일 때만 그것은 작품이라 불린다. 그러니 예술 작품은 과거의 것도 미래의 것도 아니고 오로지 동시대의 것이다.

철학 이전의 선생, 서사시

사람들은 자신들의 문제를 들고 와서 철학에 묻는다. 어떤 삶이 좋은 삶인지, 어떤 선택을 해야 하는지, 어떻게 하면 마음이 평안하고 어떻게 하면 괴로움에서 벗어날 수 있는지 등등. 이천 년 넘게 철학은 열심히 이런 문제에 대한 답을 마련해왔다. 그렇게 해서 철학은 사람들 마음의 위안이 되고, 그들의 행동이 주춤거리지 않게 하는 가르침이 되었다.

그런데 이런 의구심이 생긴다. 철학 이전에는 사람들이 이런 고민을 하지 않았던 걸까? 물론 그렇지 않다. 철학 이전에도 삶은 있었으며, 지금 우리가 맞닥뜨린 그것과 똑같은 무거운 문제 역시 있었다.

그렇다면 삶의 지침이 되는 풍향계 같은 철학이 아직 등장하지 않았을 때, 사람들이 어깨에 얹고 있는 삶은 그저 혼란에 빠져 있었을까? 그들은 어디서도 답을 구하지 못하고 길을 찾지 못해 제자리에 주저앉았을까? 그러지 않았을 것이다. 철학 없이도 사람들이 지혜롭게 삶을 꾸렸으리라고 우리는 믿는다. 그렇다면 철학 이전에 사람들은 도대체 무엇에 물음을 던지고 또 답을 구했을까?

서양에 한정해서 이야기해보자면, 기원전 6세기에 최초의 철학자라 불리는 사람이 등장했다. 이오니아반도의 도시국가 밀레토스에서 태어난 탈레스이다. 그러면 철학이 출현한 기원전 6세기 이전에는 무엇이 사람들에게 가르침을 주었을까?

서양에서 그것은 바로 호메로스의 작품으로 알려진 서사시이다. 서사시 두 편, 《일리아스》와 《오뒷세이아》는 기원전 8세기경 최종적으로 완성되었다. 철학보다 200년 앞서 태어난 것이다. 그러니까 철학 이전에, 산술적으로 보자면 적어도 200년 동안 사람들은 바로 이 서사시들에서 삶의 여러 문제에 대한 가르침을 얻을 수 있었다. 서사시는 사람들의 고민을 들어주었고, 서사시에 던져졌던 고민들과 그를 통해 받은 해법들은 이후 고스란히 철학이 이어받는다. 요컨대 철학의 주제들은 철학에 고유한 것이 아니라 그전에 이미 있었던 것이다.

예를 들어 '평화'라는 화두를 보자. 평화만큼 예나 지금이

나 우리에게 중요한 과제는 없을 것이다. 철학은 늘 평화의 문제에 몰두해왔다. 그런데 철학 이전에도 사람들은 서사시를 통해 평화의 문제를 사유하고 있었다.《일리아스》와《오뒷세이아》가 평화의 문제를 생각한다고 말하면 다소 의외로 들릴지 모른다. 이 두 서사시는 그야말로 싸움과 살인으로 점철되어 있기 때문이다. 그러나《오뒷세이아》의 결론을 보자. 이 이야기의 결론은 바로 평화이다. 우리는《오뒷세이아》의 마지막 장면들이 보여주는 기복 넘치는 이야기를 알고 있다. 귀향한 오뒷세우스와 페넬로페의 구혼자들 사이에 싸움이 일어나고, 이 싸움은 차마 눈 뜨고 보지 못할 살육으로 이어진다. 그런데 이 싸움을 중재하는 임무를 자신의 딸 아테나에게 맡기면서 제우스는 이렇게 말한다.

> 우리는 그들이 아들들과 형제들의 살육을 잊게 해주자꾸나.
> 그리하여 이전처럼 서로 사랑하게 되어
> 그들에게 부와 평화가 충만하게 해주어라.¹

제우스의 이러한 바람을 이어받아 여신 아테나는 인간들에게 이렇게 말한다.

그대들은 무시무시한 전투를 중지하여

더 이상 피를 보지 말고 지체 없이 갈라서도록 하라.

(…)

만인에게 공통된 전쟁의 다툼을 그치도록 하라.[2]

어지럽게 굴곡지며 여러 갈래로 뻗어나가는 《오뒷세이아》의 이야기는, 이렇게 그 복잡한 여정을 마치고서 바로 '평화'라는 가치에 도달하고 있다. 요컨대 평화라는 결론을 얻기 위해 《오뒷세이아》의 인간들은 그토록 많은 고민 속에 자신들의 삶을 전진시켜온 것이다.

우리 시대의 또 다른 중요한 철학적 화두로 '환대'가 있다. 오늘날 우리의 삶은 외국인과 더불어 사는 삶이다. 국제적으로는 늘 마음 아프게 하는 난민 문제가 있다. 멀리 바라볼 것도 없이 이미 우리 주변에는 외국인 노동자가 있고 또 이주자가 있다. 여러 나라에서 와 새롭게 가정을 꾸리는 다문화 가정도 있다. 이런 모든 종류의 만남에는 바로 '어떻게 타자를 환대할 것인가'라는 근본적인 고민이 끼어든다. 그래서 우리는 레비나스나 데리다 Jacques Derrida 같은 현대 철학자의 책을 폈을 때 환대 문제에 대한 고민을 쉽게 발견할 수 있다.

그런데 이 '이방인과 환대'란 《오뒷세이아》의 주요 주제이기도 하다. 난민처럼 바다에서 길을 잃고 헤매며 여기저기 도움을 청하는 사람이 주인공인 서사시가 어떻게 환대라는 주제를 놓칠 수 있겠는가? 《오뒷세이아》에서 돼지치기 에우마이오스는, 왕이지만 자기 정체를 숨기고 거지의 모습으로 나타난 오뒷세우스를 이렇게 환대한다.

> 나그네여! 그대보다 못한 사람이 온다 해도
> 나그네를 업신여기는 것은 도리가 아니지요.
> 모든 나그네와 걸인은 제우스에게서 온다니깐요.
> (…)
> 축복받은 신들께서는 가혹한 행위를 좋아하시지 않고
> 오히려 정의와 인간들의 도리에 맞는 행동을 존중하시지요.[3]

이 구절은 인간들 사이의 근본적인 관계가 환대여야 한다는 가르침을 준다.

또 다른 국면을 보자. 《일리아스》 첫머리에 그리스군 최고의 전사 아킬레우스와 총사령관 아가멤논이 다투는 장면이 나온다. 이들의 다툼은 너무 격렬해서 심지어 칼을 뽑기 직전의 상황에 이른다. 이때 아테나 여신이 등장해 아킬레우스를 말리며 말한다.

그대들 두 사람을 똑같이 마음속으로
사랑하고 염려해주시는 흰 팔의 여신 헤라가 보내셨다.
그러니 자, 말다툼을 중지하고 칼을 빼지 말도록 하라.
다만 앞으로 일어날 일에 대해 말로 그를 꾸짖도록 하라.[4]

이 구절은 우리에게 다양한 사상적 자산을 남기고 있다. 기독교의 신 이전에, 그리스의 신들 역시 사람들을 '똑같이' 사랑하는 '평등'의 이념을 지니고 있었다. 신들(종교)의 선물인 이러한 평등의 이념은 어떻게 '정치적으로' 발전되는가? 저 구절에서 아테나 여신은 아킬레우스에게 칼을 빼지 말라고, "말로 그를 꾸짖도록 하라"고 이야기한다. 폭력 대신 '대화'라는 화두는 우리 시대에 이르기까지 중요한 가치로 여겨진다. '의회민주주의'의 근본이란 무엇인가? 그것은 평등한 인간들이 폭력 아닌 '말'로 서로의 잘못을 꾸짖어 교정하는 것이 아닌가? 바로 이러한 의회민주주의의 기본을 이루는 것, 즉 '평등', '폭력에 대한 혐오' 그리고 '말로 상대방과 경쟁하기'를 아테나의 저 말은 담고 있다. 그리스인들은 의회민주주의라는 개념을 배우기도 전에, 그들의 서사시를 즐기면서 의회민주주의의 개념을 앞질러 체득하고 있는 것이다.

우리는 철학 이전의 삶 역시 가르침을 필요로 했으며, 철학이 탄생하기 이전에 그 가르침은 어디서 왔는지 알 수 있었다. 그것은 그리스인들에게는 서사시였다. 그리고 모든 민족과 국가가 철학 이전에 자신들의 고유한 노래와 경전을 통해 나름의 방식으로 삶의 좌표, 행동의 지침을 위한 가르침을 준비하고 있었다. 그렇다면 철학이란 하나의 새로운 발명품이라기보다도 서사시처럼 더 나이 많은 세계를 토양으로 삼아 자라 나온 것이 아닐까? 철학자 플라톤은 서사시와 자신의 철학 사이에 놓인 간극을 그토록 확인하고자 했지만, 우리가 읽은 구절들은, 철학이란 철학 이전의 삶을 담은 서사시에 잔뿌리를 내리고 있다는 것을 알려준다.

 철학 이전에 삶이 있었고, 삶의 고민은 신화라는 둥지에 자리 잡으며, 신화는 서사시라는 대단한 세공품을 통해 영원성을 얻는다. 그런 다음에야 철학은 건조한 듯 보이는 자신의 개념들을 신과 인간들의 저 풍성한 이야기에서 얻어낸다. 그러므로 철학은 삶에 대한 최초의 가르침도 아니요, 마지막 가르침도 아닐 것이다. 철학을 지니지 않은 민족은 철학이 필요 없어서 그랬을 것이며, 철학보다 오래되고 견고한 사유를 통해 삶을 이끌고 있었다. 철학은 바로 철학 아닌 이러한 다양한 사유 방식과 마주할 때 더 큰 깨달음 속에서 자신의 무지를 메워줄 명제와 개념을 얻어낼 수 있는 것이다.

지리학으로 철학하기

하나의 학문은 자신을 대표하는 이미지를 지니며, 이 이미지를 통해 사람들에게 인상을 준다. 철학은 대체로 책상 앞에 앉은 사색가의 이미지를 보여준다. 그리고 이 책상 앞 서생의 이미지로부터 가장 먼 곳에 지리학의 이미지가 있다. 그것은 아직 항로 없는 바다와 미지의 폭포와 산을 숨기고 있는 땅을 탐색하는 탐험가의 이미지이다.

 우리는 지리학의 이런 이미지가 좀 더 발전된 형태, 즉 자동차의 내비게이션, 비행기 좌석 앞 모니터로 실시간 볼 수 있는 항로, 각종 길 찾기 앱, 해왕성에 근접해서 이 별의 얼굴을 촬영하고 미지의 어둠 속에 자신의 운명을 내맡기는 보이저 2호의 항로 같은 이미지들을 간직한 시대에 살고 있다. 풍수지리의 이미지부터 저 첨단의 이미지에 이르기까지, 지리학과 더불어 인류의 경험은 부단히 확장되고 있다.

철학은 흔히 논리적 사고를 이용해 관념들을 꼭 맞는 퍼즐처럼 배열하는 일을 한다고 알려져 있다. 관념들은 '필연적인' 논리적 법칙의 끈으로 서로 단단히 동여매진다. 그런데 우리 삶은 논리적으로 연결된 '관념들' 속에만 자리하지는 않는다. 손과 발, 온몸으로 체험하는 지구상의 '경험들'이 삶을 채운다. 그리고 경험의 경이驚異는 지리상의 새로운 발견을 기록하는 학문, 지리학이 지킨다. 〈젤다의 전설〉 같은 게임의 정교한 '지도'를 떠올려보라. 게임 속에서마저 산다는 것, 새로운 경험을 한다는 것, 배운다는 것은 '지리'에 익숙해지는 일이다.

그런데 관념의 학문인 철학과 경험의 학문인 지리학은 정말 먼 거리를 유지한 채 서로 상관없는 학문으로만 머물 것인가? 그렇지 않다. 철학에는 경험주의 정신이라는 문이 있다. 지리학은 이 문을 통해서 철학 안으로 들어설 수 있다. 그리하여 현대의 어떤 철학적 경향은 지리학을 통해 자신을 풍요롭게 만들려 하며, 지리학을 통해 스스로 변모되려 한다. '지리학으로 철학하기'가 가능한 것이다.

철학은 언제부터 지리학에 주목할 만한 관심을 기울이게 되었을까? 우리는 이를 18세기의 중요한 철학자 칸트에게서 발견한다. 칸트는 자신의 고향 땅 쾨니히스베르크(칼리닌그라

○●○ 게임 〈젤다의 전설〉 속 정교한 지도는 게임 속에서마저 산다는 것, 새로운 경험을 한다는 것, 배운다는 것은 '지리'에 익숙해지는 일임을 보여준다.

드) 바깥으로 여행을 떠나본 적이 없는 사람이지만, 세계 지리에 지대한 관심을 품고 대학에서 지리학 강의까지 개설했다. 젊은이들이 경험적 지식을 쌓지 않은 채 정교하게 논증하는 철학의 작업에만 몰두하는 것은 그들에게 큰 손실이라 여겼기 때문이다. 그에게 경험적 지식을 대표하는 것이란 바로 지구의 역사를 담은 지리학이었다.

우리는 칸트의 〈1765~1766 겨울학기 강의 개설 공고〉에서 지리학 강의에 관한 다음과 같은 설명을 읽을 수 있다. "모든 국가와 바다 사이의 자연적 관계와 이것들이 연결되는 이유를 포함하는 이 부분은 모든 역사의 진정한 토대이다. 이 토대가 없는 역사는 동화 이야기와 거의 구분되지 않을 것이다."[1] 칸트는 지리학 강의의 주제를 세 가지로 소개한다. 첫째는 국가들의 교역과 산업에 영향을 미치는 진기한 자연환경, 둘째는 다양한 인간들의 자연적 특성과 도덕적 특성, 셋째는 지정학적 위치, 인구 등의 관점에서 살펴본 국가이다. 즉 자연·인간·국가라는 세 가지 층위가 칸트의 지리학 강의를 이루는데, 앞의 인용은 그중 자연과 관련된 문장이다.

헤겔 같은 철학자는 정신 또는 이성이 역사를 만들어나간다고 말한다. 그런데 저 글에서 칸트는 흥미롭게도 바다와 같은 지리적 조건이 역사의 진정한 토대라고 말하고 있다. 이성이 주관하는 역사와 지리가 주관하는 역사는 서로 어떤 관계를 맺을 수 있는가?

이 물음을 살피기에 앞서 잠깐 미셸 푸코의 연구를 보자. 푸코도 자신이 수행하는 철학적 작업을 지리학과 연관 짓고 있다. 그는 프랑스의 진보적인 지리학자들이 1970년대 중반에 만든 학술지 《헤로도토스》와의 대담 〈지리학에 관해 푸코에게 보내는 질문〉에서 이렇게 말한다.

> 정착, 분포, 분할, 영토의 통제, 권역의 조직을 통해 전개되는 전략과 전술들은 일종의 지정학을 구성할 수 있는

데, 바로 거기서 제 관심사가 여러분[지리학자들]의 방법에 합류하겠지요. (…) 지리학이 제 관심사의 중심에 놓일 수밖에 없지요.[2]

예를 들어 푸코는 "지식과 조직의 모태로서 군대"의 관계를 연구하고자 했다. 군대와 같은 조직이 어떻게 지식의 형성에 개입하는지를 밝히는 연구 말이다. 이러한 연구에는 당연히 부대의 기동, 식민지, 영토 등과 같은 지리적 요소를 탐색하는 작업이 따를 수밖에 없다. 지리가 지식 일반의 형성에 개입하는 것이다.

그뿐 아니라 앞서 칸트가 말하듯 역사의 형성에 역시 지리가 개입한다. 또는 지리학이 역사학을 대체한다. 이 점을 우리는 철학자 들뢰즈에게서 확인한다. 들뢰즈는 '지리철학géophilosophie'이라는 이름 아래 지리학을 철학의 땅으로 적극 끌어들이는 사람인데, 특히 '고대 그리스에서 철학이 시작된 이유'를 설명할 때 그렇다. 그는 《철학이란 무엇인가》에서 이렇게 말한다.

> 그리스는 반도의 각 지점이 바다와 인접해 있고 해안들의 길이가 상당해서, 일종의 분열 가능한 구조를 지니고 있는 듯하다. (…) 그것은 동방의 경계에 접해 있는 일종

의 '국제적 장터' 같다. (…) 그곳에서 장인들과 상인들은 제국에서는 인정되지 않았던 자유와 이동 가능성을 구가하게 된다. (…) 장인과 상인들뿐만 아니라 철학자들 역시 이러한 유형에 속한다.[3]

여기서 '동방' 또는 '제국'이라 일컬어지는 것은 그리스에 인접한 페르시아 제국을 가리킨다. 그리스의 도시국가들은 이 제국의 경계에 자리 잡은 '국제적 장터' 같은 것이었다. 이 장터는 제국의 문물을 활용할 수 있을 만큼 제국에 충분히 가까웠지만 그렇다고 제국에 흡수되어버리지는 않았다. 바로 "분열 가능한 구조"를 지닌 그리스의 지리 때문이다. 그리스에는 긴 해안선이 있으며 에게해는 수많은 작은 섬들로 이루어져 있다.

이것이 뜻하는 바는, 동방의 제국이 그리스의 도시국가들을 복속시키려 한다면 이 도시국가들은 언제든 바다를 통해 제국의 손아귀에서 달아날 수 있다는 것이다. 도시국가들은 길고 구불구불한 해안선을 따라 '분산'되어 있기에, 제국의 포위망 안으로 쉽게 들어서는 대신 바다로 용이하게 피신한다. 일단 바다로 나가면 수많은 작은 섬들이 항해자의 시계視界에서 사라지지 않기에, 설령 항해술이 형편없더라도 길을 잃을 염려가 없다. 에게해는 《오뒷세이아》의 괴물들이 사람들에게 오싹한 즐거움을 주는, 그리스인들의 물놀이 테마파크였던 것이다.

따라서 그리스인들은 자유를 잃지 않고 제국과 문물을 거래하는 상인들로 남을 수 있었다. 이 상인들의 도시국가가 철학자들을 잉태할 준비를 한다. 제국의 신민은 제왕에게 복종하고 공물을 바치거나 하사품을 받지만, 상인들은 자유인으로서 또 다른 자유인과 거래를 할 뿐이다. 철학자들도 마찬가지이다. 그들의 이성은 제왕에게 복종하는 법이 없고, 늘 자유롭게 또 다른 자유로운 이성과 논쟁할 뿐이다. 복종도 지배도 거부하는 이 자유로운 이성들의 논쟁을 그린 장대한 벽화가 바로 그리스 철학의 기록물인 플라톤의 대화록이다.

헤겔은 (철학사를 포함하는) 인간의 역사를 이성의 필연적인 자기 전개 과정으로 여겼다. 그는 《정신현상학》에서 말한다. "이성은 또한 합목적적인 행위라고 할 수도 있다. (…) 결과가 시초와 동일해지는 것은 시초가 목적이기 때문이다."[4] 이성은 자신 안에 잠재된 것을 최종적인 결과에 이르도록 현실화하려는 목적에 따라 자신을 전개한다. 이 전개 과정이 세계사이다. 이것은 이성의 역사이기에, 이성의 관념들이 서로 필연적으로 연결되듯 "과정상의 각 계기는 모두 필수적이다."[5]

이런 이성의 역사는, 지리와 같은 경험적 조건이 실제 역사를 어떻게 만들어 나가는지에 관해서는 알지 못한다. 바로 그런 실제 역사에 관한 앎을 주는 것이 지리학이다. 지리학은 철학이 추상적인 관념의 풍선을 붙잡고 하늘로 오르려 할 때 그 두 발을 붙잡아 땅 위에 굳건히 서게 한다. 철학의 형성에는 지리가 개입하며, 철학의 역사를 설명하는 것은 지리학이다.

스피노자의 이름에 관한 농담

우리 시대에 와서 더욱 두드러지는 일이지만, 사람들은 스피노자를 읽고 공부한다. 스피노자는, 공부하는 영혼과 영혼이 만나는 장소라는 점에서 공동묘지 같다고 해야 할까? 유령들의 집회는 하나의 이름, 스피노자라는 이름의 주소지를 찾아가 문을 열면서 시작되지만, 정작 어느 모임이건 그 모임의 주소지 자체에 관해서는 좀처럼 생각하지 않는다. 도대체 모든 이야기가 엮이게 만든 '스피노자'란 무엇인가? 사상 말고 '이름'으로서 스피노자 말이다.

바뤼흐 스피노자Baruch Spinoza라는 이름이 낯선가? 이 이름에는 장터의 마당처럼 여러 사람들이 드나들며 북적거린다. 공중화장실을 사이좋게 같이 쓰듯 매우 유명한 이들이 바뤼흐 스피노자와 이름을 공유하는데, 버락 오바마Barack Obama 대통령이 대표적이다. '버락Barack'이라는 이름은 '바뤼흐baruch'라는 히브리식 이름의 아랍식 표기로 '축복'이라는 뜻을 지닌다. 바뤼흐(버락)라는 한 이름 아래서, 이렇게 '이민자의 운명'을 가지고 외국인들 사이로 스며들어 그 사회에 변화의 숨결을 불어넣은 두 사람이 만난다.

스피노자라는 이름 안에는 의외의 녀석이 들어와 스피노자와 함께 살기도 한다. 스피노자와 이름이 같은 공룡이 있으니, 바로 '스피노사우루스'이다. '가시도마뱀'이라는 뜻이다. 보기만 해도 왜 '가시'도마뱀인지 알 수 있는데, 이 녀석의 등에는 2미터가 넘는 가시들이 돋아나 있으며 이 가시들을 뼈대 삼아 배의 돛 또는 부채 같은 것이 형성되어 있다. 스피노자와 '스피노'사우루스가 공유하는 것은 바로 '가시'이다.

스피노자의 조상들이 살았던 포르투갈과 스페인에서 오랜 옛날부터 쓰여온 스피노자라는 성姓은 그 오래된 시간만큼 유래를 둘러싼 이야기도 풍부하다. 'Spinosa', 'Despinoza', 'd'Espinoza' 등으로 변형되어 사용되는 이 성은, 포르투갈어 'espinhosa(고통스러운 곳에서)'에서 유래했다. 'espinhosa'는 스페인어 'espinoso'에서 왔거나 그와 상관적인 것인데, 이 말에는 '가시가 많은thorny', '가시투성이의spiny' 등의 뜻이 담겼다. 한마디로 'Spinoza'는 '가시'라는 뜻을 숨기고 있다.

스피노자 역시 자신이 가시라는 자의식을 깊이 품고 있었다. 편지를 밀랍으로 봉인할 때 쓴 그의 인장은 너무도 유명하다. 인장에는 'caute(조심)'라는 '경계'의 문구가 새겨져 있다. 누군가 조심하지 않고 열었다가는 편지에서 새어나오는 무서운 불길에 왕궁들과 교회들이 타버릴까 봐, 성난 사람들이 먼저 스피노자에게 가시면류관을 씌워 십자가 위에서 불태웠을지 모르겠다. 문구와 더불어 인장에는 가시 돋친 장미가 그려져 있다. 스피노자는 자신이 가시 돋친 장미라는 사실을 잘 알고 있었던 것이다.

안과 치료를 받은 뒤로 종종 환상이 보이는데 요즘은 은근히 걱정스러운 마음마저 든다. 대수롭지 않게 듣고 말았지만, 의사는 긴장한 채 그날 검진 기계의 전압이 원인도 없이 유난했다고 털어놓았었다.

○●● 스피노자와 스피노사우루스(왼쪽 - 추정의 변화에 따라 복원도가 계속 바뀌고 있다)는 '가시'를 공유한다. 스피노자가 편지를 밀랍으로 봉인할 때 쓴 인장(오른쪽)에는 'caute(조심)'라는 문구와 가시 돋친 장미가 새겨져 있다.

환상 속에서, 스피노자는 죽은 후 자신에 관한 모든 것을 망각했다. 죽음이란 그런 것이다. 그 뒤 그와 그의 이름을 상징하는 인장은 서로 헤어져 따로따로 환생했다. 스피노자는 이제 자신이 누군지 모르는 얼뜨기 어린이에 불과하다. 그런데 그의 이름이자 인장인 가시 돋친 장미가 어느 날 그의 앞에 나타난다. 가시 장미는 전생에 자신과 꼭 붙어 있던 저 인간이 이제 백치가 된 채 자신을 몰라보기에 늘 《홍루몽》의 임대옥처럼 샐쭉 삐쳐 있다. '얼른 나를 가져! 너의 본래 이름, 영예로운 스피노자(가시)를 되찾으란 말이야!' 장미는 이렇게 말하고 싶지만, 이미 천치가 된 인간은 영문 모른 채 난처해하며 장미를 돌봐줄 뿐이다. 자신이 누군지는 까먹었어도 그는 본래의 심성, 그러니까 한 번 살았던 17세기 그 인간의 심성대로 천진무구해서 까다로운 장미를 욱하는 성질로 밟아 죽이지 않고 잘 보살핀다.

스피노자라는 이름의 가시면류관이 얼마나 영예롭기에 전생에 한 번 써본 뒤에는 그 주인조차 다시 갖기 어려운 것일까? 철학의 역사에서 이 이름의 주인이 또 출현할 수 있을까? 애석하게도 그는 이제 가시 돋친 장미가 된 자기 이름을 영문 모른 채 봉양하는 익명의 머슴일 뿐이다. 익명이라서 고유명사도 없이 그냥 '왕자'라 불린다. 게임 〈카타마리 다마시〉의 머슴 왕자처럼…. 도대체 이게 뭔 이야기냐고? 생텍쥐페리

Antoine de Saint-Exupéry는 스피노자의 불우한 환생을 목격한 유일한 인간인 것이다. 이것이 내가 스피노자의 잔상과 더불어 (프랑스 철학계에) 환생한《어린 왕자》를 독해하는 유일한 방식이다. 프랑스에는 가시 이름을 맴도는 이가 너무도 많다. 이 때문에 학문도 번영했지만. 황당했다면 미안.

이제 좀 진지하게 스피노자의 가시에 관해 딱 한마디만 덧붙이겠다. 그 가시는 아테네의 잠을 괴롭히며 잉잉 날아다닌 소크라테스라는 쇠파리와 같은 것, 신학의 이불을 덮고 잠들려는 17세기인들의 눈을 찌른 자연의 빛이라는 플래시였다. 스피노자는 그야말로 왕들과 신학자들의 눈을 성가시게 한 가시인 것이다.

오래전 스피노자의 땅으로, 네덜란드로 떠났었다. 17세기 지구상에 있던 유일한 공화국으로 떠난다는 것은 매력적인 일이다. 기념비와 동상, 돌이나 청동, 심지어 지폐 속에 숨어 있던 영혼이 말을 건네기 때문이다. 그것은 이미 철학이 떠났고 장엄한 비극이 울려 퍼지던 극장의 불이 꺼졌어도, 그리스가 늘 휠덜린에게 속삭이는 것과 같다. 빛의 그리스뿐 아니라 검은 운하의 네덜란드도 철학 특유의 시적 물질성, 즉 폐허를 품고 있다. 그렇게 헤이그와 암스테르담의 스피노자 동상은 말을 건넨다. 그 특유의 평온한 얼굴 속에서 말이다.

암스테르담 시청 앞에 선 스피노자의 동상에는 망토 위에 새와 가시 장미가 새겨져 있다. 새는 장미 위에 앉을 것이다. 이 새는 네덜란드로 이주해온 외래종 잉꼬로, 스피노자 시대 이래로 끊임없이 네덜란드를 찾아와 네덜란드의 번영을 이끈 외국인을 뜻한다. 암스테르담은 17세기의 뉴욕으로, 이 스피노자의 땅은 토박이의 배타성이 아니라 세계인에 대한 개방성이 일군 나라인 것이다. 꼭 철학처럼 말이다. 철학은 늘 혼혈 잡종이고, 이런 이유로 철학은 지역이나 문화, 민족국가의 국명을 머리에 이는 것을 달가워하지 않으며, '철학'이라는 국적 없고 출신지가 없는 간소한 이름만을 영예로 여긴다.

망토 위의 외국 새는 장미와 함께, 즉 스피노자라는 가시와 함께 있어야만 한다. 새가 장미 가시 위에 앉아 몸을 지탱하는 것처럼, 출신 기록이 지워진 세계시민은 스피노자 철학의 보호를 받는다. 오랜 옛날에 '에스피노자'라는 성을 가진 자들이 가시넝쿨로 보호받은 지역에 사는 자들을 뜻했던 것처럼 말이다.

괴테는 그에게 매우 소중했던 이탈리아 기행에서 어떤 이별에 대해 애상 속에서 이렇게 적고 있다. 그것은 꼭 내가 네덜란드의 겨울 여행에서 마지막으로 했던 스피노자 동상과의 이별 같기도 해서, 읽을 때면 고인 빗물처럼 환하게 하늘을 담는다.

○●○ 암스테르담의 스피노자 동상에는 망토 위에 새와 가시 장미가 새겨져 있다. 새는 끊임없이 네덜란드를 찾아와 번영을 이끈 외국인을 뜻한다. 새가 장미의 가시 위에 앉아 몸을 지탱하듯, 세계시민은 스피노자 철학의 보호를 받는다.

> 길을 떠날 때는 언제나 과거의 모든 이별과 미래의 마지막 이별이 무의식적으로 머릿속에 떠오르는 법이다. (…) 지금 저기 세 개의 주노 신상이 비교를 위해 나란히 세워져 있지만, 우리는 마치 아무것도 없는 것처럼 그것들을 두고 떠난다.¹

그렇게 저 스피노자 동상 곁을 떠났다. 현대인이 여정을 재촉할 때 이 17세기인이 신상들을 대신하기 때문이다. 떠나는 이는 부모를 기억하지 못하고 형제를 모르는 개 한 마리처럼 하늘만을 이고서 세계로 흩어진다. 그러나 마지막 이별에 대한 상상 속에서 감미로운 울적함에 젖어 있을 새도 없이, 더 이상 그리스의 것으로 머물지 않는 아테네인들의 보석인 철학은 이미 개들의 발자국처럼 전 세계로 펼쳐져 있었고, 마치 운전자가 신호등 아래 서듯 나는, 여러 대륙을 지날 때마다 삶의 길목에서 이별했던 스피노자의 동상을 만나야 했다. 헉헉거리며 그늘을 찾는 나에게 동상은 흐린 하늘을 짊어지고 있던 그날처럼 빛나는 가시면류관이었다.

12월의 꽃,
크리스마스

12월은 크리스마스의 달이다.

지금은 거의 추억으로만 남아 있지만, 이런 크리스마스 분위기는 아직도 마음을 설레게 한다. "길거리마다 축제 기분이었다. 대형 크리스마스 트리엔 휘황찬란한 불꽃이 춤을 추었고 골목마다 경쾌한 음악이 들려오고 있었다. 갈수록 연말의 분위기는 들떠가는 것 같았다."[1] 김홍신 소설 《인간시장》의 한 구절은 1980년대 젊은이들의 눈으로 본 크리스마스 풍경을 이렇게 기록하고 있다.

어두운 할로윈이 지나면 환한 크리스마스가 나타난다. 세시풍속의 리듬에 몸을 싣고 사는 인류가 한 해의 하반기를 어둠에서 가장 환한 빛으로 나가는 과정으로 연출하면서 생긴

할로윈과 크리스마스 사이의 극적 긴장감은, 양자를 뒤섞는 예술 속에도 투영되어 있다. 할로윈에나 걸맞은 유령들이 밤새 출몰한 후 스크루지가 환한 크리스마스 아침을 맞는 디킨스Charles Dickens의 작품, 크리스마스에 할로윈적인 인물들을 중첩시킨 팀 버튼Tim Burton의 영화 등등.

기독교인이건 아니건 많은 이들이 크리스마스를 좋아한다. 어린이들이 더욱 그런데, 특히 크리스마스 선물 때문이리라. 사실 누구나 선물을 좋아함에도 선물을 받을 수 있는 이는 없다. 왜냐하면 주는 이나 받는 이가 선물로 인지하는 순간 그것은 부담스러운 빚이 되는 까닭이다. 그래서 대개 선물을 받는 순간은 다시 선물을 보내주려는 준비의 출발점이 된다. 결

○●○ 어두운 할로윈이 지나면 환한 크리스마스가 나타난다. 크리스마스에 할로윈적인 인물들을 중첩시킨 팀 버튼의 영화 〈크리스마스 악몽〉은 둘 사이의 극적 긴장감을 보여준다.

국 가질 수 있는 선물이란 존재하지 않는다는 것, 이것이 선물의 역설이다. 이런 역설에서 예외적으로 무한히 받는 즐거움을 주는 것은 어린이들의 크리스마스 선물이 아닐까? 그러니 인생에서 다시 해볼 수 없는 그 체험을 채워주려고 어른들은 노력해야 한다.

크리스마스란 도대체 무엇일까? 아주 단순하게, 전승되는 이야기가 알려주는 대로 신이 사람으로 태어난 날이다. 크리스마스, 즉 신이 사람이 된 사건은 이해하기 어려운 심오한 논제이기도 하지만 기독교만의 것은 아니며 훨씬 오랜 역사를 지닌다. 이 점과 관련해 철학자 레비나스는 예수 그리스도를 다룬 글 〈신-인간?〉에서 이렇게 쓰기도 한다. "인간이 된 신의 모습은 인간들의 정열과 기쁨을 공유한다. 이는 확실히 이교도들의 시[그리스신화]가 이미 보여주었던바 진부한 사실이다."[2] 반신반인의 이야기는 그리스 문학, 아니 거의 모든 고대 이야기에 넘쳐난다. 이런 의미에서라면 레비나스가 이야기하듯 신이 인간으로 탄생하는 이야기는 진부하다.

그러나 그 이야기가 감추고 있는 진실의 보석은 결코 진부하다고 말할 수 없을 것이다. 물론 신의 속성과 인간의 속성이 하나의 진짜 존재 안에서 어떻게 결합되는지와 같은 존재론적 문제를 여기서 다룰 수는 없다. 토마스 만의 소설 《마의 산》에 등장하는 세템브리니는 무신론 친화적인 유럽 계몽주의를 대표하는 인물인데, 크리스마스를 맞아 존재하는 신으로서가 아니라 '인류의 선생'으로서 그리스도를 성찰한다. 그것은 곤란한 신학적 문제와 종교 자체를 넘어 그리스도에 대해 말하는 좋은 방식이었다.

신이 인간이 되었다는 것은 인간들이 삶을 즐기는 방식이자 그들의 단점, 한마디로 정념情念을 지니게 되었다는 뜻이다. 그리스 신들의 애욕, 성적 방종, 질투, 분노 등은 인간의 모습을 지닌 신이란 바로 인간의 정념을 지니게 된 자 외에 다른 것이 아님을 잘 알려준다.

크리스마스를 통해 인간이 된 신도 인간적인 정념을 지니는데, 그의 정념에는 독특한 데가 있다. 바로 '수난의 고통'이 그의 정념인 것이다. 매 맞고 십자가에 못 박힌 사건 없이 그리스도를 생각할 수 없다는 것은, '수난의 고통'이 바로 이 인물을 가장 대표하는 정념이라는 것을 알려준다. 한마디로 그리스도의 제일가는 특징이란 '상처받는 자'이다.

대개 우리는 상처받는 일을 두려워하며 피하려 하지만, 사실 그것은 얼마나 중요한가? 상처받을 수 있다는 것은 마음이 움직일 수 있다는 뜻이다. 불평등과 억울함 속에서 고통받는 이웃 생각에 마음이 상처받을 수 없다면 어떻게 인간이 타인을 위한 가치 있는 행위를 시작할 수 있겠는가?

고대 그리스 이래 능동성과 자유가 지고의 가치라는 점은 의심의 여지가 없다. 그러나 우리는 자유와 능동성만으로는 고통받는 이웃의 상처를 느끼고 그들을 위한 행위를 시작할 수 없다. 타인에 대한 마음의 움직임이란 자기 삶의 계획을 짜나가듯 자유로운 결정 속에서 시작되는 것이 아니라, 마음을 찌르는 괴로움에서 최초의 발화점을 얻는 까닭이다. 다른 이의 고통 때문에 원치 않더라도 내 마음이 고통받는 일. 상처받음이라는 정념에 휩싸이는 일. 이 수난받는 사건이 얼마나 중요한지를 신은 인간이 됨으로써 가르쳐주었다. 그래서 크리스마스는 가장 환한 날이다.

에필로그

고통의
학습

한 해가 지나가는 동안 날들은 눈처럼 소리 없이 한 겹 한 겹 덮인다. 그 밑에는 잃어버린 동전 같은 나날의 기억이 쌓인다.

포근한 눈을 덮은 기억은 잠에 빠져 있다. 사람들은 정신없이 일할 뿐 잠든 기억을 깨워볼 틈이 없다. 마지막 남은 달력 한 장이, 31일 안에 일 년의 남은 빚을 모두 갚아야 한다는 계산서처럼 눈앞에 나타날 때, 비로소 사람들은 얼마간의 후회와 함께 정신없이 자고 있던 기억을 깨워본다.

2024년 1월 초 큰 사고가 났다. 고통 속에서 나는 응급실 의사에게 물었다. "안락사도 가능한가요?" 많은 사람의 죽음을 마주했고, 내가 잘 돌보지 못해 죽은 동물들 역시 늘 마음을 괴롭힌다. 갑작스럽지만, 그저 이제 내 차례인 것이다. 그러나 바라는 대로 되지는 않았다. 급히 수술을 받고 중환자실에서 며칠을 머무른 뒤 일반병실로 옮겨졌다. 중환자실에서는 길에서 실어 나른 새 환자들이 오면 간호사들이 끊임없이 이름과 주소를 큰 소리로 물었다. 뭉개진 소리 외에 답은 들려오지 않았고, 끝내 대답하지 못하면 그들은 마지막으로 요양병원에 실려 갈 것이다.

익룡의 화석처럼 그대로 떨어져, 하얀 솜으로 채운 상자 같은 침대에 꼼짝하지 못하고 누웠다. 창으로는 눈발이 지나갔고, 밤이면 건너편 건물이 유원지의 주점처럼 색깔을 바꿔가며 환하게 켜졌다. 내가 다쳤을 무렵 태어난 내 신간은 나와 정반대의 사정으로, 아무것도 모르는 요람 속의 아이처럼 서점 매대에 누워 있었다. 누군가 그 꼬마를 일으켜 삶을 향해 데리고 갈 것이고, 저자는 책이 세상을 향해 타고 온 나룻배처럼 물가에 버려질 것이다.

병실에 누워 설을 보내고 생일을 보냈다. 여름의 소나기도 가을의 파란 하늘도 지나갔다. 그러나 내게 계절이란 병실의 에어컨과 히터의 바람일 뿐이었다. 젤리빈 공장을 소유한 아이처럼 매일 예쁜 색깔로 칠한 알약을 먹었다.

이윽고 움직일 수 있었고, 10개월 만에 비웃는 그림자 같은 통증을 끌고서 병원을 나왔다. 완쾌되어서가 아니라 너무 지겨워서. 병원은 집이 아니라 회사 비슷하게 생겼다. 복도 옆에 나란히 선 사무실 같은 병실이 있다. 도박꾼이 슬롯머신의 응답을 기다리듯, 속절없이 낫기를 기다리며 거기서 숙식을 한다는 것은 또 다른 병, 마음의 병을 키우는 일이다.

집에 와서 무슨 일이 일어났는가? 아침이 오면? 강아지 구름이가 가슴 위로 올라와서 짓궂게 입술을 핥고, 자기 머리를 지렛대처럼 내 머리 아래 넣고 나를 일으킨다. 기상 시간을 알리는 이 장난은 결코 불쾌하지 않다. 10개월 만에 만난 동물 친구가 이전과 똑같은 방식으로 나를 대한다는 것은 감사할 일이고 감동적이다. 인간은 평생 갈피를 못 잡지만, 동물은 완성된 생활의 형식을 반복하며 평생 평온하다.

자기 안에서 생명의 힘을 느끼기 어려울 때, 곁에 있는 동물들이나 아이들에게서 살아 있다는 느낌을 전해 받는 것은 얼마나 놀라운가? 이것은 마치 날갯짓을 더 못해 떨어지려는 새가 다른 새에게서 힘을 전달받고 다시 상승의 궤도가 무엇인지 온몸으로 이해하는 것과 같다.

죽을 것 같기도 했고 열렬히 죽고 싶기도 했던 병원에서의 나날들 이후 나는 내가 쓰는 모든 글이 유작 같다고 생각했다. 내가 하는 모든 행동은 죽음 앞에서, 이 세상에 남아 있는 동안 해도 되는 행동인지 검증되어야 했다. 타인들과의 모든 마주침은 이별하는 마지막 만남일 수 있었고, 신중히 최후의 말을 골라야 했다. 한마디로, 잊고 있던 죽음은 삶의 심판관으로 등장했다.

그러나 나를 덮쳐왔던 모든 무거운 걱정은 결국 죽기 위한 것이 아니라 살아나가는 어떤 방식이 아니었던가? 통증은 살아 있는 것 속에서만 요란하게 울리는 정직한 자명종이며, 삶은 삶에 충실하려 할 뿐 그 어떤 것도 하지 않는다. 나는 삶이 들고 흔드는 노래방의 탬버린이다. 끊임없이 요란스레 보채고 죽음을 건너다보기도 하지만 결국 서 있는 자리는 삶이다.

지난해와 새해를 서로 만나게 하는 연말연시는 내게 삶의 자에 새겨진 눈금 같다. 깡충 뛰어넘으면 마술처럼 새출발을 하게 되는 눈금. 삶은 너무도 귀중하기에, 이렇게 우리는 눈금을 긋고서 힘껏 도약하며 실망스러운 낡은 삶을 새해로, 갖고 싶은 신상으로 만든다.

주

1부 일상의 보석

- **먹방 시대, 식사의 철학**
1 프란츠 카프카 저, 이주동 역, 《카프카 전집》 1권, 솔, 1997년, 288쪽.
2 호메로스 저, 천병희 역, 《오뒷세이아》, 솔, 2006년, 177쪽.
3 같은 책, 61, 83쪽.
4 같은 책, 159쪽.
5 질 들뢰즈, 《질 들뢰즈의 A to Z》, 대윤미디어, 2015년 참조.
6 마르그리트 유르스나르 저, 남수인 역, 《하드리아누스의 회상록》, 세계사, 1995년, 17쪽.
7 가브리엘 가르시아 마르케스 저, 최호 역, 《백 년 동안의 고독》, 홍신문화사, 2012년, 309쪽 이하 참조.
8 Rabelais, "Gargantua," *Œuvres complètes*, Éd. du Seuil, 1973, pp.69~70.
9 에마뉘엘 레비나스 저, 김도형 외 역, 《전체성과 무한》, 그린비, 2018년, 193~194쪽.
10 같은 책, 194쪽.
11 마르그리트 유르스나르 저, 《하드리아누스의 회상록》, 18~19쪽.
12 스티븐 내들러 저, 김호경 역, 《스피노자》, 텍스트, 2011년, 493쪽 참조.
13 세네카 저, 천병희 역, 《그리스 로마 에세이》, 숲, 2011년, 213쪽.
14 플라톤 저, 최명관 역, 《플라톤의 대화》, 종로서적, 1981년, 306쪽.
15 키케로 저, 천병희 역, 〈노년에 관하여〉, 《그리스 로마 에세이》, 숲, 2011년, 428쪽.

- **미세한 차이가 새로운 세계를 만든다**
1 로버트 프로스트 저, 신재실 역, 《산간》, 한국문화사, 2022년, 11~12쪽.

363

2 호르헤 루이스 보르헤스 저, 송병선 역,《말하는 보르헤스》, 민음사, 2018년, 252쪽 참조.
3 볼테르 저, 이봉지 역,《캉디드 혹은 낙관주의》, 열린책들, 2009년, 34쪽.
4 같은 책, 37쪽.
5 같은 책, 199쪽.
6 호르헤 루이스 보르헤스 저, 〈카발라〉,《말하는 보르헤스》, 249~250쪽.
7 호르헤 루이스 보르헤스 저, 황병하 역,《픽션들》, 민음사, 1994년, 139쪽.
8 질 들뢰즈 저, 서동욱·이충민 역,《프루스트와 기호들》, 민음사, 2004년, 27~29쪽.
9 G. Agamben, P. Dailey(tr.), *The time that remains*, Stanford: Stanford Univ. Press, 2005, p.69.

- 자유는 어떻게 탄생하는가
1 헤로도토스 저, 천병희 역,《역사》, 숲, 2009년, 698쪽.
2 폴 엘뤼아르 저, 오생근 역,《이곳에 살기 위하여》, 민음사, 1989년. 58~59쪽.
3 마르틴 하이데거 저, 이선일 역,《이정표》2권, 한길사, 2005년, 104쪽.
4 장 폴 사르트르 저, 김희영 역,《구토》, 학원사, 1983년, 210쪽.
5 에마뉘엘 레비나스 저, 김도형 외 역,《전체성과 무한》, 그린비, 2018년, 116쪽.

- 부끄러움, 인간의 위대한 마음
1 토마스 만 저, 장지연 역,《요셉과 그 형제들》3권, 살림, 2001년, 401쪽.

- 에피쿠로스의 정신
1 카를 마르크스 저, 고병권 역,《데모크리토스와 에피쿠로스 자연철학의 차이》, 그린비, 2001년, 41쪽.
2 프리드리히 니체 저, 안성찬·홍사현 역,《즐거운 학문. 메시나에서의 전원시. 유고(1881년 봄~1882년 여름)》(니체전집12), 책세상, 2005년, 283쪽.
3 프리드리히 니체 저, 김미기 역,《인간적인, 너무나 인간적인 II》(니체전집8), 책세상, 2002년, 367~368쪽.

4 프리드리히 니체 저, 백승영 역, 《바그너의 경우. 우상의 황혼. 안티 크리스트. 이 사람을 보라. 디오니소스 송가. 니체 대 바그너》(니체전집15), 책세상, 2002년, 310쪽.
5 프리드리히 니체 저, 《인간적인, 너무나 인간적인 II》, 345쪽.
6 디오게네스 라에르티오스 저, 김주일 외 역, 《유명한 철학자들의 생애와 사상》 2권, 나남, 2021년, 391쪽.
7 같은 책, 328쪽.
8 같은 책, 367쪽.
9 필립 라쿠-라바르트·장-뤽 낭시 저, 홍사현 역, 《문학적 절대》, 그린비, 2015년, 375~379쪽.
10 루크레티우스 저, 강대진 역, 《사물의 본성에 관하여》, 아카넷, 2012년, 125~126쪽.

- 외로움
1 장 폴 사르트르 저, 김희영 역, 《구토》, 학원사, 1983년, 119쪽.
2 같은 곳.
3 다이앤 엔스 저, 박아람 역, 《외로움의 책》, 책사람집, 2025년, 284쪽에서 재인용.
4 같은 곳.
5 모리스 메를로퐁티 저, 류의근 역, 《지각의 현상학》, 문학과지성사, 2002년, 538쪽.
6 마르틴 하이데거 저, 이기상 역, 《존재와 시간》, 까치, 1998년, 168쪽.

- 우리는 몸을 통해 타자와 만난다
1 플라톤 저, 전헌상 역, 《파이돈》, 이제이북스, 2013년, 158쪽.
2 실비아 플라스 저, 이만식 역, 《어느 순수주의자에게 보내는 편지》, 고려원, 1994년, 90쪽.
3 실비아 플라스 저, 공경희 역, 《벨자》, 문예출판사, 2006년, 290쪽.
4 모리스 메를로퐁티 저, 류의근 역, 《지각의 현상학》, 문학과지성사, 2002년, 318쪽.
5 같은 책, 526~527쪽.
6 토마스 만 저, 장지연 역, 《요셉과 그 형제들》 2권, 살림, 2001년, 298쪽.
7 E. Levinas, Autrement *qu'être ou au-delà de l'essence*, La Haye: Martinus Nijhoff, 1974, p.97.

8 에마뉘엘 레비나스 저, 서동욱 역, 《존재에서 존재자로》, 민음사, 2003년, 68쪽.
9 엠마누엘 레비나스 저, 강영안 역, 《시간과 타자》, 문예출판사, 1996년, 109쪽.
10 E. Levinas, *Autrement qu'être ou au-delà de l'essence*, p.114.

- 권태를 여행으로 극복해볼까
1 이븐 바투타 저, 정수일 역, 《이븐 바투타 여행기》 2권, 창비, 2001년, 391쪽.
2 현장 저, 권덕주 역, 《대당서역기》, 올재, 2012년, 354쪽.
3 마르틴 하이데거 저, 이기상 외 역, 《강연과 논문》, 이학사, 2008년, 22~23쪽.
4 미셸 투르니에 저, 이원복 역, 《메테오르》 2권, 서원, 2001년, 293~294쪽.

- 냄새
1 테오도르 W. 아도르노·M. 호르크하이머 저, 김유동 역, 《계몽의 변증법》, 문학과지성사, 2001년, 275쪽.
2 미셸 에켐 드 몽테뉴 저, 심민화·최권행 역, 《에세》 1권, 민음사, 2022년, 549쪽.
3 같은 책, 551쪽.
4 살만 루슈디 저, 송은주 역, 《피렌체의 여마법사》, 문학동네, 2011년, 93쪽.
5 같은 책, 95쪽.
6 파트리크 쥐스킨트 저, 강명순 역, 《향수》, 열린책들, 2017년, 11쪽.
7 표도르 도스토옙스키 저, 김연경 역, 《카라마조프가의 형제들》, 민음사, 2007년, 622쪽.
8 샤를 피에르 보들레르 저, 윤영애 역, 《악의 꽃》, 문학과지성사, 2003년, 76쪽.

- 무의미
1 윌리엄 셰익스피어 저, 최종철 역, 《맥베스》(5막 5장), 민음사, 1993년, 155쪽.
2 장 폴 사르트르 저, 김희영 역, 《구토》, 학원사, 1983년, 167쪽.
3 G.W.F. 헤겔 저, 임석진 역, 《정신현상학》 2권, 한길사, 2005년, 163쪽.

4 질 들뢰즈 저, 김상환 역, 《차이와 반복》, 민음사, 2004년, 343쪽.
5 질 들뢰즈 저, 이정우 역, 《의미의 논리》, 한길사, 1999년, 525쪽.
6 같은 책, 150쪽.
7 장 프랑수아 리오타르 저, 진태원 역, 《쟁론》, 경성대학교출판부, 2015년, 203쪽.

- 말년의 음식

1 보후밀 흐라발 저, 김경옥 역, 《영국 왕을 모셨지》, 문학동네, 2009년, 168쪽.
2 호메로스 저, 천병희 역, 《일리아스》, 숲, 2007년, 312쪽.
3 셀레스트 알바레 저, 심민화 역, 《나의 사랑, 프루스트》, 홍성사, 1982년, 364쪽.
4 같은 책, 378쪽.
5 마르그리트 유르스나르 저, 남수인 역, 《하드리아누스의 회상록》, 세계사, 1995년, 19쪽.
6 얀 카이에르스 저, 홍은정 역, 《베토벤》, 길, 2018년, 815쪽.
7 움베르토 에코 저, 이세욱 역, 《프라하의 묘지》 2권, 열린책들, 2013년, 742쪽.
8 조설근 저, 안의운·김광렬 역, 《홍루몽》 3권, 청년사, 1990년, 106쪽.
9 같은 책, 312쪽.
10 질 들뢰즈·펠릭스 가타리 저, 이정임·윤정임 역, 《철학이란 무엇인가》, 현대미학사, 1995년, 8쪽(번역 수정).
11 마르그리트 유르스나르 저, 《하드리아누스의 회상록》, 16~17쪽.

2부 인생의 공부거리

- 공포, 인간을 길들이는 흑마법

1 스티븐 내들러 저, 김호경 역, 《스피노자》, 텍스트, 2011년, 244쪽에서 재인용.
2 프리드리히 니체 저, 백승영 역, 《차라투스트라는 이렇게 말했다》, 사색의숲, 2022년, 591쪽.
3 같은 책, 592쪽.

4 프리드리히 니체 저, 김정현 역, 《선악의 저편·도덕의 계보》(니체전집 14), 책세상, 2019년, 401쪽.
5 같은 곳.
6 같은 책, 402쪽.
7 베네딕트 데 스피노자 저, 최형익 역, 《신학정치론·정치학논고》, 비르투, 2011년, 11~12쪽.
8 프리드리히 니체 저, 《차라투스트라는 이렇게 말했다》, 592쪽.

- **토론해서 뭐 얻은 게 있니**

1 질 들뢰즈·펠릭스 가타리 저, 이정임·윤정임 역, 《철학이란 무엇인가》, 현대미학사, 1995년, 127쪽.
2 같은 책, 128쪽.
3 토마스 만 저, 곽복록 역, 《마의 산》, 동서문화사, 1976년, 750쪽.
4 장 프랑수아 리오타르 저, 진태원 역, 《쟁론》, 경성대학교출판부, 2015년, 9쪽.
5 에마뉘엘 레비나스 저, 김도형 외 역, 《전체성과 무한》, 그린비, 2018년, 170쪽.
6 같은 책, 95쪽.
7 자크 랑시에르 저, 주형일 역, 《미학 안의 불편함》, 인간사랑, 2008년, 54쪽.

- **학자와 정치**

1 플라톤 저, 강철웅 외 역, 《편지들》, 이제이북스, 2009년, 127쪽(351e).
2 같은 책, 56쪽(309d~310a).
3 같은 책, 56쪽(310b).

- **재치**

1 프리드리히 슐레겔 저, 〈아테네움 단상〉, 필립 라쿠-라바르트·장-뤽 낭시 저, 홍사현 역, 《문학적 절대》, 그린비, 2015년, 260쪽.
2 같은 책, 152쪽.
3 에이모 토울스 저, 서창렬 역, 《모스크바의 신사》, 현대문학, 2018년, 49~52쪽 참조.
4 필립 라쿠-라바르트·장-뤽 낭시 저, 《문학적 절대》, 107쪽.

5 표도르 도스토옙스키 저, 김연경 역, 《악령》 2권, 민음사, 2021년, 214쪽.
6 프리드리히 슐레겔 저, 〈비판적 단상〉, 필립 라쿠-라바르트·장-뤽 낭시 저, 《문학적 절대》, 121쪽.

- 파괴자이자 창조자로서 학문
1 프리드리히 니체 저, 백승영 역, 《차라투스트라는 이렇게 말했다》, 사색의숲, 2022년, 251쪽.
2 프리드리히 니체 저, 이진우 역, 《비극의 탄생·반시대적 고찰》(니체전집 2), 책세상, 2005년, 407~408쪽.
3 G.W.F. 헤겔 저, 임석진 역, 《정신현상학》 1권, 한길사, 2005년, 238쪽.
4 같은 책, 239쪽.
5 같은 책, 237쪽.
6 같은 책, 239쪽.
7 같은 책, 237쪽.
8 로버트 그레이브스 저, 오준호 역, 《나는 황제 클라우디우스다》 3권, 민음사, 2007년, 393쪽.
9 프리드리히 니체 저, 《차라투스트라는 이렇게 말했다》, 157쪽.
10 같은 책, 174~175쪽.
11 같은 책, 237쪽.
12 장 폴 사르트르 저, 정명환 역, 《문학이란 무엇인가》, 민음사, 1998년, 30~31쪽.

- 경험이 삶의 스승이다
1 게오르크 뷔히너 저, 박종대 역, 〈보이체크〉, 《뷔히너 전집》, 열린책들, 2020년, 175~176쪽.
2 한스 게오르크 가다머 저, 임홍배 역, 《진리와 방법》 2권, 문학동네, 2012년, 265쪽.
3 질 들뢰즈 저, 서동욱·이충민 역, 《프루스트와 기호들》, 민음사, 2004년, 22~23쪽.
4 G.W.F. 헤겔 저, 임석진 역, 《정신현상학》 1권, 한길사, 2005년, 129쪽.
5 같은 책, 118쪽.
6 장 폴 사르트르 저, 정명환 역, 《문학이란 무엇인가》, 민음사, 1998년, 315쪽.
7 한스 게오르크 가다머 저, 《진리와 방법》 2권, 265쪽.

- 사랑과 질투
1. 베네딕트 데 스피노자 저, 황태연 역,《에티카》, 비홍, 2015년, 192쪽.
2. 마르셀 프루스트 저, 김희영 역,《잃어버린 시간을 찾아서》 2권, 민음사, 2012년, 158~159쪽.
3. 같은 책, 170쪽.
4. 베네딕트 데 스피노자 저,《에티카》, 192쪽.
5. 마르셀 프루스트 저,《잃어버린 시간을 찾아서》 2권, 210쪽.
6. 같은 책, 155쪽.
7. 같은 곳.

- 가족은 국가의 적인가
1. 플라톤 저, 박종현 역,《국가》, 서광사, 1997년, 334쪽(457d).
2. 장자크 루소 저, 이용철 역,《고백록》 2권, 나남, 2012년, 140쪽.
3. 에마뉘엘 레비나스 저, 김도형 외 역,《전체성과 무한》, 그린비, 2018년, 462쪽.
4. 롤랑 바르트 저, 조광희 역,《카메라 루시다》, 열화당, 1986년, 77쪽.
5. G.W.F. 헤겔 저, 임석진 역,《정신현상학》 2권, 한길사, 2005년, 30쪽.
6. 밀란 쿤데라 저, 이재룡 역,《정체성》, 민음사, 1998년, 64쪽.
7. 호메로스 저, 천병희 역,《일리아스》, 숲, 2007년, 670쪽.

- 플라톤과 칼 세이건의 '올바른' 우주
1. 플라톤 저, 김유석 역,《티마이오스》, 아카넷, 2019년, 175쪽.
2. 같은 책, 57쪽.
3. 칼 세이건 저, 홍승수 역,《코스모스》, 사이언스북스, 2006년, 661쪽.
4. 같은 책, 669쪽.
5. 같은 책, 631쪽.
6. 플라톤 저,《티마이오스》, 51쪽.
7. 같은 책, 136쪽.
8. 같은 책, 83쪽.
9. 칼 세이건 저,《코스모스》, 682쪽.
10. 같은 책, 643쪽.
11. 플라톤 저,《티마이오스》, 162쪽.

3부 세계가 숨긴 법칙

- 철학적 구역질
1 질 들뢰즈 저, 서창현 역, 《들뢰즈 다양체》, 갈무리, 2022년, 323~324쪽.
2 질 들뢰즈 저, 하태환 역, 《감각의 논리》, 민음사, 2008년, 26~27쪽.
3 장 폴 사르트르 저, 김희영 역, 《구토》, 학원사, 1983년, 168쪽.
4 에마뉘엘 레비나스 저, 김동규 역, 《탈출에 관해서》, 지식을만드는지식, 2009년, 56~59쪽.
5 레온 드 빈터 저, 유혜자 역, 《호프만의 허기》, 디자인하우스, 1996년, 258쪽.

- 무위의 철학
1 모리스 블랑쇼·장-뤽 낭시 저, 박준상 역, 《밝힐 수 없는 공동체·마주한 공동체》, 문학과지성사, 2005년, 26쪽.

- '신의 법'을 어떻게 이해할까
1 쇠렌 키에르케고르 저, 임규정 역, 《불안의 개념》, 한길사, 1999년, 165쪽.
2 장 폴 사르트르 저, 박정태 역, 《실존주의는 휴머니즘이다》, 이학사, 2008년, 39~40쪽.
3 베네딕투스 데 스피노자 저, 이근세 역, 《스피노자 서간집》, 아카넷, 2018년, 125쪽.
4 질 들뢰즈 저, 박기순 역, 《스피노자의 철학》, 민음사, 1999년, 51쪽.
5 같은 책, 38쪽.
6 베네딕트 데 스피노자 저, 최형익 역, 《신학정치론·정치학논고》, 비르투, 2011년, 99쪽.

- 인문주의자의 비극
1 슈테판 츠바이크 저, 안인희 역, 《위로하는 정신》, 유유, 2012년, 34~35쪽.
2 슈테판 츠바이크 저, 정민영 역, 《에라스무스》, 자작나무, 1997년, 32쪽.
3 요한 하위징아 저, 이종인 역, 《에라스뮈스》, 연암서가, 2013년, 240쪽.
4 같은 책, 157쪽.
5 같은 책, 174쪽.

6   같은 책, 230쪽.
7   슈테판 츠바이크 저,《에라스무스》, 194~200쪽.
8   요한 하위징아 저,《에라스뮈스》, 301쪽.
9   슈테판 츠바이크 저,《위로하는 정신》, 78~79쪽.
10 슈테판 츠바이크 저, 안인희 역,《폭력에 대항한 양심》, 자작나무, 1998년, 125쪽.
11 같은 책, 167쪽.
12 같은 책, 214~215쪽.
13 같은 책, 226쪽.
14 슈테판 츠바이크 저, 곽복록 역,《어제의 세계》, 지식공작소, 1995년, 530쪽.
15 슈테판 츠바이크 저,《에라스무스》, 193쪽.

- 라모의 조카, 비주류는 사회의 거울
1   드니 디드로 저, 황현산 역,《라모의 조카》, 고려대학교출판부, 2006년, 10쪽.
2   같은 책, 9쪽.
3   같은 책, 44쪽.
4   G.W.F. 헤겔 저, 임석진 역,《정신현상학》1권, 한길사, 2005년, 80쪽.
5   같은 책, 95쪽.
6   같은 책, 101쪽.
7   미셸 푸코 저, 이규현 역,《광기의 역사》, 나남, 2003년, 559쪽.
8   같은 책, 553쪽.
9   같은 책, 554쪽.
10 드니 디드로 저,《라모의 조카》, 147쪽.
11 미셸 푸코 저,《광기의 역사》, 555쪽.

- 출산의 의미와 그림자 없는 여인
1   에마누엘 레비나스 저, 김도형 외 역,《전체성과 무한》, 그린비, 2018년, 421쪽.

- 부분과 전체
1   미셸 푸코 저, 이규현 역,《말과 사물》, 민음사, 2012년, 7쪽.

2 같은 책, 9쪽.
3 질 들뢰즈 저, 서동욱·이충민 역,《프루스트와 기호들》, 민음사, 2004년, 255~256쪽.

- 공중전
1 마르셀 프루스트 저, 김희영 역,《잃어버린 시간을 찾아서》12권, 민음사, 2022년, 135~136쪽.
2 같은 책, 137쪽.
3 이시카와 타쿠보쿠 저, 손순옥 역,《이시카와 타쿠보쿠 시선》, 민음사, 2007년(2쇄), 38쪽.
4 커트 보니것 저, 정영목 역,《제5도살장》, 문학동네, 2016년, 221쪽.
5 같은 책, 186쪽.
6 W. G. 제발트 저, 이경진 역,《공중전과 문학》, 문학동네, 2018년, 26쪽.
7 같은 책, 143쪽.
8 커트 보니것 저,《제5도살장》, 231쪽.
9 토머스 핀천 저, 이상국 역,《중력의 무지개》, 새물결, 2012년, 18쪽.
10 같은 책, 157쪽.
11 같은 책, 1022쪽.
12 같은 책, 1320쪽.

- 4차 산업혁명은 판단력의 문제이다
1 칼 슈미트 저, 김항 역,《예외상태》, 그린비, 2010년, 27쪽.
2 같은 책, 22쪽.

- 신은 죽었다 그리고 인간도 죽었다
1 하인리히 하이네 저, 태경섭 역,《독일의 종교와 철학의 역사에 대하여》, 회화나무, 2019년, 167쪽.
2 같은 책, 177쪽.
3 같은 책, 182쪽.
4 미셸 푸코 저, 이규현 역,《말과 사물》, 민음사, 2012년, 523~524쪽.
5 마르틴 하이데거 저, 신상희 역,《숲길》, 나남, 2020년(2판), 295쪽.
6 미셸 푸코 저,《말과 사물》, 468쪽.
7 미셸 푸코 저, 김광철 역,《칸트의 인간학에 관하여》, 문학과지성사, 2012년, 149쪽.

4부 우리가 사는 방식

- **유사성, 게가 된 사무라이**
1 오찬욱 옮김, 《헤이케 이야기》 2권, 문학과지성사, 2006년, 320쪽.
2 칼 세이건 저, 홍승수 옮김, 《코스모스》, 사이언스북스, 2006년, 69~70쪽.
3 Joel W. Martin, "The Samurai Crab," *Terra*, vol.31, no.4(summer), 1993, pp.30~34.
4 미셸 푸코, 이규현 옮김, 《말과 사물》, 민음사, 2012년, 54쪽.

- **모방**
1 아리스토텔레스 외 저, 천병희 역, 《시학》, 문예출판사, 2002년, 37쪽.
2 플라톤 저, 박종현 역, 《국가》, 서광사, 1997년, 618쪽.
3 마르틴 하이데거 저, 이기상 역, 《존재와 시간》, 까치, 1998년, 176~177쪽.
4 테어도르 아도르노 저, 김유동 역, 《미니마 모랄리아》, 길, 2005년, 206쪽.
5 모리스 메를로퐁티 저, 류의근 역, 《지각의 현상학》, 문학과지성사, 2002년, 258쪽.

- **웨이터의 세계**
1 마르셀 프루스트 저, 김희영 역, 《잃어버린 시간을 찾아서》 4권, 민음사, 2014년, 286쪽.
2 같은 책, 284쪽.
3 보후밀 흐라발 저, 김경옥 역, 《영국 왕을 모셨지》, 문학동네, 2009년, 132쪽.
4 같은 책, 137쪽.
5 에이모 토울스 저, 서창렬 역, 《모스크바의 신사》, 현대문학, 2018년, 48~51쪽.
6 장 폴 사르트르 저, 정소성 역, 《존재와 무》, 동서문화사, 2009년(2판), 131쪽.
7 같은 책, 132~133쪽.
8 같은 책, 133쪽.

- **순수 예술, 참여 예술, 추한 예술**
1 T. W. 아도르노 저, 홍승용 옮김, 《미학이론》, 문학과지성사, 1984년,

394쪽.
2 질 들뢰즈·펠릭스 가타리 저, 김재인 옮김, 《천개의 고원》, 새물결, 2001년, 469쪽.
3 아르튀르 랭보 저, 이준오 옮김, 《아르뛰르 랭보 전집》, 범우사, 1990년, 107~111쪽.

- 올림피아의 황금빛 경기마차를 찾아서
1 헤로도토스 저, 천병희 역, 《역사》, 숲, 2009년, 772~773쪽.

- 음악의 철학
1 플라톤 저, 박종현 역, 《법률》, 서광사, 2009년, 152쪽.
2 마르틴 하이데거 저, 신상희 역, 《숲길》, 나남, 2020년(2판), 331쪽 참조.
3 아르투어 쇼펜하우어 저, 홍성광 역, 《의지와 표상으로서의 세계》, 을유문화사, 2023년, 362쪽.

- 예술 감상자
1 마르틴 하이데거 저, 신상희 역, 《숲길》, 나남, 2020년(2판), 103쪽.
2 같은 책, 96쪽.
3 같은 책, 109쪽.
4 마르셀 프루스트 저, 김희영 역, 《잃어버린 시간을 찾아서》 6권, 민음사, 2015년, 32쪽.
5 장 폴 사르트르 저, 정명환 역, 《문학이란 무엇인가》, 민음사, 1998년, 61쪽.
6 같은 책, 64쪽.
7 같은 책, 68쪽.

- 철학 이전의 선생, 서사시
1 호메로스 저, 천병희 역, 《오뒷세이아》, 숲, 2006년, 530쪽.
2 같은 책, 532쪽.
3 같은 책, 305~306쪽.
4 호메로스 저, 천병희 역, 《일리아스》, 숲, 2007년, 33쪽.

- **지리학으로 철학하기**
1 임마누엘 칸트 저, 강병호 역, 〈1765~1766 겨울학기 강의 개설 공고〉, 《비판기 이전 저작Ⅲ(1763~1777)》(칸트전집3), 한길사, 2021년, 184쪽.
2 미셸 푸코 저, 이상길 역, 《헤테로토피아》, 문학과지성사, 2023년, 136~137쪽.
3 질 들뢰즈·펠릭스 가타리 저, 이정임·윤정임 역, 《철학이란 무엇인가》, 현대미학사, 1995년, 127~128쪽.
4 G.W.F. 헤겔 저, 임석진 역, 《정신현상학》1권, 한길사, 2005년, 58~59쪽.
5 같은 책, 68쪽.

- **스피노자의 이름에 관한 농담**
1 요한 볼프강 폰 괴테 저, 박영구 역, 《괴테의 이탈리아 기행》, 푸른숲, 1998년, 240쪽.

- **12월의 꽃, 크리스마스**
1 김홍신 저, 《인간시장》 3권, 해냄, 2015년, 7쪽.
2 에마뉘엘 레비나스 저, 김성호 역, 《우리 사이》, 그린비, 2019년, 92쪽 (번역 수정).